Odil Hannes Steck
Arbeitsblätter Altes Testament für Einführungskurse

2. durchgesehene Auflage

D1668708

TVZ

Die Deutsche Bibliothek - CIP-Einheitsaufnahme
Steck, Odil H.:
Arbeitsblätter Altes Testament für Einführungskurse /
Odil H. Steck. - Zürich: Theol. Verl.
2. durchges. Auflage 1993
ISBN 3-290-11525-9

Inhaltsverzeichnis

Hinweise zur Benutzung

Die nachstehenden Arbeitsblätter sind aus Lehrveranstaltungen zur Einführung in das Alte Testament (Grundkurs Altes Testament) für Theologiestudenten der ersten Semester erwachsen. Sie werden auf vielfachen Wunsch hiermit veröffentlicht, um sie neben meinen Zürcher Studenten auch einem weiteren Kreis von interessierten Studierenden und Schülern der Oberstufe zugänglich zu machen.

Die Arbeitsblätter wollen keine Lehrveranstaltung ersetzen, sondern eine *begleitende Hilfe innerhalb* solcher Einführungskurse sein, die es ermöglicht, wichtige Stoffbereiche in Schaubildern übersichtlich zu erfassen und einzuprägen. Alle Arbeitsblätter können deshalb einzeln abgetrennt und den zugehörigen Nachschriften oder Erarbeitungen des betreffenden Stoffbereichs jeweils beigefügt werden.

In der Zürcher Einführung "Grundkurs Altes Testament" hat sich bewährt, den *Stoff* durch ein Zusammenspiel von Dozentenvortrag, Teilnehmergespräch und vorbereitender Lektüre ausgewählter biblischer Texte sowie der betreffenden Abschnitte eines schriftlichen Lehrmittels *zu erarbeiten*.

Als Lehrmittel wurde die *"Einführung in das Alte Testament"* von *W.H.Schmidt* (Berlin ²1982) verwendet; doch kommen auch - obwohl stärker auf die Schlußphase des Studiums bezogen - der *"Taschentutor Altes Testament"* von *P.Diepold* und *H.D.Preuß* (2 Teile,Göttingen ⁴1981) und für die bibelkundlichen Stoffbereiche die *"Bibelkunde des Alten und Neuen Testaments,1.Altes Testament"* von *H.D.Preuß* (Heidelberg 1980) in Frage; Verweise auf diese drei Lehrmittel sind unter den Abkürzungen *Einf,TT,Bk* den Arbeitsblättern jeweils beigegeben.

Wo erforderlich, ist auch auf *spezielle Sekundärliteratur* verwiesen, auf die sich die Anlage eines Arbeitsblattes stützt; auf meine eigenen Aufsätze, die in dem Band *"Wahrnehmungen Gottes im Alten Testament"* (ThB 70,München 1982) gesammelt sind, wird unter der Abkürzung *Wahrnehmungen* Bezug genommen. Für die synoptischen Texttafeln wurden Übersetzung und Satz der *Zürcher Bibel* verwendet; die Zählung ist in den Arbeitsblättern jedoch in aller Regel die der hebräischen Bibel; Zählabweichungen der Zürcher und der Luther-Bibel werden vermerkt.

Stofflich orientieren sich die Arbeitsblätter an den Bereichen einer "Einführung in das Alte Testament". Nach der Frage des *Zugangs zum Stoff* ("Das Alte Testament als Text und die exegetischen Methoden") folgen in einem *Rahmenteil zum ganzen Alten Testament* vier Sachbereiche: (1)Das Alte Testament als Buch, (2)Der geographische Raum des Alten Testaments - unter Verwendung des Lehrmittels "Kleiner historischer Bibelatlas" von Filson-Wright (Stuttgart ⁶1978), (3)Der geschichtliche Bereich des Alten Testaments, (4)Theologiegeschichtliche Linien im Alten Testament. Den *Hauptteil* des Kurses bildet dann die *Analyse der alttestamentlichen Bücher* selbst hinsichtlich Entstehung, Aufbau und Inhalt samt wichtigen thematischen Vergleichstexten, und zwar im wesentlichen in der dem Anfänger vertrauten Abfolge der deutschen Bibeln; an deren Ende steht eine Einführung in die Apokryphen und Pseudepigraphen des Alten Testaments und die Hauptschriften aus Qumran mit ausgewählten Textbeispielen. Ein *synthetischer Schlußteil* war aus Zeitgründen im Rahmen des Kurses nicht mehr durchzuführen; doch werden in den Arbeitsblättern 3a-d "Geschichtlich-literaturgeschichtliche Epochen des Alten Israel" und 34 "Alttestamentliche Texte zu Stichworten" sowie in dem Hinweis auf das Buch *"Alttestamentlicher Glaube in seiner Geschichte"* von *W.H.Schmidt* (Neukirchen-Vluyn ⁴1982) Anregungen für die Erarbeitung einer ersten Zusammenschau gegeben. Um einen anschaulichen Vorschlag für die Stoffverteilung und -erarbeitung zu geben, ist der in Zürich erprobte "Sitzungs- und Vorbereitungsplan" des Grundkurses Altes Testament den Arbeitsblättern beigefügt; doch können diese selbstverständlich auch für jede andere Stoffanordnung benutzt werden.

Abschließend ist zu betonen, daß es sich bei den hier vorgelegten um Arbeitsblätter für *Studienanfänger* zur *ersten Einführung* in das Alte Testament handelt. Jeder Kundige weiß, daß zu diesem Zweck eine fließende Forschungsdiskussion mit vielfältig divergierenden Auffassungen vereinfacht, auf Grundanschauungen reduziert, konzentriert und damit zwangsläufig verkürzt werden muß. Ich bin mir dieser Gefahr der Einseitigkeit wohl bewußt. Sie wird jedoch in Kauf genommen, um den Studienanfänger statt mit einer diffusen Forschungsvielfalt zunächst mit einer - wissenschaftlich möglichen, verbreiteten, klassischen, üblichen - Grundperspektive vertraut zu machen; Differenzierungen, Änderungen an diesem ersten Grundwissen werden sich ihm im Fortgang seines alttestamentlichen Studiums von selbst ergeben.

Zu danken habe ich der Leitung des Theologischen Verlags Zürich für das freundliche Interesse an diesem etwas ungewöhnlichen Manuskript, den Erstverlegern einiger übernommener Texte und Schaubilder für die Genehmigung zum Abdruck und insbesondere meinen Mitarbeitern Ruth Funk-Kratzer und Regula Bachmann für ihre vorzügliche Hilfe bei der technischen Herstellung und Überprüfung des Manuskripts. Die typographische Endgestalt der Arbeitsblätter verdanken Autor und Benutzer dem großen Einsatz, den Max Caflisch dem Manuskript gewidmet hat; die Aufgabe der Reinzeichnungen und der komplizierten Montage der Druckseiten hat René Fasnacht übernommen.

Zürich, im Juni 1982   Odil Hannes Steck

Zur zweiten Auflage

Die schwierige Montage der Druckseiten erlaubt nur geringfügige Eingriffe. Für die zweite Auflage wurden kleine Versehen in Angaben zu Zählabweichungen bereinigt, einige wenige sachliche Ergänzungen vorgenommen und die gegebenen Literaturangaben auf den aktuellen Auflagestand gebracht. Auch von den oben in den Hinweisen zur Benutzung genannten Lehrmitteln sind inzwischen weitere Auflagen erschienen, die nun zur Benutzung zusammen mit den Arbeitsblättern empfohlen seien: *W.H.Schmidt, Einführung,* [4]1989; *W.H.Schmidt, Alttestamentlicher Glaube,* [7]1990; *P.Diepold/H.D. Preuß, Taschen-Tutor Altes Testament,* I [6]1988, II [5]1988; *G.F.Wright/F.V.Filson, Bibelatlas,* [8]1987.

Zürich, im Oktober 1993   Odil Hannes Steck

Beispiel eines Sitzungs- und Vorbereitungsplans für die Lehrveranstaltung «Einführung in das Alte Testament»

Sitzg.	Gegenstand	Vorbereitung Leseplan	Schmidt,EinfAT
1	Ziel,Anlage,Vorbereitung, Arbeitstechnisches AT als Text und exegetische Methoden	Steck,Exegese,[13]1993 15-25	
2	A RAHMEN AT als Buch Der geographische Raum des AT	Filson-Wright,Bibelatlas; Noth,GI§2	§1
3	Der geschichtliche Bereich des AT I		§§2.3
4	Der geschichtliche Bereich des AT II Theologiegeschichtliche Linien im AT		§§2.3
5	B ANALYSE Pentateuchfrage Genesis	Genesis 1-50	§§4-8
6	Exodus,Leviticus,Numeri	Ex1-24.32.34; Lev16.17-26; Num10-14.16.17.20-24	§9
7	Einführung dtr.Geschichtswerk Deuteronomium,Josua	Dtn; Jos1-12.23-24	§10;§11a,b,c1
8	Richter,(Ruth),Samuel, Könige	Richter, 1Sam1-12.16-2Sam5; 2Sam6-1Kön2; 1Kön8.11-14.17-22;2Kön1-11. 17.22-25	§11c2-3; (§26 Ruth) §11c4 §13abd
9	Chronistisches Geschichtswerk: 1,2Chr,Esra,Nehemia; (Esther)	1Chr15-17.22-30; 2Chr5-7. 10.20.29-36; Esra1-10	§12; (§26 Esther)
10	Sprüche,Hiob,Prediger (Hohes Lied)	Spr1.6.8.9.11; Hi1-2.32-37. 38-42; Pred3	§§27-29 §26(Hohes Lied)
11	Psalmen	Pss1.2.8.13.18.19.22.23.24. 29.33.42-43.45.46.47.48.50. 51.72.73.76.79.80.82.84.90. 93.97.103.104.105-106.110. 114.118.121.126.127.132.136. 137.138.148	§25
12	Protojesaja(1-39),Deuterojesaja(40-55) und Tritojesaja(56-66)	Jes1-12.22.28-32;40-42.45. 49.50-55;60-62	§13c; §§16.21
13	Jeremia,Klagelieder	Jer1.2.7.14f.18.20.23-26. 27-31.36	§§19.26

Sitzg.	Gegenstand	Vorbereitung	
		Leseplan	Schmidt,EinfAT
14	Ezechiel,Daniel	Ez1-3.8-11.17.18.20.28.33f. 37-39.47-48; Dan2.7.8-12	§§20.24
15	Zwölf-Propheten exemplarisch: Hosea,Amos, Sacharja	Hos1-3; Am1-3.5.7-9; Sach1-8.9 (Jona; Mi1-6; Nah2; Hab2; Zeph1; Hag1-2; Mal3)	§§15.14.22 (§§17.18.22.23 in Eigenstudium erarbeiten)
16	Apokryphen und Pseudepigraphen	1Makk1-3; 2Makk6-7; Tobit 13-14; Sirach4-5.24.44-50; WeishSal10-12;Jubiläen1-3. 50; PsSal17; äthHen37-42; 4Esr3-5; syrBar53-76; Qumran(Ausg.Lohse)4-9.140-143. 164-167.180-183.228-233	Textausgaben in deutscher Übersetzung: Kautzsch, Apokryphen und Pseudepigraphen des AT,2Bde.(Tübingen 1900;Darmstadt [4]1975) E.Lohse,Die Texte aus Qumran(München [4]1986)

zu   C SYNTHESE:
   1 s.Arbeitsblätter 3a-d
   2 thematisch-sachlich s.Arbeitsblätter 34 "Alttestamentliche Texte zu Stichworten" und W.H.Schmidt,Alttestamentlicher Glaube,[7]1990(Eigenlektüre)

Das Alte Testament als Text
und die exegetischen Methoden seiner historischen Sinnbestimmung

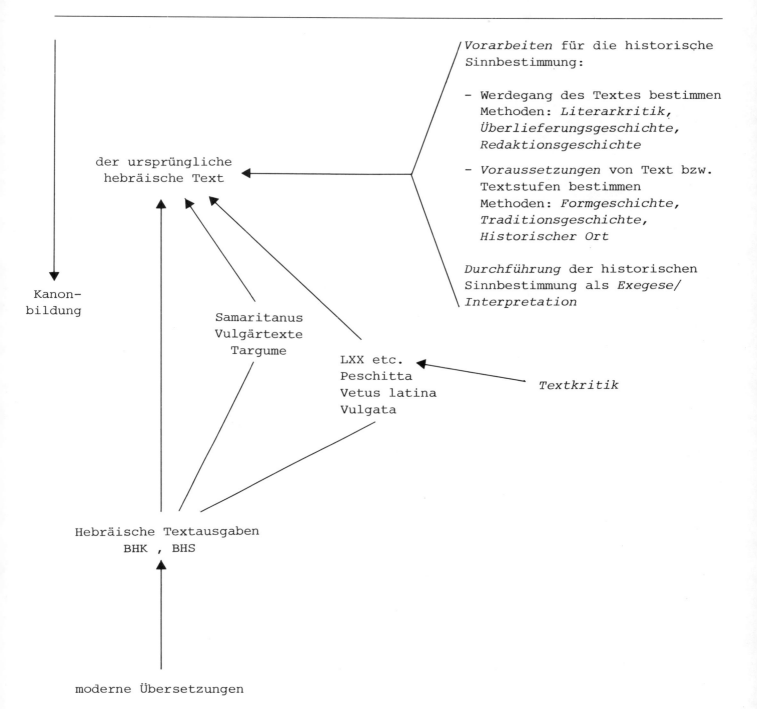

Vorarbeiten für die historische Sinnbestimmung:

- Werdegang des Textes bestimmen
  Methoden: *Literarkritik,*
  Überlieferungsgeschichte,
  Redaktionsgeschichte

- *Voraussetzungen* von Text bzw.
  Textstufen bestimmen
  Methoden: *Formgeschichte,*
  Traditionsgeschichte,
  Historischer Ort

Durchführung der historischen
Sinnbestimmung als *Exegese/*
Interpretation

der ursprüngliche
hebräische Text

Kanon-
bildung

Samaritanus
Vulgärtexte
Targume

LXX etc.
Peschitta
Vetus latina
Vulgata

Textkritik

Hebräische Textausgaben
BHK , BHS

moderne Übersetzungen

Vgl.auch: Einf§1.30; TT L17; Bk§1

Zwei Gruppen von methodischen Fragestellungen

1   Die Frage nach dem Werdegang eines Textes

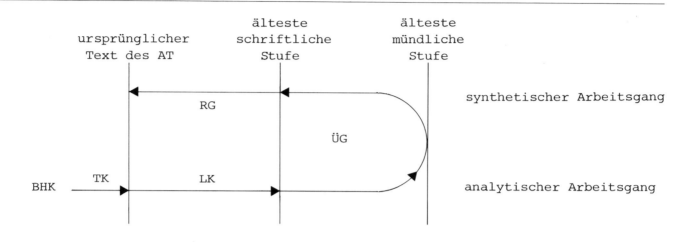

2   Die Frage nach den Voraussetzungen eines Textes bzw. seiner Textstufen

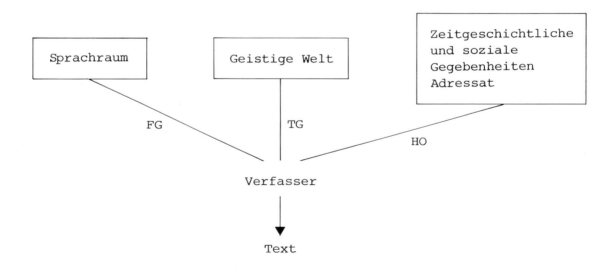

aus O.H.Steck,Exegese des Alten Testaments,Neukirchen-Vluyn,[13]1993
Abkürzungen der methodischen Fragestellungen: TK = Textkritik, LK = Literarkritik,
ÜG = Überlieferungsgeschichte, RG = Redaktionsgeschichte, FG = Formgeschichte,
TG = Traditionsgeschichte, HO = Historischer Ort

Unterschiede in Aufbau und Inhalt des kanonischen Alten Testaments

Luther Bi,Zürcher Bi	Masoretischer Text	Septuaginta	Vulgata
Geschichtsbücher	*Tora*	*Leges*	
Genesis(1.Mose)	Genesis	Genesis	Genesis
Exodus(2.Mose)	Exodus	Exodus	Exodus
Leviticus(3.Mose)	Leviticus	Leviticus	Leviticus
Numeri(4.Mose)	Numeri	Numeri	Numeri
Deuteronomium(5.Mose)	Deuteronomium	Deuteronomium	Deuteronomium
	Nebiim	*Historiae*	
Josua	Josua	Josua	Josua
Richter	Richter	Richter	Richter
Ruth	–	Ruth	Ruth
1-2Samuel	1-2Samuel	1-2Könige(=1-2Sam)	1-2Samuel
1-2Könige	1-2Könige	3-4Könige(=1-2Kön)	1-2Könige
1-2Chronik	*Jesaja*	1-2Chronik	1-2Chronik
Esra	*Jeremia*	*Esra I*(=3.Esra)	Esra I(=Esr)
Nehemia	*Ezechiel*	*Esra II*(=Esra,Neh)	Esra II(=Neh)
Esther	*12 Propheten*	Esther(+*ZusEst*)	*Tobit,Judith*
		Judith,Tobit,1-4Makk	Esther
Lehr-/Poetische Bücher	*Ketubim*	*Libri Poetici*	
Hiob	*Psalmen*	Psalmen *Oden*	Hiob
Psalmen	*Hiob*	*Sprüche*	Psalmen
Sprüche Sal.	*Sprüche*	*Prediger*(Ecclesiastes)	Sprüche
Prediger Sal.	*5 Megillot:*	*Hohes Lied*	Prediger
Hohes Lied	*Ruth*(Wochenf.)	*Hiob*	Hohes Lied
	Hohes Lied(Passa)		
	Prediger(Laubh.)	*Weisheit Sal.*	*Weisheit Sal.*
	Klagelieder(Zerst.Jer.)	*Sirach*(Ecclesiasticus)	*Sirach*
	Esther(Purim)	*Psalmen Sal.*	
Prophetische Bücher		*Libri prophetici*	
Jesaja	*Daniel*	*12 Propheten*	Jesaja
Jeremia	*Esra*	*Jesaja*	Jeremia
Klagelieder	*Nehemia*	*Jeremia*	Klagelieder
Ezechiel	*1-2Chronik*	*Baruch*	*Baruch*(+*BriefJer*)
Daniel		*Klagelieder*	Ezechiel
12 Propheten		*Brief Jeremias*	Daniel
		Ezechiel	12 Propheten
		Susanna	*1-2Makk*
		Daniel(+*Zus*)	
		Bel u.Drache	
			Anhang:
			Gebet Manasses
			Esra III(=3.Esra)
			EsraIV(=4.Esra+
			5.,6.Esra)
			Ps151

Vgl.auch Einf§1; TT L17; Bk§3

Geschichtlich-literaturgeschichtliche Epochen des Alten Israel · 1

Überlieferungen des AT versuchsweise eingeordnet

Legende: ☐ = überlieferungsgeschichtlich rekonstruierte, vorquellenhafte Überlieferungen im Hexateuch

Vorgänge	Nord- und Mittelpalästina	Süden
1 Landnahme proto-israelitischer Gruppen (ca.1350–1200)		
Erzväter	Jakobüberlfgn · Israelüberlfgn?	Abrahamüberlfgn · Isaaküberlfgn
Lea-Stämme (ca.1300)	Gen34 · Gen49 u.Dtn33 · genealog.Überlfgn	Wüstenüberlfgn in Ex15;17;Num13 · Gen38
Rahel-Stämme (ca.1200)	Ex1–18 Exodusüberlfg	Landnahmeüberlfg · Rechtssätze, Segen- und Fluchsprüche
2 Landausbau und Zusammenwachsen zu Israel (ca.1200–1000)		
Vorgänge und Ansprüche	12-Stämme-System · Israelitisierung der Sonderüberlfgn, Stammesgrenzen Jos13ff ; Ri1 ; Jos24? Rechtsüberlieferungen	
militärische Aktionen	Num21.32 ; Jos1of ; Ri1 ; Ri3–16 (Ri5!)	
Königtum, Saul	Ri9!, alte Saulüberlfgn, alte Samuelüberlfgn	
3 Großreich Davids und Salomos (1000–926)		
Staat und Bildung	Weitergabe der älteren Überlieferungen	Daviderzählungen, Gesch.v.Aufstieg Davids, administrative Listen und Berichte,?älteste Weisheitsüberlfgn,Josepherzählung,Anfänge d.jahwistischen Geschichtswerks,Thronnachfolgegeschichte
Prophetie		
Kult		2Sam7//Ps89;2Sam12.24 · Anfänge israelit.-jerusalem.Kultdichtung(Pss)

Geschichtlich-literaturgeschichtliche Epochen des Alten Israel · 2

Überlieferungen des AT versuchsweise eingeordnet

Vorgänge	Nordreich(Israel)	Südreich(Juda)
4 Die beiden israelit. Reiche von 926-745		
Staat	Annalenüberlieferung 1Kön14;Elia-Überlfg,Elisa-Überlfg,Amos	Annalenüberlieferung
Prophetie		
Volksbelehrung	elohistische Texte,Weiterbildgn d.erzählnd Überlfgn aus vor- u.frühstaatl.Zeit(Richter, Samuel,Saul),Grundbestand d.dtn.Überlfgn	Erweiterung in J; Weisheitsüberlfgn
Kult		Kultdichtung in Jerusalem(Pss)
5 Die Zeit der Vorherrschaft Assurs (745-639)		
Staat	Annalenüberlieferung	Annalenüberlieferung
Prophetie	Hosea	Jesaja,Micha,Nahum
Kult		Klageliturgien
Katastrophe des Nordreiches (722)		Überführung der Nordreichüberlfgn nach Juda u.Überarbeitung(Richter,Samuel,Saul,Elia, Hosea),Elohist(mit J zus.gearbeitet?),Dtn
6 Josiazeit u.Vorherrschaft der Neubabylonier bis zur Katastrophe des Südreiches (639-587)		
Josiazeit (639-609)		Jehowistische Redaktion(?)
		Zephanja,Jer2-6,Jesaja-Redaktion,Amos-Redaktion,2Kön22f?
Zeit Jojakims (608-597)		Habakuk,Jer7-20(;26ff;36ff)
Zeit bis zur Katastrophe (597-587)	Ezechiel in Babylonien	Jer21-25;27-29;34f;37ff;2Kön24f

Geschichtlich-literaturgeschichtliche Epochen des Alten Israel·3

Überlieferungen des AT versuchsweise eingeordnet

Vorgänge	babylonisches Exil	Palästina
7 Die Exilszeit bis zur Wiederweihe des Jerus. Tempels(587-515)	Ezechiel+Schule Deuterojesaja Priesterschrift	Obadja deuteronomist.Geschichtswerk,dtr.Bußgebete, dtr.Redaktionen der Überlfgn v.Jeremia,aber auch von Amos,Hosea,Micha,Zephanja dtr.Redaktion des Jehowist.Geschichtswerkes Volksklagelieder in Pss Klagelieder Jeremias Heiligkeitsgesetz Teile in Tritojesaja Haggai,Sacharja 1-8
8 Die Zeit von der Tempelweihe bis zum Auftreten Esras u.Nehemias(515-ca.400) eschat.Positionen priesterlich-theokrat. Positionen		Neh9;Esr9;Tritojesaja,produktive Weitergabe v.prophet.Überlieferungen,Joel?,Maleachi? Haggai als Tempelbauchronik
9 Die Zeit seit Esra / Nehemia bis zum Ende der Perserherrschaft (ca.400-333) theokrat.Positionen eschat.Positionen		Esther Denkschrift Nehemias,Gesetzbuch Esras (P+H),sakralrechtl.u.liturg.(Pss)Überlfgn, Weisheitsüberlfgn,Dialogdichtung Hiob,Einarbeitung von P in das dtr.Geschichtswerk, Bildung d.Pentateuch,Chronist.Geschichtswerk,Daniellegenden,Jonabuch,Ruth,Hohes Lied(?) produktive Prophetenüberlieferung

Geschichtlich-literaturgeschichtliche Epochen des Alten Israel·4

Überlieferungen des AT versuchsweise eingeordnet

Vorgänge	Palästina	hellenistisches Diasporajudentum
10 Sieg Alexanders und die Ptolemäerherrschaft in Palästina (333-198)	produkt.Jesajaüberlfgn (Jes24-27),Zufüggn in Tritojes,Joel4[ZüB:3],Sach9-11 und 12-14,Prophetenkanon Qohelet Teile äthHen,Grundbestand Jub,frühe Qumranüberlfgn	Anfänge der LXX,Brief Jeremias(?)
11 Die Asidäerzeit bis zur syrischen Religionsverfolgung (198-169)		s.Arbeitsblätter 33
12 Die Verfolgungszeit (169-164)		s.Arbeitsblätter 33
13 Die Hasmonäerzeit bis zur Vorherrschaft Roms (164-ca.60)		s.Arbeitsblätter 33
14 Römerzeit bis zum Jüd.Krieg u.Zerstörung von Jerusalem(60v.-70n.)		s.Arbeitsblätter 33
15 Römerzeit von der Zerstörung von Jerusalem bis zum Scheitern des Bar-Kochba-Aufstandes (70n.-135n.)	Schriftenkanon,mas.Kanon	s.Arbeitsblätter 33

Weiterführende Hinweise zum geographischen Raum und geschichtlichen Bereich des Alten Testaments

1 Geographischer Raum

Überblicksdarstellungen
Noth,Geschichte Israels(Göttingen [10]1986)§2;
Herrmann,Geschichte Israels(München [2]1980),15ff

Landkarten
Wright-Filson,Kleiner historischer Bibelatlas(Stuttgart [8]1987)
im TT Mat1.1;1.2;T1.2;2.2;Mat3;4;T4.2;9.3;13.2;16.2
Historisch-archäologische Karte(Palästinakarte)(Göttingen 1981)
Aharoni/Avi Yonah,Der Bibelatlas(Hamburg 1982)

Weitere Angaben in Steck,Exegese §2J

2 Geschichtlicher Bereich

Überblicksdarstellungen
Einf§2 und 3; TT

Epochengliederung
Einf 8f;Arbeitsblätter 3a-d linke Spalte

Zeittafeln
Zeittafel zur Geschichte des Alten Orients und des Alten Israel von A.Jepsen
im Anhang der Bände "Kommentar zum Alten Testament"(Gütersloh [2]1970ff)
Zeittafelkarten im TT L1.1;1.2;6.6;7.4;10.1;12.1;16.1
E.Kutsch in RGG[3] III,942-944 (Regierungsdaten der Könige von Israel und Juda)

Gesamtdarstellungen
zB Noth,Geschichte Israels, Herrmann,Geschichte Israels
H.Donner,Geschichte des Volkes Israel u.s.Nachbarn,2Bde.,Göttingen 1983/86

Knappe Darstellungen
zB Gunneweg,Geschichte Israels bis Bar Kochba(Stuttgart [6]1989)
Metzger,Grundriß der Geschichte Israels(Neukirchen-Vluyn [7]1988)

Weitere Angaben in Steck,Exegese §2K;Einf 384f

Zur Beachtung

1 "Geschichte des Alten Israel" ist ein eigenes Teilgebiet alttestamentlichen Studiums

2 Im Rahmen einer "Einführung in das Alte Testament" kann nur ein erster, grober Umriß erarbeitet werden

3 Als Teilbereich alttestamentlicher Prüfung im Examen ist dieses Gebiet gesondert zu erarbeiten mittels
Lehrveranstaltung "Geschichte Israels"
oder anhand von Lehrbüchern

Schematische Skizzen zur Geschichte des Alten Israel im Rahmen des Alten Orients · 1

P = das antike Syrien-Palästina

A   bis 1500 v.Chr.

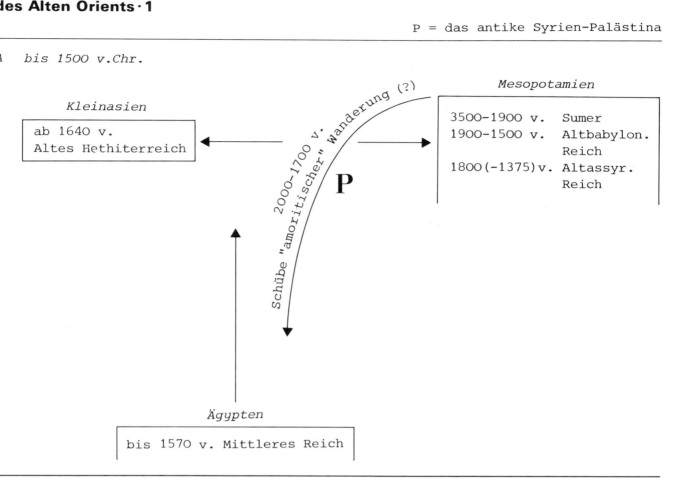

B   1500–1200 v.Chr.

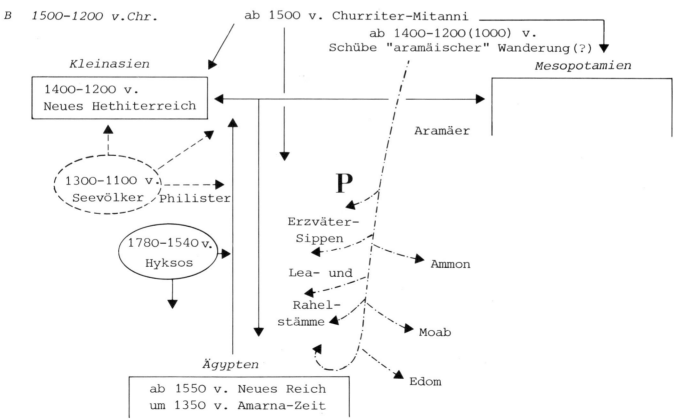

Schematische Skizzen zur Geschichte des Alten Israel im Rahmen des Alten Orients·2

P = das antike Syrien-Palästina

C   *1200-800 v.Chr.*

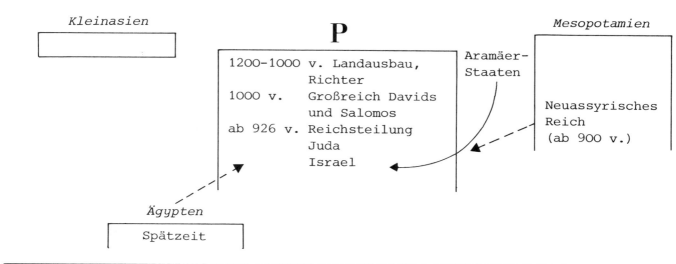

D   *800-612 v.Chr.*

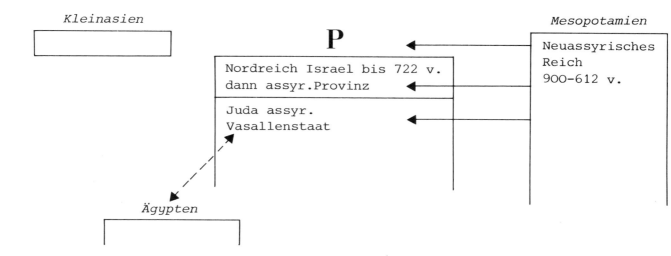

E   *612-539 v.Chr.*

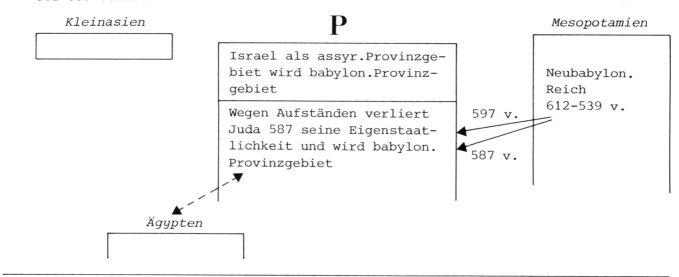

Schematische Skizzen zur Geschichte des Alten Israel im Rahmen des Alten Orients·3

P = das antike Syrien-Palästina

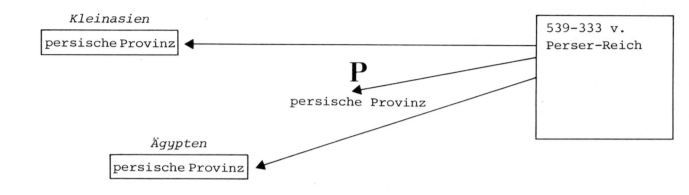

F   539–333 v.Chr.

Kleinasien

persische Provinz

539–333 v. Perser-Reich

P

persische Provinz

Ägypten

persische Provinz

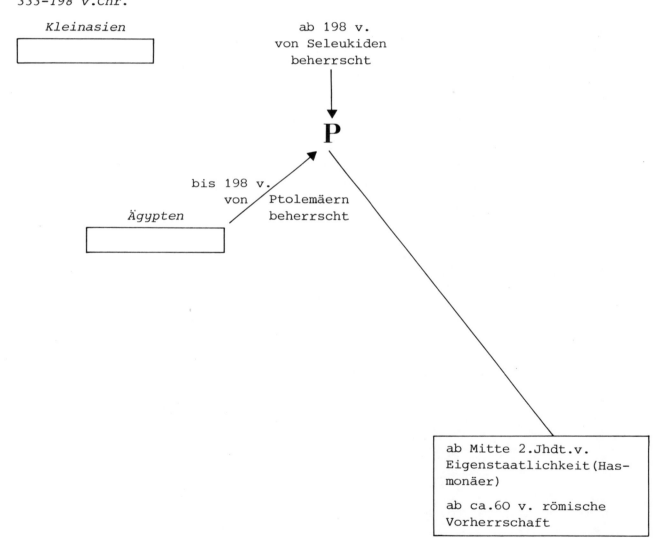

G   333–198 v.Chr.

Kleinasien

ab 198 v. von Seleukiden beherrscht

P

bis 198 v. von Ptolemäern beherrscht

Ägypten

ab Mitte 2.Jhdt.v. Eigenstaatlichkeit(Hasmonäer)

ab ca.60 v. römische Vorherrschaft

Theologiegeschichtliche Linien im geschichtlichen Verlauf der Entstehung des Alten Testaments

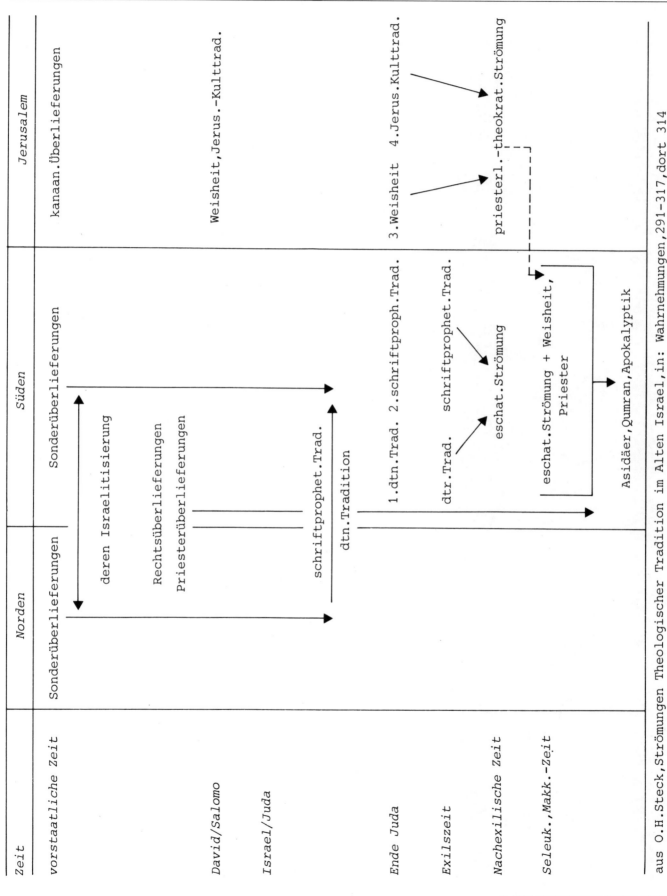

Zur Pentateuch-Frage

(Klassische Sicht der "Neueren Urkundenhypothese")

	GEN 1.Mose	EX 2.Mose	LEV 3.Mose	NUM 4.Mose	DTN 5.Mose	JOS	RI	1–2SAM	1–2KÖN
	Urgesch. Erzväter	Auszug Sinai	Sinai	Sinai Wüste ostjordan. Landnahme	im Ostjordanland	westjordanische Landnahme	Landausbau	Samuel Königtum (Saul, David)	Salomo Königtum bis 587

Enneateuch
Oktateuch
Heptateuch
Hexateuch
Pentateuch
Tetrateuch

ab Gen2,4b J ———— (+Erweiterungen) ————

ab Gen15(? oder 20) E ————

Redaktion JE

dtr.Redaktion von JE?

Dtn

Dtn–2Kön25 dtr.Geschichtswerk

ab Gen1 P ———— (+Erweiterungen) ————

P-Redaktion von JE/Dtr

Priesterl.Redaktion des dtr.GW?

P E N T A T E U C H

Vgl.auch Einf§§4(-11); TT L2;5;6;11

Alternative Versuche zur literarischen Erklärung des Pentateuch

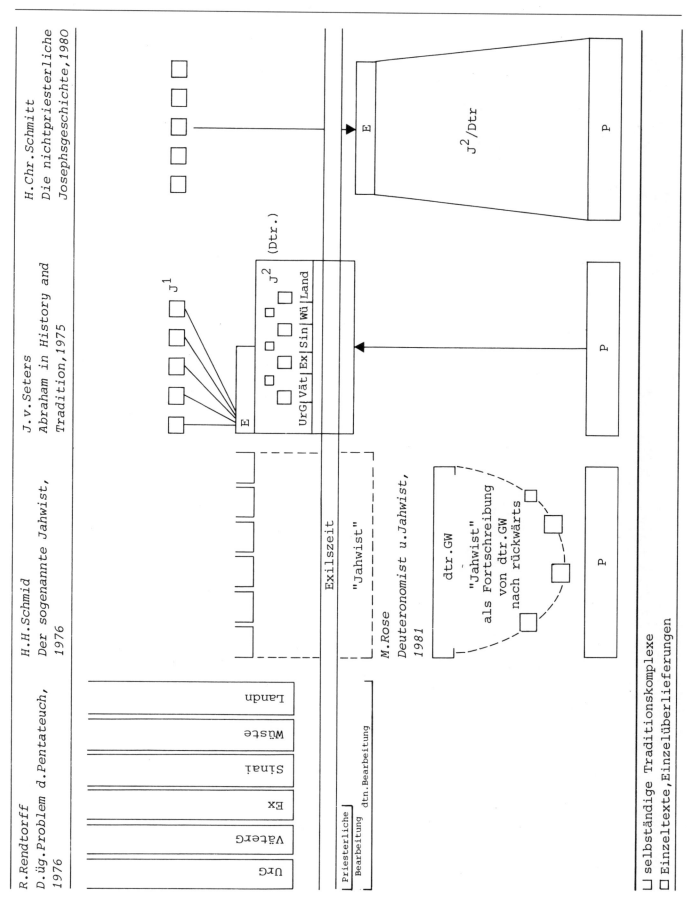

GENESIS
Urgeschichte (Gen 1–11)

	Priesterschrift		*Jahwist*
1,1-2,4a	Schöpfungsbericht		
		2,4b-3,24	Paradieserzählung
		4	Kain und die Kainiten
5	Genealogie Adam-Noah		
		[6,1-4	Die Heroen (J?)]
		6,5-8	J-Prolog zum Sintflutbericht
6,9-22	P-Sintflutbeschluß		
*7-8	Sintflutbericht	*7-8	Sintflutbericht
		8,20-22	J-Epilog zum Sintflutbericht
9,1-17.28f	Noahsegen,Noahbund		
		9,18-27	Die Verfluchung Kanaans
*10	Genealogie Völkertafel	*10	Genealogie Völkertafel
		11,1-9	Turmbau zu Babel
*11,10-32	Von Sem bis Abraham	*11,10-32	Vorfahren Abrahams

	Aufbaugerüst		*Aufbaugerüst*
1	Bericht göttlicher Setzung	2-3	Mensch gegen Gott
5	Deren Wirksamkeit in Genea-logie	4	Mensch gegen Mensch
*6-9	Bericht göttlicher Setzung	9,18-27	Mensch gegen Mensch
*10	Deren Wirksamkeit in Genea-logie	11,1-9	Mensch gegen Gott (vgl.*10)

Vgl.auch Einf§§5.6.8; TT L2.2;5.3;11.2; Bk§5

GENESIS
Text und Aufbau des Schöpfungsberichts von P (Gen 1,1–2,4a)

Der Schöpfungsbericht der Priesterschrift

1.1 ÜBERSCHRIFT

(1,1) *Im Anfang hat Gott Himmel und Erde geschaffen.*

1,2 Zustand vor Einsatz des Schöpfungsgeschehens

(1,2) *Die Erde aber war (noch) sinnlos und untauglich, und Finsternis war über der Urflut, und der Atem Gottes war in Bewegung über den Wassern.*

1,3–5 Erster Tag

> 1. Werk: Tag und Nacht im Schöpfungsvorgang

(1,3) *Da sprach Gott: „Es werde Licht!"; und es wurde Licht. (1,4) Und Gott sah, daß das Licht gut war. Und Gott schied das Licht von der Finsternis. (1,5) Und Gott nannte das Licht Tag, während er die Finsternis Nacht nannte.*

Und es wurde Abend, und es wurde Morgen, der erste Tag.

1,6–8 Zweiter Tag

> 2. Werk: Himmelsfeste

(1,6) *Und Gott sprach: „Es sei eine Feste inmitten der Wasser, so daß sie zwischen Wasser und Wasser (andauernd) scheidet!" ˙Und dementsprechend geschah es:˙ (1,7) Gott machte die Feste, so daß sie schied die Wasser, die unterhalb von der Feste sind, von den Wassern, die oberhalb von der Feste sind;˙˙ (1,8) und Gott nannte die Feste Himmel;˙ und Gott sah, daß es gut war.˙*

Und es wurde Abend, und es wurde Morgen, der zweite Tag.

1,9–13 Dritter Tag

> 3. Werk: Meer,(Luftraum),Erde

> 4. Werk: Pflanzen

(1,9) *Und Gott sprach: „Es seien die Wasser gesammelt von unter dem Himmel weg an einem Ort, so daß das Trockene sichtbar ist!" Und dementsprechend geschah es; die Wasser wurden gesammelt unter dem Himmel weg an ihren Sammelplätzen (?), so daß das Trockene sichtbar ward˙; (1,10) und Gott nannte das Trockene Erde, während er die Ansammlung der Wasser Meer nannte; und Gott sah, daß es gut war.*
(1,11) *Und Gott sprach: „Es lasse die Erde Grün grünen: Kraut, das Samen bildet, ˙nach seinen Arten˙ ˙und˙ Fruchtbäume, die Früchte bringen, nach ihren Arten, in denen ihr Same ist, auf der Erde!" Und dementsprechend geschah es: (1,12) die Erde brachte Grün hervor: Kraut, das Samen bildet, nach seinen Arten ˙und Bäume, die Früchte bringen, in denen ihr Same ist, nach ihren Arten; und Gott sah, daß es gut war.*

(1,13) *Und es wurde Abend, und es wurde Morgen, der dritte Tag.*

1,14–19 Vierter Tag

> 5. Werk: Sonne,Mond,Sterne

(1,14) *Und Gott sprach: „Es seien Leuchtkörper an der Himmelsfeste, um zu scheiden den Tag von der Nacht, und sie sollen dienen als Zeichen, und zwar für festgesetzte Zeiten, für Tage und Jahre, (1,15) und sie sollen dienen als Leuchtkörper an der Himmelsfeste, um auf die Erde zu leuchten!" Und dementsprechend geschah es: (1,16) Gott machte die beiden großen Leuchtkörper, den größeren Leuchtkörper zur Herrschaft über den Tag und den kleineren Leuchtkörper zur Herrschaft über die Nacht, und die Sterne; (1,17) und Gott setzte sie an die Himmelsfeste, um auf die Erde zu leuchten (1,18) und um zu herrschen über den Tag und die Nacht und um zu scheiden das Licht von der Finsternis; und Gott sah, daß es gut war.*

(1,19) *Und es wurde Abend, und es wurde Morgen, der vierte Tag.*

1,20–23 Fünfter Tag

> 6. Werk: Wassertiere,Lufttiere

(1,20) *Und Gott sprach: „Es sollen wimmeln die Wasser an Gewimmel, lebendigen Wesen, während Fluggetier fliegen soll über der Erde an der Vorderseite der Himmelsfeste!" ˙Und dementsprechend geschah es: (1,21) Gott schuf die großen Seeungeheuer und jedes sich regende Lebewesen, von denen das Wasser wimmelt, nach seinen Arten und alles geflügelte Fluggetier nach seinen Arten; und Gott sah, daß es gut war, (1,22) und es segnete sie Gott mit den Worten: „seid fruchtbar und werdet zahlreich und füllt die Wasser im Meer, während das Fluggetier zahlreich werden soll im Bereich der Erde!"*

(1,23) *Und es wurde Abend, und es wurde Morgen, der fünfte Tag.*

1,24–31 Sechster Tag

> 7. Werk: Landtiere

> 8. Werk: Menschen

(1,24) *Und Gott sprach: „Es bringe die Erde hervor Lebewesen nach seinen Arten: Vieh und Kriechgetier und Wildgetier der Erde nach seinen Arten!" Und dementsprechend geschah es: (1,25) Gott machte das Wildgetier der Erde nach seinen Arten und das Vieh nach seinen Arten und alles Kriechgetier des Erdbodens nach seinen Arten; und Gott sah, daß es gut war.*
(1,26) *Und Gott sprach: „Laßt uns Menschen machen als unser Bild, zu unserem Abbild, so daß sie herrschen über die Fische des Meeres und über die Vögel des Himmels und über das Vieh und über alles ˙Wildgetier˙ der Erde und über alles Kriechgetier, das auf der Erde kriecht!" (1,27) Und Gott schuf den Menschen als sein Bild: als Bild Gottes schuf er ihn, Mann und Frau (so) schuf er sie; (1,28) und es segnete sie Gott, und es sprach zu ihnen Gott: „seid fruchtbar und werdet zahlreich und füllt die Erde und unterwerft sie und herrscht über die Fische des Meeres und über die Vögel des Himmels und über jedes Tier, das sich auf der Erde regt!"; (1,29) und Gott sprach: „Siehe, ich gebe euch alles Samen spendende Kraut, das auf der Oberfläche der ganzen Erde ist, und alle Bäume, an denen Samen spendende Baumfrüchte sind – euch soll es zur Nahrung dienen, (1,30) und allem Wildgetier der Erde und allen Vögeln des Himmels und allem, was auf Erde kriecht, was Lebendigkeit in sich hat, ˙gebe ich˙ alles Blattwerk des Krautes zur Nahrung!" Und dementsprechend geschah es. (1,31) Und Gott sah an alles, was er gemacht hatte, und siehe, es war sehr gut.*

Und es wurde Abend, und es wurde Morgen, der sechste Tag.

2,1 Teilunterschrift (Abschluß der Schöpfungsarbeit)

(2,1) *So wurden zum Abschluß gebracht Himmel und Erde und all ihr Dienst.*

2,2–3 Siebter Tag

Ruhe Gottes als Abschluß der Schöpfung

(2,2) *Und Gott brachte am siebten Tage seine Arbeit, die er getan hatte, zum Abschluß, indem er am siebten Tage ruhte von all seiner Arbeit, die er getan hatte. (2,3) Und Gott segnete den siebten Tag, indem er ihn heiligte; denn an ihm ruhte er von all seiner Arbeit, die Gott geschaffen hatte durch sein Tun.*

2,4a UNTERSCHRIFT

(2,4a) *Dies ist die Entstehungsgeschichte von Himmel und Erde, als sie geschaffen wurden.*

Übersetzung und Aufbauschema aus: O. H. Steck, Der Schöpfungsbericht der Priester-schrift, Göttingen²1981

GENESIS
Parallelüberlieferungen im Sintflutbericht (Gen*6–9)·1

1 Doppelt überlieferte Erzählungszüge

	6, 5	Als aber Jahwe sah, daß der Menschen Bosheit groß war auf Erden, und daß alles Dichten und Trachten ihres Herzens die ganze Zeit nur böse war ...	6, 12	Da sah Gott auf die Erde, und siehe, sie war verderbt; denn alles Fleisch hatte seinen Wandel verderbt auf Erden.
Die Ankündigung der Sintflut	6, 17	Ich aber lasse jetzt die Sintflut über die Erde kommen, um alles Fleisch, das Lebensodem in sich hat, unter dem Himmel zu vertilgen; alles, was auf Erden ist, soll hinsterben.	7, 4	Denn nach sieben Tagen will ich regnen lassen auf die Erde, ... und will alle Wesen, die ich gemacht habe, vom Erdboden vertilgen.
Der Befehl, in die Arche zu gehen	6, 18	Du sollst in die Arche gehen, du und deine Söhne und dein Weib und deine Schwiegertöchter mit dir.	7, 1	Gehe in die Arche, du und dein ganzes Haus.
Die Befolgung dieses Befehls	7, 7	Und Noah ging mit seinen Söhnen und mit seinem Weibe und seinen Schwiegertöchtern vor den Wassern der Sintflut in die Arche.	7, 13	An ebendiesem Tage ging Noah mit seinen Söhnen Sem, Ham und Japhet, mit seinem Weibe und seinen drei Schwiegertöchtern in die Arche.
Der Anbruch der Flut	7, 10	Und nach den sieben Tagen kamen die Wasser der Sintflut über die Erde.	7, 11	An diesem Tage brachen alle Brunnen der großen Urflut auf, und die Fenster des Himmels öffneten sich.
Das Steigen der Wasser	7, 17	Da kam die Sintflut über die Erde, vierzig Tage lang, und die Wasser wuchsen und hoben die Arche, und sie schwamm hoch über der Erde.	7, 18	Und die Wasser nahmen mächtig überhand und wuchsen gewaltig über der Erde, und die Arche fuhr auf den Wassern dahin.
Das Sterben der Lebewesen	7, 21	Da starb alles Fleisch dahin, das sich auf Erden regte, an Vögeln, an Vieh, an Wild und allem, was auf Erden wimmelte, auch alle Menschen.	7, 22	Alles, was Lebensluft atmete, was auf dem Trockenen war, das starb.
Das Ende der Flut	8, 2	Und es schlossen sich die Brunnen der Urflut und die Fenster des Himmels.	8, 2	Dem Regen des Himmels ward gewehrt.
Das Versprechen Gottes, nie wieder eine Sintflut über die Erde zu bringen	8, 21	Und ich will hinfort nicht mehr schlagen, was da lebt, wie ich getan habe.	9, 15	Niemals wieder sollen die Wasser zu einer Sintflut werden.

2 Widersprüchlich überlieferte Erzählungszüge

Die Zahl der mitzunehmenden Tiere	6, 19	Und *von allen Tieren*, von allem Fleisch sollst du *je ein Paar* in die Arche führen, um sie bei dir am Leben zu erhalten, ein Männchen und ein Weibchen sollen es sein. ähnlich 6, 20; 7, 15.16.	7, 2	Nimm dir *von allen reinen Tieren je sieben*, Männchen und Weibchen, *von den unreinen Tieren aber je ein Paar*, ein Männchen und ein Weibchen.
Die Art der Katastrophe	7, 11	An diesem Tage brachen alle *Brunnen der großen Urflut* auf, und die *Fenster des Himmels* öffneten sich. Vgl. 8, 2 a.	7, 12	Und der *Regen* strömte auf die Erde. Vgl. 8, 2 b.
Die Dauer der Sintflut	7, 24	Und die Wasser nahmen zu auf der Erde *150 Tage* lang.	7, 12	Und der Regen strömte auf die Erde *40 Tage und 40 Nächte* lang.
Das Ende der Sintflut	8, 6–12	Noah muß selber erkunden, ob er aus der Arche aussteigen kann.	8, 15 f.	Da redete Gott mit Noah und sprach: Geh aus der Arche ...

Arbeitsblätter 8c–e aus: H.H.Schmid,Die Steine und das Wort,1975,51–57

GENESIS
Parallelüberlieferungen im Sintflutbericht (Gen*6–9)·2

3 · Die beiden Parallelerzählungen

	Erzählung A	Erzählung B
6,5	Als aber Jahwe sah, daß der Menschen Bosheit groß war auf Erden, und daß alles Dichten und Trachten ihres Herzens die ganze Zeit nur böse war,	
6,9		Dies ist die Geschichte Noahs: Noah war ein frommer Mann, unsträflich unter seinen Zeitgenossen; mit Gott wandelte er.
10		Und Noah zeugte drei Söhne: Sem, Ham, Japhet.
6	da reute es Jahwe, daß er den Menschen geschaffen hatte auf Erden, und es bekümmerte ihn tief.	
11		Aber die Erde ward verderbt vor Gott und voll ward die Erde von Frevel.
12		Da sah Gott auf die Erde, und siehe sie war verderbt; denn alles Fleisch hatte seinen Wandel verderbt auf Erden.
7a	Und Jahwe sprach: Ich will die Menschen, die ich geschaffen habe, vom Erdboden vertilgen.	
13		Da sprach Gott zu Noah: Das Ende alles Fleisches ist bei mir beschlossen; denn die Erde ist voller Frevel von den Menschen her. So will ich sie denn von der Erde vertilgen.
8	Noah aber hatte Gnade gefunden vor Jahwe.	
14		Mache dir eine Arche von Tannenholz; aus lauter Zellen sollst du die Arche machen, und verpiche sie inwendig und auswendig mit Pech.
15		Und so sollst du sie machen: dreihundert Ellen sei die Länge der Arche, fünfzig Ellen ihre Breite und dreißig Ellen ihre Höhe;
16		nach der Elle sollst du sie fertigstellen. Ein Dach aber sollst du oben an der Arche machen, und die Türe der Arche sollst du an der Seite anbringen. Ein unteres, ein zweites und ein drittes Stockwerk sollst du darin machen.
17		Ich aber lasse jetzt die Sintflut über die Erde kommen, um alles Fleisch, das Lebensodem in sich hat, unter dem Himmel zu vertilgen; alles, was auf Erden ist, soll hinsterben.
7,1	Und Jahwe sprach zu Noah: Gehe in die Arche, du und dein ganzes Haus; denn ich habe dich gerecht vor mir erfunden unter diesem Geschlechte.	
18		Aber mit dir will ich einen Bund aufrichten: Du sollst in die Arche gehen, du und deine Söhne und dein Weib und deine Schwiegertöchter mit dir.
2	Nimm dir von allen reinen Tieren je sieben, Männchen und Weibchen, von den unreinen Tieren aber je ein Paar, ein Männchen und ein Weibchen.	
19		Und von allen Tieren, von allem Fleisch, sollst du je ein Paar in die Arche führen, um sie bei dir am Leben zu erhalten; ein Männchen und ein Weibchen sollen es sein.

	Erzählung A	Erzählung B
3	Auch von den Vögeln des Himmels je sieben, Männchen und Weibchen, damit auf der ganzen Erde Nachwuchs am Leben bleibe.	
20		Von jeder Art der Vögel und des Viehs und alles dessen, was auf Erden kriecht, von allem soll je ein Paar zu dir hineingehen, um am Leben zu bleiben.
21		Du aber nimm von jeglicher Speise, die man ißt, und lege dir einen Vorrat an, damit er dir und ihnen zur Nahrung diene.
4	Denn nach sieben Tagen will ich regnen lassen auf die Erde, vierzig Tage und vierzig Nächte lang, und will alle Wesen, die ich gemacht habe, vom Erdboden vertilgen.	
22		Und Noah tat es; ganz wie ihm Gott geboten hatte, so tat er.
5	Und Noah tat, ganz wie ihm Jahwe geboten hatte.	
7,6		Noah aber war sechshundert Jahre alt, als die Sintflut über die Erde kam.
7	Und Noah ging vor den Wassern der Sintflut in die Arche.	
16b	Und Jahwe schloß hinter ihm zu.	
11		Im sechshundertsten Lebensjahre Noahs, am siebzehnten Tage des zweiten Monats, an diesem Tage brachen alle Brunnen der großen Urflut auf, und die Fenster des Himmels öffneten sich.
10	Und nach den sieben Tagen kamen die Wasser der Sintflut über die Erde.	
13		An ebendiesem Tage ging Noah mit seinen Söhnen Sem, Ham und Japhet, mit seinem Weibe und seinen drei Schwiegertöchtern in die Arche;
12	Und der Regen strömte auf die Erde, vierzig Tage und vierzig Nächte lang.	
14		sie und alle die verschiedenen Arten des Wildes und des Viehs und alles dessen, was auf Erden kriecht, und auch der Vögel, alles dessen, was fliegt, was Flügel hat:
15		die gingen zu Noah in die Arche, je zwei von allem Fleische, das Lebensodem in sich hatte.
7,16a		Und sie hineingingen, waren je ein Männchen und ein Weibchen von allem Fleische, wie ihm Gott geboten hatte.
7,17b	Und die Wasser wuchsen und hoben die Arche, und sie schwamm hoch über der Erde.	
18		Und die Wasser nahmen mächtig überhand und wuchsen gewaltig über der Erde, und die Arche fuhr auf den Wassern dahin.
19		Und die Wasser wurden immer mächtiger über der Erde, so daß alle hohen Berge unter dem ganzen Himmel bedeckt wurden.
20		Fünfzehn Ellen stiegen die Wasser darüber hinaus, so daß die Berge bedeckt wurden.

GENESIS
Parallelüberlieferungen im Sintflutbericht (Gen*6–9) · 3

Erzählung A

22 Alles, was Lebensluft atmete, was auf dem Trockenen war, das starb.

23 So vertilgte er alle Wesen, die auf dem Erdboden waren; nur Noah blieb übrig und was mit ihm in der Arche war.

8, 2b Da ward dem Regen vom Himmel gewehrt,

3a und die Wasser verliefen sich nach und nach von der Erde.

6 Nach Verlauf von vierzig Tagen aber öffnete Noah das Fenster der Arche, das er gemacht hatte.

8, 8b Dann ließ er die Taube ausfliegen, um zu sehen, ob sich die Wasser vom Erdboden verlaufen hätten.

9 Da aber die Taube keine Stätte fand, wo ihr Fuß ruhen konnte, kam sie wieder zu ihm in die Arche; denn noch war das Wasser auf der ganzen Erde. Da streckte er seine Hand aus, faßte sie und nahm sie zu sich herein in die Arche.

10 Hierauf wartete er sieben Tage; dann ließ er die Taube abermals aus der Arche fliegen.

11 Die kam um die Abendzeit zu ihm zurück, und siehe da! sie trug ein frisches Ölblatt in ihrem Schnabel. Da merkte Noah, daß sich die Wasser von der Erde verlaufen hatten.

Erzählung B

21 Da starb alles Fleisch dahin, das sich auf Erden regte, an Vögeln, an Vieh, an Wild und allem, was auf Erden wimmelte, auch alle Menschen.

24 Und die Wasser nahmen zu auf der Erde, 150 Tage lang.

8, 1 Da gedachte Gott des Noah und all des Wildes und des Viehs, das bei ihm in der Arche war. Und Gott ließ einen Wind über die Erde wehen, und die Wasser sanken;

2a und es schlossen sich die Brunnen der Urflut und die Fenster des Himmels.

3b So nahmen die Wasser ab nach den 150 Tagen.

4 und am siebenten Tage des siebenten Monats ließ sich die Arche auf dem Bergen von Ararat nieder.

5 Die Wasser aber sanken noch weiter, bis zum zehnten Monat; am ersten Tage des zehnten Monats wurden die Spitzen der Berge sichtbar.

8, 7 Da ließ (Noah) den Raben ausfliegen, der flog hin und her, bis die Wasser auf Erden vertrocknet waren.

Erzählung A

12 Dann wartete er noch weitere sieben Tage und ließ die Taube ausfliegen; sie kam aber nicht wieder zu ihm.

13b Da tat Noah das Dach von der Arche, und siehe da! der Erdboden war trocken geworden.

8, 20 Noah aber baute Jahwe einen Altar; dann nahm er von allen reinen Tieren und von allen reinen Vögeln und brachte Brandopfer auf dem Altar.

21 Und Jahwe roch den lieblichen Duft und sprach bei sich selbst: Ich will hinfort nicht mehr die Erde um der Menschen willen verfluchen; ist doch das Trachten des menschlichen Herzens böse von Jugend auf. Und ich will hinfort nicht mehr schlagen, was da lebt, wie ich es getan habe.

22 Solange die Erde steht, soll nicht aufhören Saat und Ernte, Frost und Hitze, Sommer und Winter, Tag und Nacht.

Erzählung B

13a Im 601.Lebensjahre Noahs, am ersten Tage des ersten Monats, waren die Wasser auf Erden versiegt.

14 Am 27. Tage des zweiten Monats war die Erde ganz trocken.

15 Da redete Gott mit Noah und sprach:

16 Geh aus der Arche, du und dein Weib und deine Söhne und deine Schwiegertöchter mit dir;

17 und alle die Tiere, die bei dir sind, alle Geschöpfe: Vögel, Vieh und alles, was auf Erden kriecht, die laß heraus mit dir, daß sie sich tummeln auf der Erde und fruchtbar seien und sich mehren auf Erden.

18 Da ging Noah hinaus mit seinen Söhnen, mit seinem Weibe und seinen Schwiegertöchtern.

19 Auch alles Wild und alles Vieh, alle Vögel und alles, was auf Erden kriecht, die gingen hinaus aus der Arche, Art um Art.

9, 1 Und Gott segnete Noah und seine Söhne und sprach zu ihnen: Seid fruchtbar und mehret euch und füllet die Erde!...

8 Dann sprach Gott zu Noah und zu seinen Söhnen, die bei ihm waren:

9 Ich aber, siehe, ich richte einen Bund auf mit euch und euren Nachkommen,

10 und mit allen lebenden Wesen, die bei euch sind, Vögeln, Vieh und allem Wild des Feldes bei euch, mit allen, die aus der Arche gekommen sind.

11 Ich will einen Bund mit euch aufrichten, daß niemals wieder alles Fleisch von den Wassern der Sintflut soll ausgerottet werden und niemals wieder eine Sintflut kommen soll, die Erde zu verderben....

GENESIS
Zur Väter- und Josephgeschichte

1   *Erzväter*   (Gen12-36)
     a) Abraham (Gen12-25,18)
     b) Isaak   (Gen25,19-26,35)
     c) Jakob   (Gen27-36)

2   *Väter-Verheißungen*
     1) Sohn
        15,2-4;16,11;18,10.14;(21,1-3);17,15f.19.21

     2) Beistand
        26,3.24;28,15(.20);31,3;32,10[ZüB:9];46,3;(48,15.21;50,24)

     3) Land
        12,7;13,14f.17;15,7-21;17,8;24,7;26,3f;28,4.13;35,12;48,4;50,24;vgl.auch
        Ex13,11;32,13;33,1;Num11,12;14,16.23;32,11;Dtn1,8.35;6,10.18.23 usw.

        anders (Stichwort"Milch und Honig")
        Ex3,8.17;13,5;33,2f;Lev20,24;Num13,27[ZüB:28];14,8;16,14;Dtn6,3;11,9;26,9.15;
        27,3;31,20;Jos5,6;vgl.auch Jer11,5;32,22;Ez20,6.15

     4) Mehrungsverheißung (2 Typen: Volk werden oder zahlreiche Nachkommen)
        12,1-3;13,16;15,5;16,10;17,5f.16.20;18,18;21,13.18;22,17f;26,2-5.24f;28,3.14;
        32,13[ZüB:12];35,11;46,3;(47,27);48,4.16.19;vgl.auch Ex1;32,10;Num14,12;
        Dtn1,10f;6,3;13,18[ZüB:17]-15,6;Jes51,2;Neh9,23

     5) Segensverheißung
        bezügl.Erzvater 12,2;22,17;26,3.24; bezüglich Völker 12,3;18,18;22,18;26,4;
        28,14

3   *Jakob-Söhne*

Lea:	*Rahel:*	
Ruben		Ephraim
Simeon	Joseph	
Levi		Manasse
Juda	Benjamin	
Issachar		
Sebulon		

Magd Silpa:	*Magd Bilha:*
Gad	Dan
Asser	Naphtali

4   *Josephgeschichte*

Gesamtintention: Gen45,5-8.9ff;50,19-21.24;vgl.Ex1,8ff
Aufbau: Exposition Gen37
               1.Bogen   Gen39-41
               2.Bogen   Gen42-45,8   1.Reise 42
                                       2.Reise 43-45,8
               3.Bogen   Gen45,9-50

Vgl.auch Einf§§5-8; TT L2.1;2.2;2.8 Bk§5

GENESIS
Parallelüberlieferungen von Isaak und Abraham

1 "Die Gefährdung der Ahnfrau"

Gen26,1-11

26 1 Es kam aber eine Hungersnot über das Land, ausser der früheren, die zu Abrahams Zeiten gewesen war. Darum zog Isaak nach Gerar zu Abimelech, dem König der Philister. 2 Da erschien ihm der Herr und sprach: Ziehe nicht hinab nach Aegypten; bleibe in dem Lande, das ich dir nennen werde. 3 Weile als Fremdling in diesem Lande, und ich will mit dir sein und will dich segnen; denn dir und deinem Geschlechte will ich all diese Länder geben und so den Eid erfüllen, den ich deinem Vater Abraham geschworen habe: 4 ich will dein Geschlecht so zahlreich machen wie die Sterne des Himmels und will deinem Geschlecht alle diese Länder geben, und mit dem Namen deines Geschlechtes werden sich Segen wünschen alle Völker der Erde, 5 weil Abraham auf mein Wort gehört und alles gehalten hat, was er mir zu halten hatte: meine Gebote, Satzungen und Gesetze. 6 Also blieb Isaak in Gerar.

7 Als nun die Leute des Ortes nach seinem Weibe fragten, sprach er: «Sie ist meine Schwester.» Denn er fürchtete sich zu sagen: «Sie ist mein Weib», [weil er dachte]: die Leute des Ortes könnten mich um Rebekkas willen töten, da sie so schön ist. 8 Als er aber schon längere Zeit dort wohnte, begab es sich, dass einst Abimelech, der König der Philister, zum Fenster hinausschaute; da sah er Isaak mit seinem Weibe Rebekka kosen. 9 Nun liess Abimelech den Isaak rufen und sprach: Sie ist ja dein Weib! Wie konntest du denn sagen, sie sei deine Schwester? Isaak antwortete ihm: Ich dachte eben, ich müsste um ihretwillen vielleicht sterben. 10 Abimelech aber sprach: Was hast du uns da angetan! Wie leicht hätte einer aus dem Volke deinem Weibe Gewalt antun können, und du hättest eine Schuld über uns gebracht. 11 Darnach gebot Abimelech dem ganzen Volke: Wer diesen Mann oder sein Weib anrührt, ist des Todes!

Gen12,10-20

10 Es kam aber eine Hungersnot über das Land. Da zog Abram nach Aegypten hinab, um dort eine Weile zu verbleiben; denn die Hungersnot lastete schwer auf dem Lande. 11 Und da er sich Aegypten nahte, sprach er zu seinem Weibe Sarai: Ich weiss recht wohl, dass du ein schönes Weib bist. 12 Wenn dich nun die Aegypter sehen, so werden sie denken: «Das ist sein Weib», und sie werden mich erschlagen und dich am Leben lassen. 13 So sage doch, du seiest meine Schwester, auf dass es mir um deinetwillen wohl gehe und ich durch dich am Leben bleibe. 14 Als nun Abram nach Aegypten kam, sahen die Aegypter, dass das Weib sehr schön war. 15 Und die Grossen des Pharao sahen sie und rühmten sie vor dem Pharao. Da wurde das Weib in den Palast des Pharao geholt. 16 Dem Abram aber tat er Gutes um ihretwillen: er bekam Schafe, Rinder und Esel, Sklaven und Sklavinnen, Eselinnen und Kamele. 17 Doch der Herr schlug den Pharao und sein Haus mit schweren Plagen um Sarais, des Weibes Abrams, willen. 18 Da liess der Pharao den Abram rufen und sprach: Was hast du mir da angetan! Warum hast du mich nicht wissen lassen, dass sie dein Weib ist? 19 Warum hast du gesagt, sie sei deine Schwester, sodass ich sie mir zum Weibe genommen habe? Nun, da hast du dein Weib, nimm sie und ziehe hin! 20 Und der Pharao entbot seinethalben Leute; die mussten ihn und sein Weib und alles, was er hatte, geleiten.

Gen20,1-18

20 1 Abraham aber zog von dort in das Gebiet des Südlands und blieb zwischen Kades und Sur. Als er nun in Gerar weilte, 2 sagte er von seinem Weibe Sara: Sie ist meine Schwester. Da sandte Abimelech, der König von Gerar, hin und liess Sara holen. 3 Des Nachts aber kam Gott zu Abimelech im Traum und sprach zu ihm: Fürwahr, du bist des Todes um des Weibes willen, das du genommen hast; denn sie ist ein Eheweib. 4 Abimelech jedoch hatte sie noch nicht berührt, und so sprach er: Herr, willst du wirklich Unschuldige umbringen? 5 Hat er nicht selbst zu mir gesagt: «Sie ist meine Schwester»? Und auch sie hat gesagt: «Er ist mein Bruder.» In aller Unschuld und mit reinen Händen habe ich das getan. 6 Da antwortete ihm Gott im Traum: Auch ich weiss wohl, dass du das in aller Unschuld getan hast, und ich war es auch, der dich davor behütet, dich an mir zu versündigen; darum habe ich dir nicht gestattet, sie zu berühren. 7 So gib nun dem Manne sein Weib zurück, denn er ist ein Prophet, und er wird dann für dich bitten, sodass du am Leben bleibst. Gibst du sie aber nicht zurück, so wisse, dass du mit all den Deinen sterben musst. 8 Am andern Morgen rief Abimelech alsbald seine Knechte und erzählte ihnen alles, was sich zugetragen hatte; und die Leute fürchteten sich sehr.

9 Dann liess Abimelech den Abraham rufen und sprach zu ihm: Was habe ich dir getan, und womit habe ich an dir gesündigt, dass du so grosse Sünde über mich und mein Reich gebracht hast? Du hast an mir gehandelt, wie man nicht handeln soll. 10 Und weiter sprach Abimelech zu Abraham: Was hast du denn beabsichtigt, dass du das getan hast? 11 Abraham antwortete: Ich dachte eben: es gibt sicher keine Gottesfurcht an diesem Orte, und so werden sie mich umbringen um meines Weibes willen. 12 Auch ist sie wirklich meine Schwester, die Tochter meines Vaters, nur nicht die Tochter meiner Mutter; so konnte sie mein Weib werden. 13 Als mich nun Gott aus meines Vaters Hause in die Ferne wandern hiess, sprach ich zu ihr: Das musst du mir zuliebe tun, dass du überall, wohin wir kommen, von mir sagst, ich sei dein Bruder. 14 Da nahm Abimelech Schafe und Rinder, Sklaven und Sklavinnen und schenkte sie Abraham; und sein Weib Sara gab er ihm zurück. 15 Und Abimelech sprach: Sieh, mein Land steht dir offen; bleibe, wo es dir gefällt. 16 Zu Sara aber sprach er: Sieh, da schenke ich deinem Bruder tausend Lot Silber; das soll eine Ehrenrettung für dich sein vor allen, die bei dir sind, und so bist du vor jedermann gerechtfertigt. 17 Nun betete Abraham zu Gott, und Gott heilte Abimelech, sein Weib und seine Mägde, dass sie Kinder bekamen. 18 Der Herr hatte nämlich jeden Mutterschoss im Hause Abimelechs verschlossen, um Saras, des Weibes Abrahams, willen.

2 Der Vertrag mit Abimelech

Gen26,26-33

26 Nun kam einst Abimelech zu ihm von Gerar mit seinem Freunde Ahussat und seinem Feldhauptmann Pichol. 27 Da sprach Isaak zu ihnen: Warum kommt ihr zu mir, da ihr mich doch hasset und mich von euch weggeschickt habt? 28 Sie sprachen: Wir sehen nun in der Tat, dass der Herr mit dir ist; darum dachten wir: es soll ein Vertrag zwischen uns beschworen werden, zwischen uns und dir, und wir wollen einen Bund mit dir schliessen, 29 dass du uns nichts zuleide tuest, wie auch wir dich nichts angerührt und dir nur Gutes getan und dich in Frieden haben ziehen lassen. Du bist nun einmal der Gesegnete des Herrn. 30 Da bereitete er ihnen ein Mahl, und sie assen und tranken. 31 Und am andern Morgen in der Frühe schwuren sie einander den Eid. Dann entliess sie Isaak, und sie schieden von ihm in Frieden. 32 An demselben Tage kamen Isaaks Knechte und sagten ihm von dem Brunnen, den sie gegraben hatten, und sprachen zu ihm: Wir haben Wasser gefunden. 33 Da nannte er ihn «Schua» [d. i. Eid]. Daher heisst der Ort «Beer-Scheba» [d. i. Eidbrunnen] bis auf den heutigen Tag.

Gen21,22-34

22 Zu derselben Zeit sprachen Abimelech und sein Feldhauptmann Pichol zu Abraham: Gott ist mit dir in allem, was du tust. 23 So schwöre mir nun bei Gott, dass du weder an mir noch an meinen Kindern und Kindeskindern treulos handeln willst; sondern die Freundschaft, die ich dir erwiesen habe, sollst du auch mir erweisen und dem Lande, darin du als Fremdling weilst. 24 Da sprach Abraham: Ich schwöre. 25 Abraham aber stellte den Abimelech zur Rede wegen des Wasserquells, den Abimelechs Knechte mit Gewalt genommen hatten. 26 Abimelech entgegnete: Ich weiss nicht, wer das getan hat; du hast mir nichts davon gesagt, und ich habe auch bis heute nichts davon gehört. 27 Da nahm Abraham Schafe und Rinder und gab sie Abimelech, und sie schlossen miteinander einen Bund. 28 Als nun Abraham sieben Lämmer beiseite stellte, 29 fragte Abimelech den Abraham: Was sollen diese sieben Lämmer hier, die du beiseite gestellt hast? 30 Er antwortete: Die sieben Lämmer musst du von mir annehmen, damit sie mir als Zeugnis dienen, dass ich diesen Brunnen gegraben habe. 31 Daher nannte man den Ort «Beer-Scheba» [d. i. Schwurbrunnen], weil sie einander dort geschworen haben. 32 So schlossen sie einen Bund zu Beerseba. Dann machte sich Abimelech mit seinem Feldhauptmann Pichol auf, und sie kehrten ins Philisterland zurück. 33 Abraham aber pflanzte in Beerseba eine Tamariske und rief daselbst den Namen des Herrn an, des ewigen Gottes. 34 Und er weilte noch lange Zeit als Fremdling im Philisterland.

GENESIS
Heiligtumslegenden in der Vätergeschichte

Gen 18,1-16

18 1 Und der Herr erschien ihm bei der Terebinthe Mamres, während er am Eingang seines Zeltes sass, als der Tag am heissesten war. 2 Wie er nun seine Augen erhob und sich umschaute, siehe, da standen drei Männer vor ihm. Sobald er sie sah, eilte er ihnen vom Eingang seines Zeltes entgegen, verneigte sich zur Erde 3 und sprach: Mein Herr, habe ich Gnade gefunden vor deinen Augen, so gehe doch nicht an deinem Knechte vorüber. 4 Man soll ein wenig Wasser bringen, dass ihr euch die Füsse waschet, dann lagert euch unter dem Baume, 5 und ich will einen Bissen Brot holen, dass ihr euch erlabet; darnach mögt ihr weiterziehen. Ihr seid nun einmal bei eurem Knecht vorbeigekommen. Sie sprachen: Du magst tun, wie du gesagt hast. 6 Nun eilte Abraham ins Zelt zu Sara und sprach: Nimm schnell drei Scheffel Mehl! Knete es und backe Kuchen! 7 Auch zu den Rindern lief Abraham, holte ein zartes, schönes Kalb und gab es dem Knechte; der rüstete es eilends zu. 8 Dann nahm er Sauermilch und frische Milch und das Kalb, das er gerüstet hatte, und setzte es ihnen vor; er selbst aber wartete ihnen auf unter dem Baume, und sie assen.

9 Da sprachen sie zu ihm: Wo ist dein Weib Sara? Er antwortete: Da drinnen im Zelte. 10 Da sprach er: Ich werde wieder zu dir kommen übers Jahr um diese Zeit; dann hat dein Weib Sara einen Sohn. Sara aber hörte zu am Eingang des Zeltes hinter ihm. 11 Nun waren Abraham und Sara alt und hochbetagt, sodass es Sara nicht mehr nach der Frauen Weise ging. 12 Darum lachte Sara bei sich selbst und dachte: Nun ich welk bin, soll mich noch Liebeslust ankommen? Und auch mein Herr ist alt. 13 Da sprach der Herr zu Abraham: Warum lacht denn Sara und denkt: «Sollte ich wirklich noch Mutter werden können, da ich doch alt bin?» 14 Ist denn irgend etwas unmöglich für den Herrn? Uebers Jahr um diese Zeit werde ich wieder zu dir kommen; dann hat Sara einen Sohn. 15 Sara leugnete und sprach: Ich habe nicht gelacht. Denn sie fürchtete sich. Aber er sprach: Doch, du hast gelacht! 16 Da erhoben sich die Männer und gingen von dannen.

Gen 28,10-22

10 Jakob aber zog aus von Beerseba und machte sich auf den Weg nach Haran. 11 Da traf es sich, dass er an die [heilige] Stätte [von Bethel] kam, und er blieb daselbst übernacht; denn die Sonne war untergegangen. Und er nahm einen von den Steinen der Stätte, tat ihn unter sein Haupt und legte sich an dieser Stätte schlafen. 12 Da träumte ihm, eine Leiter sei auf die Erde gestellt, die mit der Spitze an den Himmel rührte, und die Engel Gottes stiegen daran auf und nieder. 13 Und siehe, der Herr stand vor ihm und sprach: Ich bin der Herr, der Gott deines Vaters Abraham und der Gott Isaaks; das Land, auf dem du ruhst, will ich dir und deinen Nachkommen geben. 14 Und deine Nachkommen sollen [zahlreich] werden wie der Staub der Erde; gegen Abend und Morgen, gegen Mitternacht und Mittag sollst du dich ausbreiten, und mit deinem und deines Geschlechtes Namen werden sich Segen wünschen alle Geschlechter der Erde. 15 Siehe, ich bin mit dir und will dich behüten allenthalben, wo du hinziehst, und dich in dieses Land zurückbringen. Denn ich will dich nicht verlassen, bis dass ich getan, was ich dir verheissen habe. 16 Als Jakob von seinem Schlaf erwachte, sprach er: Fürwahr, der Herr ist an dieser Stätte, und ich wusste es nicht. 17 Und er fürchtete sich und sprach: Wie furchtbar ist diese Stätte! Hier ist nichts anderes als Gottes Haus, hier ist die Pforte des Himmels. 18 Am andern Morgen aber in der Frühe nahm Jakob den Stein, den er unter sein Haupt gelegt hatte, richtete ihn auf als Malstein und goss Oel oben darauf; 19 und er nannte die Stätte Bethel [d. i. Gotteshaus]. Früher aber hiess die Stadt Lus. 20 Und Jakob tat ein Gelübde und sprach: Wenn Gott mit mir ist und mich behütet auf dem Wege, den ich jetzt ziehe, wenn er mir Brot zu essen gibt und Kleider anzuziehen 21 und ich wohlbehalten wieder zu meines Vaters Haus zurückkomme, so soll der Herr mein Gott sein, 22 und dieser Stein, den ich als Malstein aufgerichtet habe, soll ein Gotteshaus werden, und alles, was du mir geben wirst, will ich dir getreulich verzehnten.

Gen 32,22-32

22 Noch in der Nacht stand er dann auf, nahm seine beiden Frauen und seine beiden Mägde und seine elf Söhne und ging über die Furt des Jabbok. 23 Er nahm sie und führte sie über den Fluss; auch all seine Habe brachte er hinüber. 24 Jakob aber blieb allein zurück. Da rang ein Mann mit ihm, bis die Morgenröte anbrach. 25 Als der sah, dass er ihn nicht zu überwältigen vermochte, schlug er ihn auf das Hüftgelenk. Und Jakobs Hüftgelenk wurde verrenkt, als er mit ihm rang. 26 Und er sprach: Lass mich los; die Morgenröte bricht an. Aber er antwortete: Ich lasse dich nicht, du segnest mich denn. 27 Er sprach zu ihm: Wie heissest du? Er antwortete: Jakob. 28 Da sprach er: Du sollst nicht mehr Jakob heissen, sondern Israel [d. i. Gottesstreiter]. Denn du hast mit Gott und mit Menschen gestritten und hast obgesiegt. 29 Und Jakob fragte ihn: Sag an, wie heissest du? Er aber sprach: Warum fragst du, wie ich heisse? Und er segnete ihn daselbst. 30 Und Jakob nannte die Stätte Pniel [d. i. Angesicht Gottes]; denn [sagte er] ich habe Gott von Angesicht zu Angesicht geschaut und bin am Leben geblieben. 31 Und als er an Pniel vorüber war, ging die Sonne auf; er hinkte aber an der Hüfte. 32 Daher essen die Israeliten bis auf den heutigen Tag den Muskelstrang nicht, der auf dem Hüftgelenk liegt, weil er Jakob auf das Hüftgelenk schlug, auf den Muskelstrang.

Zählung MT,LuB: 32,23-33

GENESIS
Die Stämme Israels · System 1

(M.Noth, Das System der 12 Stämme Israels, 1930)

Ex1,2-4

DIES sind die Namen der Söhne Israels, die nach Aegypten kamen – mit Jakob waren sie gekommen, ein jeder mit seiner Familie –: 2 Ruben, Simeon, Levi und Juda, 3 Issaschar, Sebulon und Benjamin, 4 Dan und Naphthali, Gad und Asser.

1Chr2,1f

2 1 Dies sind die Söhne Israels: Ruben, Simeon, Levi und Juda; Issaschar und Sebulon; 2 Dan, Joseph und Benjamin; Naphthali, Gad und Asser.

1Chr27,16-22

16 An der Spitze der Stämme Israels standen: von den Rubeniten als Fürst Elieser, der Sohn Sichris; von den Simeoniten Sephatja, der Sohn Maachas; 17 von Levi Hasabja, der Sohn Kemuels; von Aaron Zadok; 18 von Juda Eliab, ein Bruder Davids; von Issaschar Omri, der Sohn Michaels; 19 von Sebulon Jismaja, der Sohn Obadjas; von Naphthali Jerimoth, der Sohn Asriels; 20 von den Ephraimiten Hosea, der Sohn Asasjas; von der einen Hälfte des Stammes Manasse Joel, der Sohn Pedajas; 21 von der andern Hälfte Manasses in Gilead Jiddo, der Sohn Sacharjas; von Benjamin Jaasiel, der Sohn Abners; 22 von Dan Asareel, der Sohn Jerohams. Das sind die Fürsten der Stämme Israels.

Gen49,1-27

49 1 Und Jakob berief seine Söhne und sprach: Versammelt euch, dass ich euch verkünde, was euch am Ende der Tage begegnen wird. 2 Kommet zusammen, ihr Söhne Jakobs, und höret auf Israel, euren Vater! 3 Ruben, mein Erstgeborner bist du, meine Kraft, der Erstling meiner Stärke; überragend an Hoheit, überragend an Macht, 4 walltest du über wie Wasser, sollst der Erste nicht sein. Denn du bestiegst deines Vaters Lager, entweihtest damals das Bette, das du bestiegen. 5 Simeon und Levi sind Brüder, Werkzeuge des Frevels sind ihre Waffen. 6 Ihrem Rat bleibe fern meine Seele, eine sich nicht meine Ehre; denn im Zorne töten sie Männer, und im Mutwillen verstümmeln sie Stiere. 7 Fluch über ihren Zorn, dass er so heftig, und über ihren Grimm, dass er so grausam ist! Ich will sie zerteilen in Jakob, will sie zerstreuen in Israel. 8 Juda, dich preisen deine Brüder! Deine Hand packt die Feinde im Nacken, vor dir neigen sich die Söhne deines Vaters. 9 Ein junger Löwe ist Juda; vom Raube, mein Sohn, wardst du gross. Er hat sich gekauert, gelagert wie ein Leu, wie eine Löwin – wer will ihn aufstören? 10 Nie weicht das Szepter von Juda, noch der Führerstab von seinen Füssen, bis dass der Herrscher kommt, dem die Völker gehorchen. 11 Er bindet seinen Esel an die Rebe und an die edle Rebe das Füllen seiner Eselin, er wäscht sein Gewand in Wein und in Traubenblut seinen Mantel, 12 seine Augen funkeln von Wein, und seine Zähne sind weiss von Milch. 13 Sebulon wohnt am Ufer des Meeres; er liegt am Gestade der Schiffe und lehnt seinen Rücken an Sidon. 14 Issaschar ist ein knochiger Esel, der zwischen den Viehhürden lagert. 15 Und da er sah, dass die Ruhe so schön sei und das Land so lieblich, beugte er seinen Rücken zum Tragen und ward ein fronender Knecht. 16 Dan schafft Recht seinem Volke, wie nur irgendein Stamm in Israel. 17 Dan sei eine Schlange am Wege, eine Otter auf dem Pfade, die das Ross in die Fersen beisst, dass sein Reiter rücklings stürzt. 18 Deiner Hilfe harre ich, Herr! 19 Gad wird von Drängern bedrängt; er aber drängt ihnen nach. 20 Assers Brot ist fett; ja, Königsleckerbissen spendet er. 21 Naphthali ist eine flüchtige Hindin; von ihm kommen liebliche Reden. 22 Ein junger Fruchtbaum ist Joseph, ein junger Fruchtbaum am Quell; [seine] Schosse ranken über die Mauer. 23 Es reizten ihn und schossen, es befeindeten ihn Pfeilschützen; 24 doch fest blieb sein Bogen und gelenk die Kraft seiner Hände durch die Hilfe des Starken Jakobs, durch den Namen des Hirten Israels, 25 durch deines Vaters Gott, der dir helfe, durch den allmächtigen Gott, der dich segne mit Segensfülle vom Himmel droben, mit Segensfülle aus der Flut, die drunten lagert, mit Segensfülle aus Brüsten und Mutterschoss. 26 Die Segnungen deines Vaters sind reicher als die Segensfülle der ewigen Berge, als die Lust der uralten Höhen. Das alles komme auf das Haupt Josephs, auf den Scheitel des Geweihten unter seinen Brüdern! 27 Benjamin ist ein reissender Wolf; am Morgen verzehrt er Raub, am Abend verteilt er Beute.

Gen35,22-26

Jakob hatte zwölf Söhne. 23 Die Söhne Leas waren: Ruben der Erstgeborne Jakobs, Simeon, Levi, Juda, Issaschar und Sebulon; 24 die Söhne Rahels: Joseph und Benjamin; 25 die Söhne Bilhas, der Magd Rahels: Dan und Naphthali; 26 die Söhne Silpas, der Magd Leas: Gad und Asser. Dies sind die Söhne Jakobs, die ihm in Mesopotamien geboren wurden.

Gen46,8-25

8 Dies sind die Namen der Söhne Israels, die nach Aegypten kamen: Jakob und seine Söhne. Ruben, Jakobs Erstgeborner. 9 Die Söhne Rubens: Henoch, Pallu, Hezron und Charmi. 10 Die Söhne Simeons: Jemuel, Jamin, Ohad, Jachin, Zohar und Saul, der Sohn der Kanaaniterin. 11 Die Söhne Levis: Gerson, Kahath und Merari. 12 Die Söhne Judas: Er, Onan, Sela, Perez und Serah. Aber Er und Onan starben im Lande Kanaan. Die Söhne des Perez waren Hezron und Hamul. 13 Die Söhne Issaschars: Thola, Puwa, Jasub und Simron. 14 Die Söhne Sebulons: Sered, Elon und Jahleel. 15 Das sind die Söhne Leas, die sie dem Jakob in Mesopotamien gebar, samt seiner Tochter Dina. Die machen zusammen, Söhne und Töchter, 33 Seelen aus. 16 Die Söhne Gads: Zephon, Haggi, Suni, Ezbon, Eri, Arodi und Areli. 17 Die Söhne Assers: Jimna, Jiswa, Jiswi und Beria, und ihre Schwester Serah. Die Söhne Berias: Heber und Malchiel. 18 Das sind die Söhne der Silpa, die Laban seiner Tochter Lea gab; diese gebar sie dem Jakob, sechzehn Seelen. 19 Die Söhne Rahels, des Weibes Jakobs: Joseph und Benjamin. 20 Dem Joseph wurden im Lande Aegypten Manasse und Ephraim geboren, die ihm Asnath gebar, die Tochter Potipheras, des Priesters von On. 21 Die Söhne Benjamins: Bela, Becher, Asbel, Gera, Naeman, Ahiram, Supham, Hupham und Ard. 22 Das sind die Söhne Rahels, die sie dem Jakob gebar, zusammen vierzehn Seelen. 23 Die Söhne Dans: Husim. 24 Die Söhne Naphthalis: Jahzeel, Guni, Jezer und Sillem. 25 Das sind die Söhne der Bilha, die Laban seiner Tochter Rahel gab; diese gebar sie dem Jakob, zusammen sieben Seelen.

Gen29,31-30,24 und 35,16-20

31 Als aber der Herr sah, dass Lea zurückgesetzt war, machte er sie fruchtbar, während Rahel unfruchtbar blieb. 32 So ward Lea schwanger und gebar einen Sohn; den nannte sie Ruben'). Denn sie sprach: Der Herr hat mein Elend angesehen; nun wird mich mein Mann liebhaben. 33 Und sie ward abermals schwanger und gebar einen Sohn, und sie sprach: Der Herr hat gehört, dass ich zurückgesetzt bin; darum hat er mir auch diesen gegeben. Und sie nannte ihn Simeon. 34 Dann ward sie abermals schwanger und gebar einen Sohn; und sie sprach: Nun endlich wird mein Mann mir anhänglich sein; denn ich habe ihm drei Söhne geboren. Darum nannte sie ihn Levi. 35 Und noch einmal ward sie schwanger und gebar einen Sohn; und sie sprach: Nunmehr will ich den Herrn preisen! Darum nannte sie ihn Juda. Darnach hörte sie auf zu gebären.

30 1 Als Rahel sah, dass sie dem Jakob keine Kinder gebar, da ward sie eifersüchtig auf ihre Schwester und sprach zu Jakob: Schaffe mir Kinder, wo nicht, so sterbe ich. 2 Jakob aber wurde zornig über Rahel und sprach: Bin ich denn an Gottes Statt, der dir Leibesfrucht versagt? 3 Darauf sprach sie: Da hast du meine Magd Bilha; wohne ihr bei; damit sie auf meinem Schoss gebäre und durch sie auch ich zu Kindern komme. 4 Also gab sie ihm ihre Magd Bilha zum Weibe, und Jakob wohnte ihr bei. 5 Und Bilha ward schwanger und gebar dem Jakob einen Sohn. 6 Da sprach Rahel: Gott hat mir Recht geschafft, er hat mich auch erhört und mir einen Sohn gegeben. Darum nannte sie ihn Dan. 7 Und Bilha, Rahels Magd, ward abermals schwanger und gebar dem Jakob einen zweiten Sohn. 8 Da sprach Rahel: Einen Gotteskampf habe ich mit meiner Schwester gekämpft, habe auch obgesiegt. Darum nannte sie ihn Naphthali. 9 Als nun Lea sah, dass sie aufgehört hatte zu gebären, nahm sie ihre Magd Silpa und gab sie Jakob zum Weibe. 10 Und Silpa, Leas Magd, gebar dem Jakob einen Sohn. 11 Da sprach Lea: «Glück auf!» und nannte ihn Gad. 12 Und Silpa, Leas Magd, gebar dem Jakob einen zweiten Sohn. 13 Da sprach Lea: «Ich Glückliche! Die Töchter des Volks werden mich glücklich preisen!» und sie nannte ihn Asser. 14 Nun ging einst Ruben aufs Feld, zur Zeit der Weizenernte, dort fand er Liebesäpfel und brachte sie seiner Mutter Lea heim. Da sprach Rahel zu Lea: Gib mir von den Liebesäpfeln deines Sohnes! 15 Sie aber antwortete ihr: Ist's nicht genug, dass du mir meinen Mann genommen hast? Nun willst du auch noch die Liebesäpfel meines Sohnes nehmen! Da sprach Rahel: Nun, so mag er heute nacht bei dir schlafen für die Liebesäpfel deines Sohnes. 16 Als nun Jakob am Abend vom Felde kam, ging Lea ihm entgegen und sprach: Zu mir musst du kommen, denn ich habe dich erkauft um die Liebesäpfel meines Sohnes. Also schlief er jene Nacht bei ihr.

17 Und Gott erhörte Lea, und sie ward schwanger und gebar dem Jakob einen fünften Sohn. 18 Da sprach Lea: «Gott hat mir's gelohnt, dass ich meinem Manne meine Magd gegeben habe», und sie nannte ihn Issaschar. 19 Dann ward Lea abermals schwanger und gebar dem Jakob einen sechsten Sohn. 20 Da sprach Lea: Gott hat mir eine reiche Gabe gegeben; nun endlich wird mein Mann bei mir Wohnung nehmen, denn ich habe ihm sechs Söhne geboren. Und sie nannte ihn Sebulon. 21 Darnach gebar sie eine Tochter und nannte sie Dina. 22 Gott aber gedachte der Rahel: er erhörte ihr Gebet und machte sie fruchtbar. 23 Da ward sie schwanger und gebar einen Sohn; und sie sprach: Gott hat meine Schmach von mir genommen. 24 Und sie nannte ihn Joseph und sprach: Der Herr wolle mir noch einen Sohn dazu geben!

16 Darnach brachen sie von Bethel auf, und als sie nur noch ein Stück Weges bis Ephrath hatten, gebar Rahel, und die Geburt kam so schwer. 17 Und da sie eine so schwere Geburt hatte, sprach die Hebamme zu ihr: Sei getrost, du hast wieder einen Sohn. 18 Als aber ihre Seele entfloh – denn sie musste sterben –, da nannte sie ihn Ben-Oni [d. i. Sohn meines Schmerzes]; sein Vater aber nannte ihn Ben-Jamin [d. i. Sohn des Glücks]. 19 So starb Rahel und ward begraben am Wege nach Ephrath, das ist Bethlehem. 20 Und Jakob errichtete auf ihrem Grabe einen Malstein; das ist der Malstein des Rahelgrabes bis auf den heutigen Tag.

GENESIS
Die Stämme Israels · System 2

(M.Noth,Das System der 12 Stämme Israels,1930)

Num1, 5–15

5 Dies sind die Namen der Männer, die euch zur Seite stehen sollen: von Ruben: Elizur, der Sohn Sedeurs, 6 von Simeon: Selumiel, der Sohn Zurisaddais; 7 von Juda: Nahason, der Sohn Amminadabs; 8 von Issaschar: Nethaneel, der Sohn Zuars; 9 von Sebulon: Eliab, der Sohn Helons; 10 von den Söhnen Josephs, von Ephraim: Elisama, der Sohn Ammihuds, von Manasse: Gamliel, der Sohn Pedazurs; 11 von Benjamin: Abidan, der Sohn Gideonis; 12 von Dan: Ahieser, der Sohn Ammisaddais; 13 von Asser: Pagiel, der Sohn Ochrans; 14 von Gad: Eljasaph, der Sohn Reguels; 15 von Naphthali: Ahira, der Sohn Enans.

Num1, 20–49

Ruben
Simeon
Gad
Juda
Issachar
Sebulon
Joseph
Manasse
Benjamin
Dan
Asser
Naphtali

Levi

Num2, 3–31

3 Vorn, gegen Osten, lagert sich Juda mit seinem Panier, Heerschar an Heerschar; der Fürst der Söhne Judas ist Nahason, der Sohn Amminadabs, 4 und sein Heer zählt 74 600 Gemusterte. 5 Neben ihm lagert sich der Stamm Issaschar; der Fürst der Söhne Issaschars ist Nethaneel, der Sohn Zuars, 6 und sein Heer zählt 54 400 Gemusterte; 7 ferner der Stamm Sebulon; der Fürst der Söhne Sebulons ist Eliab, der Sohn Helons, 8 und sein Heer zählt 57 400 Gemusterte. 9 Alle Gemusterten im Heerlager Judas zählen 186 400 Mann, Heerschar an Heerschar; sie sollen zuerst aufbrechen.

10 Gegen Süden lagert sich Ruben mit seinem Panier, Heerschar an Heerschar; der Fürst der Söhne Rubens ist Elizur, der Sohn Sedeurs, 11 und sein Heer zählt 46 500 Gemusterte. 12 Neben ihm lagert sich der Stamm Simeon; der Fürst der Söhne Simeons ist Selumiel, der Sohn Zurisaddais, 13 und sein Heer zählt 59 300 Gemusterte; 14 ferner der Stamm Gad; der Fürst der Söhne Gads ist Eljasaph, der Sohn Reguels, 15 und sein Heer zählt 45 650 Gemusterte. 16 Alle Gemusterten im Heerlager Rubens zählen 151 450 Mann, Heerschar an Heerschar; sie sollen an zweiter Stelle aufbrechen. 17 Dann soll das heilige Zelt aufbrechen, das Heerlager der Leviten, mitten zwischen den [andern] Lagern; wie sie lagern, so sollen sie auch aufbrechen, ein jeder an seinem Orte, Panier um Panier.

18 Gegen Westen lagert sich Ephraim mit seinem Panier, Heerschar an Heerschar; der Fürst der Söhne Ephraims ist Elisama, der Sohn Ammihuds, 19 und sein Heer zählt 40 500 Gemusterte. 20 Neben ihm lagert sich der Stamm Manasse; der Fürst der Söhne Manasses ist Gamliel, der Sohn Pedazurs, 21 und sein Heer zählt 32 200 Gemusterte; 22 ferner der Stamm Benjamin; der Fürst der Söhne Benjamins ist Abidan, der Sohn Gideonis, 23 und sein Heer zählt 35 400 Gemusterte. 24 Alle Gemusterten im Heerlager Ephraims zählen 108 100 Mann, Heerschar an Heerschar; sie sollen an dritter Stelle aufbrechen.

25 Gegen Norden lagert sich Dan mit seinem Panier, Heerschar an Heerschar; der Fürst der Söhne Dans ist Ahieser, der Sohn Ammisaddais, 26 und sein Heer zählt 62 700 Gemusterte. 27 Neben ihm lagert sich der Stamm Asser; der Fürst der Söhne Assers ist Pagiel, der Sohn Ochrans, 28 und sein Heer zählt 41 500 Gemusterte; 29 ferner der Stamm Naphthali; der Fürst der Söhne Naphthalis ist Ahira, der Sohn Enans, 30 und sein Heer zählt

Num10, 14–28

53 400 Gemusterte. 31 Alle Gemusterten im Heerlager Dans zählen 157 600 Mann; sie sollen zuletzt aufbrechen von den [vier] Panieren.

14 Zuerst brach auf das Panier des Lagers der Söhne Judas, Heerschar um Heerschar, und ihr Heer führte Nahason, der Sohn Amminadabs. 15 Das Heer des Stammes Issaschar führte Nethaneel, der Sohn Zuars. 16 Das Heer des Stammes Sebulon führte Eliab, der Sohn Helons. 17 Wenn dann die Wohnung abgebrochen war, brachen die Gersoniter und Merariter auf, welche die Wohnung trugen. 18 Darnach brach das Panier des Lagers Rubensauf, Heerschar um Heerschar, und ihr Heer führte Elizur, der Sohn Sedeurs. 19 Das Heer des Stammes Simeon führte Selumiel, der Sohn Zurisaddais. 20 Das Heer des Stammes Gad führte Eljasaph, der Sohn Reguels. 21 Dann brachen die Kahathiter auf, welche die heiligen Geräte trugen; und man richtete die Wohnung auf, bis sie ankamen. 22 Darnach brach das Panier des Lagers der Söhne Ephraims auf, Heerschar um Heerschar, und ihr Heer führte Elisama, der Sohn Ammihuds. 23 Das Heer des Stammes Manasse führte Gamliel, der Sohn Pedazurs. 24 Das Heer des Stammes Benjamin führte Abidan, der Sohn Gideonis. 25 Darnach brach das Panier des Lagers der Söhne Dans auf, Heerschar um Heerschar; sie bildeten die Nachhut aller Lager, und ihr Heer führte Ahieser, der Sohn Ammisaddais. 26 Das Heer des Stammes Asser führte Pagiel, der Sohn Ochrans. 27 Das Heer des Stammes Naphthali führte Ahira, der Sohn Enans. 28 Das war die Ordnung, in der die Israeliten aufbrachen, Heerschar um Heerschar.

Num7, 12–83

Juda
Issachar
Sebulon
Ruben
Simeon
Gad
Ephraim
Manasse
Benjamin
Dan
Asser
Naphtali

Num13, 5–16

5 Und dies sind ihre Namen: Sammua, der Sohn Sakkurs, vom Stamme Ruben; 6 Saphat, der Sohn Horis, vom Stamme Simeon; 7 Kaleb, der Sohn Jephunnes, vom Stamme Juda; 8 Jigeal, der Sohn Josephs, vom Stamme Issaschar; 9 Hosea, der Sohn Nuns, vom Stamme Ephraim; 10 Palti, der Sohn Raphus, vom Stamme Benjamin; 11 Gaddiel, der Sohn Sodis, vom Stamme Sebulon; 12 Gaddi, der Sohn Susis, vom Stamme Joseph, vom Stamme Manasse; 13 Ammiel, der Sohn Gemallis, vom Stamme Dan; 14 Sethur, der Sohn Michaels, vom Stamme Asser; 15 Nahbi, der Sohn Wophsis, vom Stamme Naphthali; 16 Gehuel, der Sohn Machis, vom Stamme Gad.

Zählung MT, LuB: 13, 4–15

Num26, 5–51

Ruben
Simeon
Gad
Juda
Issachar
Sebulon
Joseph ⟨ Manasse / Ephraim
Benjamin
Dan
Asser
Naphtali

Levi

GENESIS
Die Stämme Israels · System 3
(H.Weippert,VT23,1973,76ff)

Num34,19-29

19 Und dies sind die Namen der Männer: Kaleb, der Sohn Jephunnes, vom Stamme Juda; 20 Samuel, der Sohn Ammihuds, vom Stamme Simeon; 21 Elidad, der Sohn Chislons, vom Stamme Benjamin; 22 Bukki, der Sohn Joglis, als Fürst des Stammes der Daniten; 23 von den Josephiten: Hanniel, der Sohn Ephods, als Fürst des Stammes der Manassiten, 24 und Kemuel, der Sohn Siphtans, als Fürst des Stammes der Ephraimiten; 25 Elizaphan, der Sohn Parnachs, als Fürst des Stammes der Sebuloniten; 26 Paltiel, der Sohn Assans, als Fürst des Stammes der Issachariten; 27 Ahihud, der Sohn Selomis, als Fürst des Stammes der Asseriten; 28 Pedahel, der Sohn Ammihuds, als Fürst des Stammes der Naphtaliten. 29 Das sind die Männer, denen der Herr gebot, den Israeliten ihr Erbe im Lande Kanaan zuzuteilen.

Jos21,4-8

4 Und es kam das Los für die Geschlechter der Kahathiter heraus, und es fielen durch das Los unter den Leviten den Nachkommen Aarons, des Priesters, dreizehn Ortschaften zu, von dem Stamme Juda, von dem Stamme Simeon und von dem Stamme Benjamin. 5 Den übrigen Nachkommen Kahaths fielen durch das Los zehn Ortschaften zu, von den Geschlechtern des Stammes Ephraim, von dem Stamme Dan und von dem halben Stamme Manasse. 6 Den Nachkommen Gersons fielen durch das Los dreizehn Ortschaften zu, von den Geschlechtern des Stammes Issaschar, von dem Stamme Asser, von dem Stamme Naphthali und von dem halben Stamme Manasse in Basan. 7 Den Nachkommen Meraris, ihren einzelnen Geschlechtern, fielen zwölf Ortschaften zu, von dem Stamme Ruben, von dem Stamme Gad und von dem Stamme Sebulon. 8 So gaben die Israeliten den Leviten diese Ortschaften samt ihren Weideplätzen durch das Los, wie der Herr durch Mose geboten hatte.

Jos21,9-42

Juda
Simeon
Benjamin
Ephraim
Dan
Manasse(West)
Manasse(Ost)
Issachar
Asser
Naphtali
Sebulon
Ruben
Gad

Richter1,1-35

Juda
Simeon
Benjamin
Joseph ⟨ Manasse / Ephraim
Sebulon
Asser
Naphtali
Dan

1Chr6,55-63

55 gaben sie Hebron im Lande Juda und die Weideplätze rings um die Stadt her. 56 Das Ackerland der Stadt aber und ihre Gehöfte gaben sie Kaleb, dem Sohne Jephunnes. 57 Den Nachkommen Aarons also gaben sie die Freistadt Hebron, ferner Libna mit seinen Weideplätzen, Jatthir, Esthemoa mit seinen Weideplätzen, 58 Hilen mit seinen Weideplätzen, Debir mit seinen Weideplätzen, 59 Asan mit seinen Weideplätzen, Jutta mit seinen Weideplätzen, Beth-Semes mit seinen Weideplätzen; 60 sodann im Stamme Benjamin: Gibeon mit seinen Weideplätzen, Geba mit seinen Weideplätzen, Alemeth mit seinen Weideplätzen, Anathoth mit seinen Weideplätzen. Insgesamt waren ihrer Ortschaften dreizehn mit ihren Weideplätzen. 61 Den übrigen Nachkommen Kahaths, ihren einzelnen Geschlechtern, wurden vom Stamme Ephraim, vom Stamme Dan und vom halben Stamme Manasse durch das Los zehn Städte zuteil; 62 den Nachkommen Gersoms, ihren einzelnen Geschlechtern: vom Stamme Issaschar, vom Stamme Asser, vom Stamme Naphthali und vom halben Stamme Manasse in Basan dreizehn Ortschaften; 63 den Nachkommen Meraris, ihren einzelnen Geschlechtern: vom Stamme Ruben, vom Stamme Gad und vom Stamme Sebulon durch das Los zwölf Ortschaften.

Zählung MT, LuB:
6,40-48

1Chr6,64-81

64 So gaben die Israeliten den Leviten diese Ortschaften samt ihren Weideplätzen. 65 Und zwar gaben sie durch das Los vom Stamme der Judäer, vom Stamme der Simeoniten und vom Stamme der Benjaminiten jene Ortschaften, die sie mit Namen nannten. 66 Den Geschlechtern der Nachkommen Kahaths fielen die Ortschaften ihres Loses im Stamme Ephraim zu; 67 sie gaben ihnen die Freistadt Sichem mit ihren Weideplätzen auf dem Gebirge Ephraim, ferner Geser mit seinen Weideplätzen, 68 Jokmeam mit seinen Weideplätzen, Beth-Horon mit seinen Weideplätzen, 69 Ajalon mit seinen Weideplätzen und Gath-Rimmon mit seinen Weideplätzen – [diese Ortschaften gaben sie] den Geschlechtern der übrigen Nachkommen Kahaths. 71 Den Nachkommen Gersoms unter den Geschlechtern der Leviten: im halben Stamme Manasse: Golan in Basan mit seinen Weideplätzen und Astharoth mit seinen Weideplätzen; 72 im Stamme Issaschar: Kisjon mit seinen Weideplätzen und Daberath mit seinen Weideplätzen, 73 Ramoth mit seinen Weideplätzen und En-Gannim mit seinen Weideplätzen; 74 im Stamme Asser: Misal mit seinen Weideplätzen, Abdon mit seinen Weideplätzen, 75 Helkath mit seinen Weideplätzen und Rehob mit seinen Weideplätzen; 76 im Stamme Naphthali: Kedes in Galiläa mit seinen Weideplätzen, Hammoth mit seinen Weideplätzen und Kirjathaim mit seinen Weideplätzen. 77 Den übrigen Nachkommen Meraris: im Stamme Sebulon: Rimmon mit seinen Weideplätzen und Tabor mit seinen Weideplätzen; 78 dazu jenseits des Jordan bei Jericho, östlich vom Jordan, im Stamme Ruben: Bezer in der Steppe mit seinen Weideplätzen, Jahza mit seinen Weideplätzen, 79 Kedemoth mit seinen Weideplätzen und Mephaat mit seinen Weideplätzen; 80 im Stamme Gad: Ramoth in Gilead mit seinen Weideplätzen, Mahanaim mit seinen Weideplätzen, 81 Hesbon mit seinen Weideplätzen und Jaeser mit seinen Weideplätzen.

Zählung MT, LuB:
6,49-66

Vgl.ferner die *systemabweichenden* Stämme-Listen in:

Dtn27,12-13
Dtn33,1-29
Jos13-19
Ri5,14-18
Ez48,1-29,vgl.V.31-35
1Chr4,1-7,40
1Chr12,24-37 (=MT V.25-38)

EXODUS bis NUMERI

1   *Überblick*
Ex1-6   Israels Bedrückung und Moses Berufung(Ex3f JE par.Ex6 P)
Ex7-11   Die ägyptischen Plagen
           (Wasser/Blut;Frösche;Stechmücken;Bremsen;Pest;Beulen;Hagel;Heuschrek-
           ken;Finsternis; - Tötung der Erstgeburt)
Ex12-15   *Auszug* und Rettung am Schilfmeer
Ex16-18   Israel in der *Wüste* (Kadesch)
           Ex19-Num10,10 Israel am *Sinai*
Num10-20   Israel in der *Wüste* (Kadesch)
Num20-36   *Landnahme* des Ostjordanlandes

2   *Rechtscorpora* (vgl.Schmidt,Einf§9; TT L9; Bk§6)
Dekalog   Ex20,1-17 (par.Dtn5,6-21)
Bundesbuch   Ex20,22-23,19
Heiligkeitsgesetz Lev17-26

3   *Rechtssätze* (vgl.Schmidt,Einf§9; TT L9; Bk§6)
a) kasuistisch
b) "apodiktisch"(Todessätze,Fluchworte,[Talion])
   Prohibitive(Dekalog)

4   *Sinaigeschehen* (außer P)
J: Ex19,10-15   Vorbereitungen
        18.20   Vulkan
     24,4b-6.8   Stiftung der Gemeinschaft durch Opfer
E: Ex19,16a.17.19 Gewitter
     24,1f.9-11   Stiftung der Gemeinschaft durch Gottesschau und gewährtes Mahl

5   *Stiftshütte nach P* (vgl.BHH III,Göttingen 1966,1873ff)

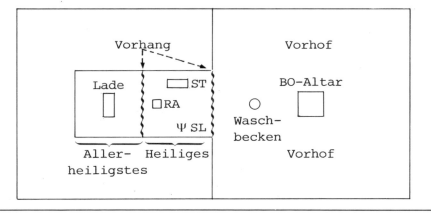

ST Schaubrottisch
SL Siebenarmiger Leuchter
RA Räucheraltar

6   *Anlage Lev*
1-7   Opfergesetze
8-10   erste Priester und Opfer
11-15   Reinheitsgesetze(kult.)
16   Ritual *gr.Versöhnungstag*
17-26   *H(eiligkeitsgesetz)*
27   Weihegelübde,Zehnter

7   *Anlage Num*
1,1-10,10   (wie Ex,Lev)Israel am *Sinai*
10,11-36   Aufbruch ins verheißene *Land*
11,1-20,13   *Wüsten*wanderung
20,14-31,54   Israel im südl.Ostjordan*land*
32,1-33,49   Verteilung Ostjordan*land*,
               Ansiedlung $2^1/2$ Stämme
33,50-36,13   Anweisung für Westjordan*land*

Vgl.auch Einf§§6-8; TT L2.3-8; Bk§§6-8

EXODUS
Der Durchzug durch das Meer (Ex 14) nach den Schichten J und P
(Textanordnung aus H.H.Schmid,Die Steine und das Wort,1975,129-131)

Jahwist

14,13 Mose aber sprach zum Volke:
Fürchtet euch nicht! Haltet stand,
so werdet ihr sehen, wie Jahwe
euch heute helfen wird; denn so,
wie ihr die Ägypter heute seht,
werdet ihr sie niemals
wiedersehen.

14 Jahwe wird für euch streiten,
seid ihr nur stille.

19 [Da machte sich der Engel Gottes
auf, der vor dem Heere Israels
einherzog, und trat hinter sie;]
und die Wolkensäule vor ihnen
ging weg und stellte sich
hinter sie.

20 Und [jener] kam zwischen das
Heer der Ägypter und das Heer
Israels zu stehen. Es geschah aber,
daß diese Wolke sich verfinsterte;
[da zogen sie während der Nacht
hindurch,] so daß während der
ganzen Nacht keiner dem andern
nahekam.

Und Jahwe trieb das Meer die
ganze Nacht durch einen starken
Ostwind zurück und legte das
Meer trocken.

24 Und um die Zeit der Morgenwache
schaute Jahwe in der [Feuer- und]
Wolkensäule auf das Heer der
Ägypter und verwirrte das Heer
der Ägypter.

25 [Er hemmte die Räder ihrer Wagen
und ließ sie nur mühsam
vorwärtskommen.] Da sprachen
die Ägypter: Laßt uns vor
Israel fliehen; denn Jahwe streitet
für sie wider Ägypten.

Priesterschrift

15 Darnach sprach Jahwe zu Mose:
Was schreist du zu mir? Sage
den Israeliten, sie sollen
aufbrechen.

16 Du aber hebe deinen Stab empor
und recke deine Hand aus über
das Meer und spalte es, daß die
Israeliten mitten im Meer auf dem
Trockenen gehen können.

17 Und ich will dann das Herz der
Ägypter verstocken, daß sie ihnen
nacheilen, damit ich mich
verherrliche am Pharao und seiner
ganzen Kriegsmacht, an seinen
Streitwagen und seinen Reitern.

18 Die Ägypter sollen erkennen, daß
ich Jahwe bin, wenn ich am
Pharao, an seinen Streitwagen
und seinen Reitern mich
verherrliche.

21 Und Mose reckte seine Hand aus
über das Meer

und die Wasser spalteten sich.

22 So gingen die Israeliten mitten
im Meere auf dem Trockenen,
während die Wasser ihnen zur
Rechten und zur Linken wie eine
Mauer standen.

23 Die Ägypter aber jagten nach
und zogen hinter ihnen her,
alle Rosse des Pharao, seine
Streitwagen und Reiter, mitten
ins Meer hinein.

26 Und Jahwe sprach zu Mose:
Recke deine Hand aus über das
Meer, daß die Wasser zurückfluten
auf die Ägypter, auf ihre Wagen
und ihre Reiter.

27 Und Mose reckte die Hand aus
über das Meer.

Jahwist

Und beim Anbruch des Morgens
strömte das Meer in sein Bett
zurück, während die Ägypter ihm
entgegenflohen, und Jahwe trieb
die Ägypter mitten ins Meer
hinein.

30 So errettete Jahwe an jenem
Tage Israel aus der Hand der
Ägypter, und Israel sah die
Ägypter tot am Gestade des
Meeres liegen.

31 [Als Israel sah, wie gewaltig sich
die Hand Jahwes an den Ägyptern
erwiesen hatte, da fürchtete das
Volk Jahwe, und sie glaubten an
Jahwe und an seinen Knecht Mose.]

Priesterschrift

28 Die Wasser strömten zurück und
bedeckten die Wagen und Reiter,
die ganze Streitmacht des Pharao,
die ihnen ins Meer nachgefolgt
war, so daß nicht einer von ihnen
am Leben blieb.

29 Die Israeliten aber waren mitten
im Meere auf dem Trockenen
gegangen, während die Wasser
ihnen zur Rechten und zur Linken
wie eine Mauer standen.

EXODUS
Der Dekalog

Ex20

2 Ich bin der Herr, dein Gott, der ich dich aus dem Lande Aegypten, aus dem Sklavenhause, herausgeführt habe; 3 du sollst keine andern Götter neben mir haben.

4 Du sollst dir kein Gottesbild machen, keinerlei Abbild, weder dessen, was oben im Himmel, noch dessen, was unten auf Erden, noch dessen, was in den Wassern unter der Erde ist; 5 du sollst sie nicht anbeten und ihnen nicht dienen; denn ich, der Herr, dein Gott, bin ein eifersüchtiger Gott, der die Schuld der Väter heimsucht bis ins dritte und vierte Geschlecht an den Kindern derer, die mich hassen, 6 der aber Gnade übt bis ins tausendste Geschlecht an den Kindern derer, die mich lieben und meine Gebote halten.

7 Du sollst den Namen des Herrn, deines Gottes, nicht missbrauchen; denn der Herr wird den nicht ungestraft lassen, der seinen Namen missbraucht.

8 Gedenke des Sabbattages, dass du ihn heilig haltest. 9 Sechs Tage sollst du arbeiten und all dein Werk tun; 10 aber der siebente Tag ist ein Ruhetag, dem Herrn, deinem Gott, geweiht. Da sollst du keine Arbeit tun, weder du noch dein Sohn, noch deine Tochter, noch dein Sklave, noch deine Sklavin, noch dein Vieh, noch der Fremdling, der innert deiner Tore ist. 11 Denn in sechs Tagen hat der Herr Himmel und Erde gemacht und das Meer und alles, was in ihnen ist, und er ruhte am siebenten Tage; darum segnete der Herr den Sabbattag und heiligte ihn.

12 Ehre deinen Vater und deine Mutter, auf dass du lange lebest in dem Lande, das der Herr, dein Gott, dir geben will.

13 Du sollst nicht töten.
14 Du sollst nicht ehebrechen.
15 Du sollst nicht stehlen.
16 Du sollst nicht falsches Zeugnis reden wider deinen Nächsten.
17 Du sollst nicht begehren nach dem Hause deines Nächsten: du sollst nicht begehren nach dem Weibe deines Nächsten, nach seinem Sklaven oder seiner Sklavin, nach seinem Rinde oder seinem Esel, nach irgend etwas, was dein Nächster hat.

Dtn5

6 Ich bin der Herr, dein Gott, der ich dich aus dem Lande Aegypten, aus dem Sklavenhause, herausgeführt habe; 7 du sollst keine andern Götter neben mir haben.

8 Du sollst dir kein Gottesbild machen, in keinerlei Gestalt, weder dessen, was oben im Himmel, noch dessen, was unten auf Erden, noch dessen, was in den Wassern unter der Erde ist. 9 Du sollst sie nicht anbeten und ihnen nicht dienen; denn ich, der Herr, dein Gott, bin ein eifersüchtiger Gott, der die Schuld der Väter heimsucht bis ins dritte und vierte Geschlecht an den Kindern derer, die mich hassen, 10 der aber Gnade übt bis ins tausendste Geschlecht an den Kindern derer, die mich lieben und meine Gebote halten.

11 Du sollst den Namen des Herrn, deines Gottes, nicht missbrauchen; denn der Herr wird den nicht ungestraft lassen, der seinen Namen missbraucht.

12 Achte auf den Sabbattag, dass du ihn heilig haltest, wie dir der Herr, dein Gott, geboten hat. 13 Sechs Tage sollst du arbeiten und all dein Werk tun; 14 aber der siebente Tag ist ein Ruhetag, dem Herrn, deinem Gott, geweiht; da sollst du keine Arbeit tun, weder du noch dein Sohn, noch deine Tochter, noch dein Sklave, noch deine Sklavin, noch dein Rind, noch dein Esel, noch all dein Vieh, noch der Fremdling, der innert deiner Tore ist, auf dass dein Sklave und deine Sklavin ruhen wie du. 15 Und sei dessen eingedenk, dass du Sklave gewesen bist im Lande Aegypten und dass der Herr, dein Gott, dich von dannen herausgeführt hat mit starker Hand und ausgerecktem Arm. Darum hat dir der Herr, dein Gott, geboten, den Ruhetag zu halten.

16 Ehre deinen Vater und deine Mutter, wie dir der Herr, dein Gott, geboten hat, auf dass du lange lebest und es dir wohl ergehe in dem Lande, das der Herr, dein Gott, dir geben will.

17 Du sollst nicht töten.
18 Du sollst nicht ehebrechen.
19 Du sollst nicht stehlen.
20 Du sollst nicht falsches Zeugnis reden wider deinen Nächsten.
21 Du sollst nicht verlangen nach dem Weibe deines Nächsten und nicht begehren nach dem Hause oder Acker deines Nächsten, nach seinem Sklaven oder seiner Sklavin, nach seinem Rinde oder seinem Esel, nach irgend etwas, was dein Nächster hat.

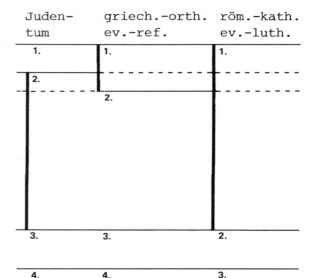

Zählungen der Gebote

Juden-tum	griech.-orth. ev.-ref.	röm.-kath. ev.-luth.
1.	1.	1.
2.		
	2.	
3.	3.	2.
4.	4.	3.
5.	5.	4.
6.	6.	5.
7.	7.	6.
8.	8.	7.
9.	9.	8.
10.	10.	9.
		10.

Vgl. auch Einf§9; TT L9; Bk§6

EXODUS
Die Offenbarung am Sinai nach Ex 19.24.34

19 1 Im dritten Monat nach dem Auszug der Israeliten aus dem Lande Aegypten, an diesem Tage kamen sie in die Wüste Sinai. 2 Sie brachen von Rephidim auf und kamen in die Wüste Sinai, und sie lagerten sich in der Wüste, und Israel lagerte sich daselbst dem Berge gegenüber. 3 Mose aber stieg hinauf zu Gott. Und der Herr rief ihm vom Berge aus zu und sprach: So sollst du zum Hause Jakobs sprechen und den Söhnen Israels verkünden: 4 Ihr habt selbst gesehen, was ich den Aegyptern getan und wie ich euch auf Adlersflügeln getragen und euch hierher zu mir gebracht habe. 5 Und nun, wenn ihr auf meine Stimme hört und meinen Bund haltet, so sollt ihr vor allen Völkern mein Eigentum sein; denn mein ist die ganze Erde. 6 Ihr sollt mir ein Königreich von Priestern werden und ein heiliges Volk. Das sind die Worte, die du den Israeliten sagen sollst. 7 Da ging Mose hin, berief die Aeltesten des Volkes und legte ihnen alle diese Worte vor, die der Herr ihm aufgetragen hatte. 8 Und das ganze Volk antwortete einmütig: Alles, was der Herr befohlen hat, wollen wir tun. Und Mose überbrachte dem Herrn die Antwort des Volkes. 9 Der Herr aber sprach zu Mose: Siehe, ich werde in dichter Gewölke zu dir kommen, damit das Volk es hört, wenn ich mit dir rede, und dir für immer vertraut. Und Mose verkündete dem Herrn die Antwort des Volkes. 10 Da sprach der Herr zu Mose: Gehe hin zum Volk und ordne an, dass sie sich heute und morgen rein halten und ihre Kleider waschen 11 und auf übermorgen bereit seien; denn übermorgen wird der Herr vor den Augen des ganzen Volkes auf den Berg Sinai herabfahren. 12 Und ziehe eine Grenze rings um den Berg und sprich zu ihnen: Hütet euch, auf den Berg zu steigen oder auch nur seinen Saum zu berühren; denn wer den Berg berührt, der ist des Todes. 13 Keine Hand soll ihn berühren; er soll gesteinigt oder erschossen werden; es sei Tier oder Mensch, er soll nicht am Leben bleiben! Wenn das Widderhorn ertönt, sollen sie den Berg hinansteigen. 14 Darauf stieg Mose vom Berge zum Volk hinab und befahl ihnen, sich rein zu halten, und sie wuschen ihre Kleider. 15 Und er sprach zum Volke: Seid bereit auf übermorgen; keiner nahe sich einem Weibe! 16 Am dritten Tage aber, als es Morgen wurde, erhob sich ein Donnern und Blitzen, und eine schwere Wolke lag auf dem Berge, und ein mächtiger Posaunenschall ertönte, sodass das ganze Volk im Lager erschrak. 17 Da führte Mose das Volk aus dem Lager heraus, Gott entgegen, und sie stellten sich unten am Berge auf. 18 Der Berg Sinai aber war ganz in Rauch gehüllt, weil der Herr im Feuer auf ihn herabgefahren war. Und der Rauch stieg von ihm auf wie von einem Schmelzofen, und der ganze Berg erbebte stark. 19 Und der Posaunenschall wurde je länger je stärker: Mose redete, und Gott antwortete ihm im Donner. 20 Als nun der Herr auf den Berg Sinai herabgefahren war, auf die Spitze des Berges, rief er Mose auf die Spitze des Berges, und Mose stieg hinauf. 21 Da sprach der Herr zu Mose: Steige hinab und warne das Volk, dass sie nicht zu dem Herrn vordringen, ihn zu sehen; sonst müssten viele unter ihnen umkommen. 22 Auch die Priester, die dem Herrn sich nahen dürfen, sollen sich rein halten, damit der Herr nicht eine Lücke reisse unter ihnen. 23 Mose aber sprach zum Herrn: Das Volk kann ja nicht auf den Berg Sinai steigen; denn du selbst hast uns gewarnt und gesagt: Ziehe eine Grenze um den Berg und erkläre ihn für heilig. 24 Da sprach der Herr zu ihm: Geh, steige hinab und komm dann wieder herauf, du und Aaron mit dir; die Priester aber und das Volk sollen nicht vordringen, um zu dem Herrn heraufzusteigen, damit er nicht eine Lücke reisse unter ihnen. 25 Und Mose stieg zu dem Volke hinab und sagte es ihnen.

24 1 Und zu Mose sprach er: Steiget herauf zum Herrn, du und Aaron, Nadab und Abihu und siebzig von den Aeltesten Israels, und betet an aus der Ferne. 2 Mose allein nahe sich dem Herrn, sie aber sollen sich nicht nahen, und das Volk soll nicht mit ihm heraufkommen. 3 Darnach kam Mose und berichtete dem Volke alle Gebote des Herrn und alle Rechtssatzungen. Da antwortete das ganze Volk einmütig und sprach: Alle Gebote, die der Herr gegeben hat, wollen wir halten. 4 Da schrieb Mose alle Gebote des Herrn auf. Am andern Morgen aber in der Frühe errichtete er einen Altar unten am Berge und zwölf Malsteine nach der Zahl der zwölf Stämme Israels. 5 Dann entbot er die jungen Männer unter den Israeliten, dem Herrn Brandopfer darzubringen und junge Stiere als Heilsopfer zu schlachten. 6 Und Mose nahm die eine Hälfte des Blutes und goss sie in die Becken, die andre Hälfte des Blutes sprengte er auf den Altar. 7 Dann nahm er das Bundesbuch und las es dem Volke vor. Und sie sprachen: Alles, was der Herr geboten hat, wollen wir tun und darauf hören. 8 Darnach nahm Mose das Blut, besprengte das Volk damit und sprach: Seht, das ist das Blut des Bundes, den der Herr auf Grund all dieser Gebote mit euch geschlossen hat. 9 Da stiegen Mose und Aaron, Nadab und Abihu und siebzig von den Aeltesten Israels hinauf, 10 und sie schauten den Gott Israels; unter seinen Füssen war wie aus Saphirfliesen und klar wie der Himmel selbst. 11 Wider die Vornehmen Israels aber reckte er seine Hand nicht aus; sie schauten Gott, und assen und tranken.

34 1 Und der Herr sprach zu Mose: Haue dir zwei steinerne Tafeln zurecht, wie die ersten waren; dann will ich auf die Tafeln die Worte schreiben, die auf den ersten Tafeln standen, welche du zerschmettert hast. 2 Und halte dich für morgen bereit, in der Frühe auf den Berg Sinai zu steigen und dort auf der Spitze des Berges vor mich zu treten. 3 Es soll aber niemand mit dir hinaufsteigen, und es soll auch niemand am ganzen Berge sich sehen lassen; sogar die Schafe und die Rinder dürfen nicht gegen diesen Berg hin weiden. 4 Da hieb Mose zwei steinerne Tafeln zurecht, wie die ersten gewesen waren. Und am andern Morgen in der Frühe stieg er auf den Berg Sinai, wie ihm der Herr geboten hatte, und nahm die zwei steinernen Tafeln mit. 5 Da fuhr der Herr in der Wolke herab und trat daselbst neben ihn. Und als Mose den Namen des Herrn anrief, 6 ging der Herr vor seinem Angesicht vorüber und rief: Der Herr, der Herr — ein barmherziger und gnädiger Gott, langmütig und reich an Huld und Treue, 7 der Gnade bewahrt bis ins tausendste Geschlecht, der Schuld und Missetat und Sünde verzeiht, aber nicht ganz ungestraft lässt, sondern die Schuld der Väter heimsucht an Kindern und Kindeskindern, bis ins dritte und vierte Geschlecht. 8 Da verneigte sich Mose alsbald bis zur Erde, warf sich nieder 9 und sprach: Herr, habe ich Gnade gefunden in deinen Augen, so wollest du, o Herr, mitten unter uns einherziehen; denn es ist ein halsstarriges Volk. Vergib uns unsre Schuld und Sünde und mache uns zu deinem Eigentum. 10 Er erwiderte: Siehe, ich schliesse einen Bund; vor deinem ganzen Volke will ich Wunder tun, dergleichen nicht gewirkt worden sind auf der ganzen Erde und unter allen Völkern, und das ganze Volk, unter dem du weilst, soll das Tun des Herrn sehen; denn furchtbar ist, was ich für dich tun werde. 11 Halte, was ich dir heute gebiete. Siehe, ich werde die Amoriter, Kanaaniter, Hethiter, Pheresiter, Hewiter und Jebusiter vor dir vertreiben. 12 Hüte dich, mit den Bewohnern des Landes, in das du kommst, ein Abkommen zu treffen, damit sie dir nicht zum Fallstrick werden, wenn sie mit dir zusammenwohnen. 13 Vielmehr sollt ihr ihre Altäre niederreissen, ihre Malsteine zerschlagen und ihre Ascheren umhauen; 14 denn du sollst keinen andern Gott anbeten. Denn eifersüchtig heisst der Herr, ein eifersüchtiger Gott ist er. 15 Dass du mir ja nicht mit den Bewohnern des Landes ein Abkommen triffst! Denn wenn sie ihren Göttern sich hingeben und ihren Göttern opfern und dich dazu einladen, so könntest du von ihrem Opfer essen; 16 auch könntest du für deine Söhne aus ihren Töchtern nehmen, und wenn dann ihre Töchter sich ihren Göttern hingeben, könnten sie deine Söhne verführen, sich auch ihren Göttern hinzugeben. 17 Gegossene Gottesbilder sollst du dir nicht machen. 18 Das Fest der ungesäuerten Brote sollst du halten. Sieben Tage sollst du ungesäuertes Brot essen, wie ich dir geboten habe, zur bestimmten Zeit im Aehrenmonat; denn im Aehrenmonat bist du aus Aegypten ausgezogen. 19 Alle Erstgeburt ist mein: all dein männliches Vieh, die Erstgeburt von Rind und Schaf. 20 Die Erstgeburt vom Esel sollst du mit einem Lamm auslösen; willst du sie aber nicht auslösen, so brich ihr das Genick. Alle Erstgeburt unter deinen Söhnen sollst du auslösen. Und man soll nicht mit leeren Händen vor meinem Angesicht erscheinen. 21 Sechs Tage darfst du arbeiten; am siebenten Tage aber sollst du feiern, [auch] in der Zeit des Pflügens und der Ernte sollst du feiern. 22 Und das Wochenfest sollst du halten, mit den Erstlingen der Weizenernte, und das Fest der Lese an der Wende des Jahres. 23 Dreimal im Jahre sollen alle deine Männer vor dem Herrn, dem Gott Israels, erscheinen. 24 Denn ich werde Völker vor dir vertreiben und dein Gebiet weit machen, und niemand soll nach deinem Lande begehren, während du, dreimal im Jahre, hinaufziehst, um vor dem Herrn, deinem Gott, zu erscheinen. 25 Du sollst das Blut meines Schlachtopfers nicht zusammen mit Gesäuertem darbringen, und das Opfer des Passafestes soll nicht bis zum andern Morgen aufbehalten werden. 26 Das Beste, die Erstlinge von deinem Acker sollst du in das Haus des Herrn, deines Gottes, bringen. Du sollst ein Böcklein nicht in der Milch seiner Mutter kochen. 27 Und der Herr sprach zu Mose: Schreibe dir diese Worte auf; denn auf Grund dieser Worte schliesse ich mit dir und mit Israel einen Bund. 28 Und er blieb daselbst bei dem Herrn vierzig Tage und vierzig Nächte, ohne Brot zu essen und Wasser zu trinken. Und er schrieb auf die Tafeln die Worte des Bundes, die zehn Worte. 29 Als Mose darnach vom Berge Sinai herabstieg (Mose hatte aber die beiden Tafeln des Gesetzes in der Hand, als er vom Berge herabstieg), da wusste er nicht, dass die Haut seines Antlitzes strahlend geworden war, während der Herr mit ihm redete. 30 Als nun Aaron und alle Israeliten Mose sahen, siehe, da strahlte die Haut seines Antlitzes; darum fürchteten sie sich, ihm zu nahen. 31 Aber Mose rief sie heran; da wandten sich Aaron und alle Fürsten in der Gemeinde ihm wieder zu, und Mose redete mit ihnen. 32 Darnach traten alle Israeliten heran, und er trug ihnen alles auf, was der Herr mit ihm auf dem Berge Sinai geredet hatte. 33 Als Mose aber aufhörte, mit ihnen zu reden, legte er eine Hülle auf sein Antlitz. 34 Und wenn Mose hineinging vor den Herrn, um mit ihm zu reden, legte er die Hülle ab, bis er wieder herauskam; und wenn er herauskam, teilte er den Israeliten mit, was ihm befohlen war. 35 Dann sahen die Israeliten, dass die Haut auf Moses Antlitz strahlte; Mose aber legte die Hülle wieder auf sein Antlitz, bis er hineinging, um mit ihm zu reden.

Vgl.:
Ri 5,4f
Dtn 33,2
Ps 68,8f
Hab 3,3

EXODUS/NUMERI
Wüsten-Überlieferungen · 1
(ohne literarkritische Detailabgrenzungen)

Ex 15,22-25

22 Darnach liess Mose die Israeliten vom Schilfmeer aufbrechen, und sie zogen nach der Wüste Sur und wanderten drei Tage in der Wüste, ohne dass sie Wasser fanden. 23 Da kamen sie nach Mara; aber sie konnten das Wasser von Mara nicht trinken, denn es war sehr bitter. Daher heisst man den Ort Mara [d. i. Bitterquell]. 24 Nun murrte das Volk wider Mose und sprach: Was sollen wir trinken? 25 Er aber schrie zum Herrn, und der Herr wies ihm ein Holz; das warf er ins Wasser, und das Wasser wurde süss. Dort gab er ihm Satzung und Recht, und dort stellte er es auf die Probe.

Ex 16,4-5.29-31.35

4 Da sprach der Herr zu Mose: Siehe, ich will euch Brot vom Himmel regnen lassen; dann mag das Volk hinausgehen und sich Tag für Tag seinen Bedarf sammeln. Damit will ich sie auf die Probe stellen, ob sie nach meiner Weisung wandeln wollen oder nicht. 5 Wenn sie dann am sechsten Tage zubereiten, was sie heimbringen, so wird es doppelt soviel sein, als sie sonst täglich sammeln.

29 Seht, der Herr hat euch den Ruhetag gegeben; darum gibt er euch am sechsten Tage Brot für zwei Tage. So bleibe denn ein jeder daheim, niemand verlasse am siebenten Tage seine Wohnung. 30 Also feierte das Volk am siebenten Tage. 31 Und die Israeliten nannten es Manna. Es war weiss wie Koriandersamen und hatte einen Geschmack wie Honigkuchen.

35 Die Israeliten aber assen das Manna vierzig Jahre lang, bis sie in bewohntes Land kamen; bis sie an die Grenze des Landes Kanaan kamen, assen sie das Manna.

Ex 17,1-7.8-16

17 1 Darnach brach die ganze Gemeinde Israels nach dem Befehl des Herrn aus der Wüste Sin auf [und zog weiter,] von Station zu Station, und sie lagerten sich in Rephidim; da war kein Wasser für das Volk zum Trinken. 2 Da haderte das Volk mit Mose und sprach: Schaffe uns Wasser, dass wir zu trinken haben! Mose erwiderte ihnen: Was hadert ihr mit mir? Warum versucht ihr den Herrn? 3 Als nun das Volk daselbst nach Wasser dürstete, murrte es wider Mose und sprach: Warum hast du uns aus Aegypten heraufgeführt, um uns und unsre Kinder und unsre Herden vor Durst umkommen zu lassen? 4 Da schrie Mose zum Herrn und sprach: Was soll ich mit diesem Volke anfangen? Es fehlt nicht viel, so steinigen sie mich. 5 Der Herr antwortete Mose: Ziehe vor dem Volke einher und nimm etliche von den Aeltesten Israels mit dir; auch deinen Stab, mit dem du den Nil geschlagen hast, nimm zur Hand und gehe 6 zu dem Felsen am Horeb; siehe, ich werde daselbst vor dir treten. Dann schlage an den Felsen, so wird Wasser hervorströmen, und das Volk hat zu trinken. Und Mose tat so vor den Augen der Aeltesten Israels. 7 Und man nannte den Ort Massa [d. i. Versuchung] und Meriba [d. i. Hader], weil die Israeliten gehadert und weil sie den Herrn versucht hatten, indem sie sprachen: Ist der Herr in unser Mitte oder nicht?

8 Da kamen die Amalekiter und stritten wider Israel in Rephidim. 9 Und Mose sprach zu Josua: Erwähle für uns Männer und ziehe morgen aus, wider die Amalekiter zu streiten. Ich aber will mich auf die Höhe des Hügels stellen mit dem Gottesstabe in der Hand. 10 Und Josua tat, wie ihm Mose befohlen hatte: er zog aus, wider die Amalekiter zu streiten; Mose aber und Aaron und Hur stiegen auf die Höhe des Hügels. 11 Solange nun Mose seine Arme hochhielt, hatte Israel die Oberhand; wenn er aber seine Arme sinken liess, hatte Amalek die Oberhand. 12 Da jedoch die Arme Moses schwer wurden, nahmen sie einen Stein und legten denselben unter ihn, und er setzte sich darauf, während Aaron und Hur seine Arme stützten, der eine auf dieser, der andre auf jener Seite. So blieben seine Arme fest, bis die Sonne unterging. 13 Und Josua warf die Amalekiter und ihr Kriegsvolk nieder mit der Schärfe des Schwertes.

14 Darnach sprach der Herr zu Mose: Schreibe dies zum Gedächtnis in ein Buch und schärfe es Josua ein: «Ich will das Andenken Amaleks ganz und gar austilgen unter dem Himmel.» 15 Und Mose baute einen Altar und nannte ihn «Der Herr ist mein Panier», 16 und er sprach: Die Hand an das Panier des Herrn! Krieg hat der Herr mit Amalek von Geschlecht zu Geschlecht!

Num 10,29-32; 10,33-11,3

29 Und Mose sprach zu dem Midianiter Hobab, dem Sohne Reguels, seinem Schwiegervater: Wir brechen nun auf nach dem Orte, von dem der Herr gesagt hat: Ich will ihn euch geben. Komm mit uns, wir wollen dir Gutes tun; denn der Herr hat Israel Gutes verheissen. 30 Er aber antwortete ihm: Ich will nicht mitziehen, sondern in mein Land und zu meiner Verwandtschaft gehen. 31 Da sprach er: Verlass uns doch nicht; denn du weisst nun einmal, wo wir uns in der Wüste lagern können, und du sollst unser Auge sein. 32 Und wenn du mit uns ziehst und uns all das Gute, das der Herr uns erweisen will, zuteil wird, dann wollen wir dir auch Gutes tun.

33 So zogen sie von dem Berge des Herrn drei Tagereisen weit, während die Bundeslade des Herrn drei Tagereisen weit vor ihnen her zog, um eine Ruhestätte für sie zu erkunden. 34 Und die Wolke des Herrn war bei Tage über ihnen, wenn sie aus dem Lager aufbrachen. 35 Wenn nun die Lade aufbrach, so wird Mose: Stehe auf, o Herr, dass deine Feinde zerstieben, und die dich hassen, vor dir fliehen! 36 Und wenn sie Halt machte, sprach er: Lass dich nieder, o Herr, und segne die Tausende Israels!

11 1 Das Volk aber murrte vor den Ohren des Herrn über Not. Als der Herr das hörte, entbrannte sein Zorn, und das Feuer des Herrn loderte auf wider sie und verzehrte d?s Ende des Lagers. 2 Da schrie das Volk zu Mose, und Mose betete zum Herrn; da erlosch das Feuer. 3 Daher nannte man jenen Ort Thabera [d. i. Brandstätte], weil das Feuer des Herrn wider sie aufgelodert war.

Num 11,4-6.10-13.18-24.31-35

4 Das hergelaufene Volk aber, das unter ihnen war, befiel ein Gelüste. Da fingen auch die Israeliten wieder an zu weinen und sprachen: Hätten wir doch Fleisch zu essen! 5 Wir gedenken der Fische, die wir in Aegypten umsonst assen, der Gurken, der Melonen, des Lauchs, der Zwiebeln und Knoblauchs. 6 Und nun verschmachten wir; es ist nichts da, nichts als das Manna bekommen wir zu sehen.

10 Als nun Mose das Volk, ein Geschlecht wie das andre, einen jeden am Eingange seines Zeltes, weinklagen hörte, und der Zorn des Herrn gewaltig, und es verdross Mose. 11 Und Mose sprach zum Herrn: Warum tust du so übel an deinem Knechte, und warum finde ich nicht Gnade vor deinen Augen, dass du mir die Last dieses ganzen Volkes auflegst? 12 Habe denn ich dieses ganze Volk empfangen, oder habe ich es geboren, dass du zu mir sagst: Trage es an deinem Busen, wie die Wärterin den Säugling trägt, in das Land, das du seinen Vätern zugeschworen hast? 13 Woher nehme ich Fleisch für dieses ganze Volk? Denn sie wehklagen vor mir und sprechen: Gib uns Fleisch zu essen!

18 Zu dem Volke aber sollst du sagen: Weihet euch für morgen, ihr werdet Fleisch zu essen bekommen; denn ihr habt vor den Ohren des Herrn gejammert: «Hätten wir doch Fleisch zu essen! In Aegypten ging es uns besser!» Darum wird euch der Herr nun Fleisch zu essen geben: 19 nicht nur einen Tag sollt ihr davon essen, nicht zwei, nicht fünf, nicht zehn, nicht zwanzig Tage bloss, 20 sondern einen ganzen Monat lang, bis es euch zum Halse heraushängt und euch zum Ekel wird; denn ihr habt den Herrn, der mitten unter euch weilt, verworfen und habt vor ihm gejammert: «Warum sind wir doch aus Aegypten ausgezogen?» 21 Da sprach Mose: 600 000 Mann zu Fuss zählt das Volk, unter dem ich lebe, und du sprichst: «Ich will ihnen Fleisch geben, dass sie einen Monat lang zu essen haben.» 22 Kann man so viel Schafe und Rinder für sie schlachten, dass es für sie genug ist? Oder soll man alle Fische des Meeres fangen, dass es für sie genug ist? 23 Der Herr aber sprach zu Mose: Ist etwa der Arm des Herrn zu kurz? Du wirst bald sehen, ob mein Wort eintrifft oder nicht.

24 Darnach ging Mose hinaus und verkündete dem Volke die Worte des Herrn. Dann versammelte er siebzig Männer aus den Aeltesten des Volkes und stellte sie rings um das [heilige] Zelt auf.

31 Es erhob sich aber ein Wind, vom Herrn gesandt, und brachte Wachteln vom Meere herüber und warf sie gegen das Lager hin, sodass sie eine Tagereise weit in jeder Richtung rings um das Lager her lagen, bei zwei Ellen hoch über dem Boden. 32 Da machten sich die Leute auf und sammelten die Wachteln, jenen ganzen Tag und die ganze Nacht und den ganzen folgenden Tag. Wer auch nur wenig sammelte, der sammelte zehn Homer; und sie breiteten sie [zum Dörren] rings um das Lager her aus. 33 Als sie aber das Fleisch noch unter den Zähnen hatten, noch che es verzehrt war, entbrannte der Zorn des Herrn wider das Volk, und der Herr schlug das Volk mit einer schrecklichen Plage. 34 Daher nannte man dort die Leute begrub, die lüstern gewesen waren. 35 Von den Lustgräbern zog das Volk weiter nach Hazeroth und blieb in Hazeroth.

Num 16,12-14; 25-34

12 Und Mose schickte hin und liess Dathan und Abiram, die Söhne Eliabs, rufen. Sie aber sprachen: Wir kommen nicht! 13 Ist es nicht genug, dass du uns aus einem Lande, das von Milch und Honig fliesst, heraufgeführt hast, um uns in der Wüste umkommen zu lassen? Willst du dich auch noch zum Herrn über uns aufwerfen? 14 Mitnichten hast du uns in ein Land, das von Milch und Honig fliesst, gebracht und uns Acker und Weinberge zum Besitz gegeben! Willst du denn diesen Leuten die Augen ausstechen? Wir kommen nicht!

25 Nun machte sich Mose auf und ging zu Dathan und Abiram, und die Aeltesten Israels folgten ihm. 26 Und er redete mit der Gemeinde und sprach: Weicht doch von den Zelten dieser gottlosen Menschen und rührt nichts an, was ihnen gehört, damit ihr nicht hingerafft werdet um ihrer Sünden willen. 27 Da entfernten sie sich aus dem Bereich der Wohnung Korahs, Dathans und Abirams. Dathan und Abiram aber waren herausgetreten und standen am Eingang ihrer Zelte mit ihren Frauen und Söhnen und kleinen Kindern. 28 Da sprach Mose: Daran sollt ihr erkennen, dass der Herr mich gesandt hat, um alle diese Taten zu vollbringen, und dass ich es nicht aus mir selber tue: 29 wenn diese sterben, wie alle Menschen sterben, und sie nur trifft, was alle Menschen trifft, so hat nicht der Herr mich gesandt; 30 wenn aber der Herr etwas Unerhörtes schafft, wenn die Erde ihren Mund auftut und sie verschlingt mit allem, was sie haben, sodass sie lebendig hinunterfahren in die Unterwelt, dann sollt ihr erkennen, dass diese Männer den Herrn gelästert haben. 31 Kaum hatte er alle diese Worte gesprochen, da spaltete sich der Boden unter ihnen, 32 und die Erde tat ihren Mund auf und verschlang sie samt ihren Familien und allen Menschen, die zu Korah gehörten, und all ihrer Habe. 33 Und sie fuhren mit allem, was sie hatten, lebendig hinunter in die Unterwelt, und die Erde deckte sie zu. So wurden sie aus der Gemeinde hinweggerafft. 34 Und alle Israeliten um sie her flohen bei ihrem Geschrei; denn sie dachten: Die Erde könnte uns auch verschlingen.

EXODUS/NUMERI
Wüsten-Überlieferungen·2
(ohne literarkritische Detailabgrenzungen)

Ex18,1-12

18 ¹Jethro aber, der Priester der Midianiter, der Schwiegervater Moses, hörte, was Gott alles an Mose und seinem Volke Israel getan, dass der Herr die Israeliten aus Aegypten herausgeführt habe. ²Da nahm Jethro, Moses Schwiegervater, die Zippora, das Weib Moses, die dieser zurückgesandt hatte, ³und ihre beiden Söhne. Der eine hiess Gersom , weil er gesagt hatte: Ich bin Gast geworden in fremdem Lande; ⁴der andre hiess Elieser , weil [er gesagt hatte:] Der Gott meines Vaters ist meine Hilfe gewesen und hat mich vor dem Schwert des Pharao errettet. ⁵Jethro also, der Schwiegervater Moses, kam mit den Söhnen und dem Weibe Moses zu diesem in die Wüste, wo er sich gelagert hatte, an den Berg Gottes. ⁶Und er liess Mose sagen: Ich, dein Schwiegervater Jethro, komme zu dir mit deinem Weibe und ihren beiden Söhnen. ⁷Da ging Mose seinem Schwiegervater entgegen, verneigte sich und küsste ihn. Und als sie einander begrüsst hatten, gingen sie ins Zelt hinein. ⁸Da erzählte Mose seinem Schwiegervater alles, was der Herr dem Pharao und den Aegyptern um Israels willen angetan, von all der Mühsal, die sie auf dem Wege betroffen, und wie der Herr sie errettet hatte. ⁹Jethro aber freute sich über all das Gute, das der Herr für das Volk und für Israel getan, dass er sie aus der Hand der Aegypter errettet hatte. ¹⁰Und Jethro sprach: Gelobt sei der Herr, der euch aus der Hand der Aegypter und aus der Hand des Pharao errettet hat! ¹¹Nun weiss ich, dass der Herr grösser ist als alle Götter; denn ebendeshalb, weil die Aegypter so vermessen an ihnen handelten, hat er das Volk aus ihrer Hand errettet. ¹²Dann brachte Jethro, der Schwiegervater Moses, Gott Brandopfer und Schlachtopfer dar, und Aaron und alle Aeltesten Israels kamen, um mit dem Schwiegervater Moses das Mahl vor Gott zu halten.

Num21,1-3.4-9

21 ¹Als nun der Kanaaniter, der König von Arad, der im Südland wohnte, erfuhr, dass Israel auf dem Wege von Atharim heranrücke, griff er Israel an und nahm ihnen Gefangene ab. ²Da tat Israel dem Herrn ein Gelübde und sprach: Wenn du dieses Volk in meine Hand gibst, so will ich an ihren Städten den Bann vollstrecken. ³Und der Herr erhörte Israel und gab die Kanaaniter in ihre Hand, und Israel vollstreckte an ihnen und ihren Städten den Bann. Daher nannte man den Ort Horma [d.i. Bann].

⁴Dann zogen sie vom Berge Hor weiter auf dem Wege nach dem Schilfmeer, um das Land Edom zu umgehen. Unterwegs aber wurde das Volk ungeduldig, ⁵und das Volk redete wider Gott und Mose: Warum habt ihr uns aus Aegypten heraufgeführt, damit wir in der Wüste sterben? Denn hier gibt es weder Brot noch Wasser, und uns ekelt ob dieser elenden Speise. ⁶Da sandte der Herr die Schlangen, die Saraphe, wider das Volk; die bissen das Volk, und es starb viel Volk in Israel. ⁷Da kamen die Leute zu Mose und sprachen: Wir haben gesündigt, dass wir wider den Herrn und dich geredet haben. Bitte den Herrn, dass er die Schlangen von uns nehme. Und Mose bat für das Volk. ⁸Der Herr aber sprach zu Mose: Mache dir einen Saraph und stecke ihn auf eine Stange. Dann wird jeder Gebissene, der ihn anschaut, am Leben bleiben. ⁹Da machte Mose eine eherne Schlange und steckte sie auf die Stange; wenn nun die Schlangen einen bissen, und er schaute dann die eherne Schlange an, so blieb er am Leben.

+Num14,1.4.8-11(12-21).22-25.39-45

14 ¹Da erhob die ganze Gemeinde ihre Stimme und schrie, und das Volk weklagte in jener Nacht.

⁴Und sie sprachen zueinander: Lasst uns einen Führer wählen und wieder nach Aegypten ziehen!

⁸Wenn der Herr uns wohlwill, wird er uns schon in dieses Land bringen und es uns geben, ein Land, das von Milch und Honig fliesst. ⁹Nur seid nicht widerspenstig gegen den Herrn, und fürchtet euch nicht vor dem Volk dieses Landes; denn wir werden sie verschlingen. Ihr Schutz ist von ihnen gewichen, mit uns aber ist der Herr; fürchtet euch nicht vor ihnen. ¹⁰Als nun die ganze Gemeinde sie steinigen wollte, da erschien die Herrlichkeit des Herrn am heiligen Zelte vor allen Israeliten.

¹¹Und der Herr sprach zu Mose: Wie lange noch will mich dieses Volk verachten? Und wie lange wollen sie mir nicht vertrauen trotz all der Zeichen, die ich unter ihnen getan habe?

¹²Ich will sie mit der Pest schlagen und sie ausrotten, dich aber will ich zu einem Volke machen, das grösser und stärker ist als sie. ¹³Da sprach Mose zum Herrn: Die Aegypter haben gehört, dass du dieses Volk durch deine Kraft aus ihrer Mitte heraufgeführt hast, ¹⁴und sie haben den Bewohnern dieses Landes gesagt, dass du, o Herr, inmitten dieses Volkes weilst, der du von Angesicht zu Angesicht dich offenbarst, du, der Herr, indem deine Wolke über ihnen steht und du bei Tage in einer Wolkensäule und des Nachts in einer Feuersäule vor ihnen her ziehst. ¹⁵Wenn du nun dieses Volk tötest wie einen Mann, so werden die Völker, die von dir gehört haben, sprechen: ¹⁶«Weil der Herr dieses Volk nicht in das Land bringen konnte, das er ihnen zugeschworen hatte, darum hat er sie in der Wüste hingeschlachtet.» ¹⁷So lass nun deine Kraft, o Herr, sich gross erweisen, wie du zu verheissen hast: ¹⁸«Der Herr ist langmütig und reich an Güte, er verzeiht Schuld und Missetat, lässt aber nicht ganz ungestraft, sondern sucht die Schuld der Väter heim an Kindern und Kindeskindern bis ins dritte und vierte Geschlecht.» ¹⁹Vergib doch diesem Volke seine Schuld nach deiner grossen Güte, wie du ihm schon von Aegypten an bisher verziehen hast. ²⁰Und der Herr sprach: Ich vergebe, wie du gebeten hast. ²¹Aber, so wahr ich lebe und die ganze Erde der Herrlichkeit des Herrn voll werden soll:

²²alle Männer, die meine Herrlichkeit und meine Zeichen gesehen haben, die ich in Aegypten und in der Wüste getan, und die mich nun schon zehnmal versucht und nicht auf mich gehört haben, ²³sie sollen das Land nicht schauen, das ich ihren Vätern zugeschworen habe; keiner von allen, die mich verworfen haben, soll es schauen! ²⁴Nur meinen Knecht Kaleb, der einen andern Geist gezeigt und unwandelbar zu mir gehalten hat, den will ich in das Land bringen, in das er gekommen ist, und sein Geschlecht soll es besitzen. ²⁵Die Amalekiter und Kanaaniter aber bleiben in der Niederung wohnen. Morgen wendet euch und zieht in die Wüste auf dem Wege nach dem Schilfmeer.

³⁹Als Mose diese Worte allen Israeliten kundtat, kam tiefe Betrübnis über das Volk. ⁴⁰Und am andern Morgen in der Frühe machten sie sich fertig, auf die Höhe des Gebirges zu ziehen, und sie sprachen: Hier sind wir! Wir wollen hinaufziehen an den Ort, den uns der Herr gewiesen hat; denn wir haben gesündigt. ⁴¹Mose aber sprach: Warum wollt ihr den Befehl des Herrn übertreten? Es wird nicht gelingen. ⁴²Zieht nicht hinauf – denn der Herr ist nicht unter euch –; sonst werdet ihr von euren Feinden geschlagen. ⁴³Die Amalekiter und Kanaaniter stehen euch dort entgegen, und ihr werdet durch das Schwert fallen; denn weil ihr euch vom Herrn abgewandt habt, wird der Herr nicht mit euch sein. ⁴⁴Aber vermessen zogen sie hinauf auf die Höhe des Gebirges, während die Bundeslade des Herrn und Mose das Lager nicht verliessen. ⁴⁵Da kamen die Amalekiter und Kanaaniter, die dort auf dem Gebirge wohnten, herab, schlugen sie und zersprengten sie bis nach Horma.

Num13,18-23.28f 31f (ZüB)

18 Als nun Mose sie aussandte, das Land Kanaan auszukundschaften, sprach er zu ihnen: Zieht hier hinauf in das Südland und steigt auf das Gebirge; 19 seht, was es für ein Land ist und ob das Volk, das darin wohnt, stark oder schwach, klein oder gross ist, in dem sie wohnen, ob gut oder schlecht, und was für Städte sind, in denen sie wohnen, ob offene Orte oder Festungen, 21 wie der Boden ist, ob fett oder mager, und ob Bäume daselbst wachsen oder nicht. Haltet euch tapfer und bringt von den Früchten des Landes mit. Es war aber gerade die Zeit der ersten Trauben.

22 Da zogen sie hinauf und kundschafteten das Land aus, von der Wüste Zin bis nach Rehob, wo man nach Hamath geht. 23 Sie zogen hinauf ins Südland und kamen bis nach Hebron; da wohnten Ahiman, Sesai und Thalmai, die Enakskinder. Hebron aber war sieben Jahre früher erbaut worden als Zoan in Aegypten.

28 Und sie erzählten Mose und sprachen: Wir sind in das Land gekommen, in das du uns gesandt hast. Wohl fliesst es von Milch und Honig, und dies sind seine Früchte; 29 aber das Volk, das darin wohnt, ist stark, und die Städte sind sehr fest und gross. Auch die Enakskinder haben wir daselbst gesehen. 30 Die Amalekiter bewohnen das Gebiet des Südlands; die Hethiter, Jebusiter und Amoriter wohnen auf dem Gebirge, und die Kanaaniter wohnen am Meer und am Ufer des Jordan. 31 Kaleb aber beschwichtigte das Murren des Volkes wider Mose und sprach: Lasst uns gleichwohl hinaufziehen und das Land erobern; wir vermögen es gewiss zu überwältigen. 32 Aber die Männer, die mit ihm hinaufgezogen waren, sprachen: Wir können nicht gegen dieses Volk ziehen; es ist uns zu stark.

Zählung MT, LuB:
Num13,17-22.27f 30f

DTR.GESCHICHTSWERK und DEUTERONOMIUM
Aufbau

Das deuteronomistische Geschichtswerk in der Endgestalt

		Richterzeit	*Königszeit*			
DTN	JOSUA	RICHTER	1SAM	2SAM	1KÖN	2KÖN
Abschieds- rede Moses im Ostjdld	Westjordan. Landnahme	Landausbau	Samuel Saul	David	Salomo Königszeit bis 851	Königszeit, *Exil* 851–562

Mahn- rede Moses (Dtn 1-4)

Mahn- rede Moses (Dtn 28–30)

Amts- nach- folge Josuas (Jos1)

Abschieds- rede Josuas (Jos23(f))

Geschichts- reflexion (Ri2,6-3,6)

Abschieds- rede Samuels (1Sam(8.10) 12)

Dynastie- verheißg. für Davi- diden (2Sam7)

Tempelweih- gebiet Salomos (1Kön8)

Geschichtsre- flexion Ende Nordreich (2Kön17)

Königsbeurteilungen

Geflecht Weissagung/Erfüllung

Vgl.auch Einf§11; TT L11,4; Bk§9

Das Deuteronomium

im Kern vorexilisches Deuteronomium

jüngerer Rahmen	älterer Rahmen	Corpus	älterer Rahmen	jüngerer Rahmen	Anhänge
1,1-4,43	4,44-11,32	12-26	27-28	28,69 + K.29-30 [ZüB:29,1]	31-34
Mahnrede Moses	Paränese	G E S E T Z	Segen und Fluch	Mahnungen und Ver- heißungen Moses	

Vgl.auch Einf§10(12of Aufbau!); TT L9.1; Bk§9

DEUTERONOMIUM
Geschichtssummarien · 1

Dtn 6,20-24	Jos 24,(1-2a).2b-13 (14-15)	Ps 135	Ps 136

Dtn 6,20-24

20 Wenn dich dann künftig dein Sohn fragt: «Was sollen denn die Verordnungen, die Satzungen und Rechte, die euch der Herr, unser Gott, geboten hat?» 21 so sollst du zu deinem Sohne sagen: «Wir waren Sklaven des Pharao in Aegypten. Da führte uns der Herr mit starker Hand heraus aus Aegypten, 22 und der Herr tat vor unsern Augen grosse und unheilvolle Zeichen und Wunder an den Aegyptern, am Pharao und an seinem ganzen Hause; 23 uns aber führte er von dannen heraus, um uns [hierher] zu bringen und uns das Land zu geben, das er unsern Vätern zugeschworen hatte. 24 Und der Herr gebot uns, nach allen diesen Satzungen zu tun und den Herrn, unsern Gott, zu fürchten, auf dass es uns wohl ergehe allezeit und er uns am Leben erhalte, wie es jetzt geschieht. 25 Und als Gerechte werden wir dastehen, wenn wir dieses ganze Gesetz getreulich erfüllen vor dem Herrn, unserm Gott, wie er uns geboten hat.»

Dtn 26,(1-4).5-9 (10-11)

26 1 Wenn du in das Land kommst, das dir der Herr, dein Gott, zu eigen geben will, und du es in Besitz nimmst und dich darin niederlässt, 2 so sollst du von den Erstlingen aller Feldfrüchte nehmen, die du von deinem Lande einbringst, das der Herr, dein Gott, dir geben will, und sollst sie in einen Korb legen und an die Stätte gehen, die der Herr, dein Gott, erwählt, dass er seinen Namen daselbst wohnen lasse, 3 und sollst zu dem Priester kommen, der zu jener Zeit sein wird, und zu ihm sagen: «Ich bezeuge heute dem Herrn, meinem Gott, dass ich in das Land gekommen bin, von dem der Herr unsern Vätern geschworen hat, dass er es uns geben wolle.» 4 Und der Priester soll den Korb aus deiner Hand nehmen und ihn vor den Altar des Herrn, deines Gottes, stellen. 5 Dann sollst du anheben und vor dem Herrn, deinem Gott, sprechen: «Ein umherirrender Aramäer war mein Vater; der zog hinab mit wenig Leuten nach Aegypten und blieb daselbst als Fremdling und ward daselbst zu einem grossen, starken und zahlreichen Volke. 6 Aber die Aegypter misshandelten uns und drückten uns und legten uns harte Arbeit auf. 7 Da schrieen wir zu dem Herrn, dem Gott unsrer Väter, und der Herr erhörte uns und sah unser Elend, unsre Mühsal und Bedrückung; 8 und der Herr führte uns heraus aus Aegypten mit starker Hand und ausgerecktem Arm, unter grossen Schrecknissen, unter Zeichen und Wundern, 9 und brachte uns an diesen Ort und gab uns dieses Land, ein Land, das von Milch und Honig fliesst. 10 Und nun bringe ich da die Erstlinge von den Früchten des Landes, das du mir gegeben hast, o Herr.» So sollst du sie vor den Herrn, deinen Gott, stellen und den Herrn, deinen Gott, anbeten 11 und sollst fröhlich sein ob all dem Guten, das der Herr, dein Gott, dir und deinem Hause gegeben hat, du und der Levit und der Fremdling, der bei dir wohnt.

Jos 24,(1-2a).2b-13 (14-15)

24 1 Und Josua versammelte alle Stämme Israels zu Sichem und berief die Aeltesten Israels, seine Häupter, Richter und Amtleute. Und als sie vor Gott getreten waren, 2 sprach Josua zu dem ganzen Volke: So spricht der Herr, der Gott Israels: Eure Väter, Tharah, Abrahams und Nahors Vater, wohnten vor Zeiten jenseits des [Euphrat-] Stromes und dienten andern Göttern. 3 Da holte ich euren Vater Abraham von der andern Seite des Stromes und liess ihn durch das ganze Land Kanaan wandern und mehrte sein Geschlecht und gab ihm Isaak. 4 Dem Isaak aber gab ich Jakob und Esau; und dem Esau gab ich das Gebirge Seir zum Besitz. Jakob aber und seine Söhne zogen hinab nach Aegypten. 5 Dann sandte ich Mose und Aaron und schlug Aegypten mit dem, was ich in seiner Mitte tat. Darnach führte ich euch heraus. 6 Und ich führte eure Väter aus Aegypten. Und als ihr ans Meer kamt und die Aegypter eure Väter mit Wagen und Reitern an das Schilfmeer nachjagten, 7 da schrieen sie zum Herrn; der setzte Finsternis zwischen euch und die Aegypter und liess das Meer über sie kommen, und es bedeckte sie. Und eure Augen sahen, was ich den Aegyptern getan habe. Darnach habt ihr lange Zeit in der Wüste geweilt. 8 Dann brachte ich euch in das Land der Amoriter, die jenseits des Jordan wohnten; und als sie wider euch stritten, gab ich sie in eure Hand, und ihr nahmt ihr Land in Besitz, und ich vertilgte sie vor euch. 9 Da erhob sich Balak, der Sohn Zippors, der König von Moab, und stritt wider Israel; und er sandte hin und liess Bileam, den Sohn Beors, rufen, dass er euch verfluche. 10 Aber ich wollte nicht auf Bileam hören, sondern er musste euch immer wieder segnen, und ich errettete euch aus seiner Hand. 11 Und als ihr über den Jordan ginget und nach Jericho kamet, stritten wider euch die Bürger von Jericho, die Amoriter, Pheresiter, Kanaaniter, Hethiter, Girgasiter, Hewiter und Jebusiter; aber ich gab sie in eure Hand. 12 Und ich sandte die Hornissen vor euch her; die vertrieben sie vor euch, die zwölf Könige der Amoriter – nicht durch dein Schwert und nicht durch deinen Bogen. 13 Und ich gab euch ein Land, um das ihr euch nicht abgemüht, und Städte, die ihr nicht gebaut und doch zum Wohnsitz bekommen habt; ihr esset von Weinbergen und Oelbäumen, die ihr nicht gepflanzt habt. 14 So fürchtet nun den Herrn und dienet ihm aufrichtig und treu; tut die Götter von euch, denen eure Väter jenseits des [Euphrat-] Stromes und in Aegypten gedient haben, und dienet dem Herrn. 15 Gefällt es euch aber nicht, dem Herrn zu dienen, so wählet heute, wem ihr dienen wollt: den Göttern, denen eure Väter jenseits des Stromes gedient haben, oder den Göttern der Amoriter, in deren Land ihr wohnt. Ich aber und mein Haus, wir wollen dem Herrn dienen.

Ps 135

135 1 Hallelujah!
  Lobet den Namen des Herrn,
  lobt ihn, ihr Knechte des Herrn,
2 die ihr steht im Hause des Herrn,
  in den Vorhöfen
  am Haus unsres Gottes!
3 Lobet den Herrn,
  denn der Herr ist gütig;
  lobsingt seinem Namen,
  denn er ist lieblich!
4 Denn der Herr
  hat sich Jakob erwählt,
  Israel zu seinem Eigentum.
5 Ja, ich weiss: Der Herr ist gross,
  unser Herr ist grösser als alle Götter.
6 Alles, was er will,
  vollbringt der Herr
  im Himmel und auf Erden,
  im Meer und in allen Tiefen:
7 der die Wolken heraufführt
  vom Ende der Erde,
  der Blitze zu Regen macht,
  der den Wind hervorholt
  aus seinen Kammern;
8 der die Erstgeburt in Aegypten schlug
  unter Menschen und Tieren;
9 der Zeichen und Wunder sandte
  in deine Mitte, Aegypten,
  über den Pharao
  und all seine Knechte;
10 der viele Völker schlug
  und mächtige Könige tötete:
11 Sihon, den König der Amoriter,
  und Og, den König von Basan,
  und alle Reiche in Kanaan.
12 Und er gab ihr Land zu eigen,
  zu eigen Israel, seinem Volke.
13 Herr, dein Name währt ewig,
  dein Gedächtnis, o Herr,
  von Geschlecht zu Geschlecht.
14 Denn der Herr schafft Recht
  seinem Volke,
  hat Mitleid mit seinen Knechten.
15 Die Götzen der Heiden
  sind Silber und Gold,
  ein Machwerk von Menschenhänden.
16 Sie haben einen Mund
  und können nicht reden,
  haben Augen und können nicht sehen.
17 Sie haben Ohren und hören nicht;
  auch ist kein Odem in ihrem Munde.
18 Ihnen werden gleich sein,
  die sie machen,
  alle, die auf sie vertrauen.
19 Haus Israels, preiset den Herrn!
  Haus Aarons, preiset den Herrn!
20 Haus Levis, preiset den Herrn!
  Die ihr den Herrn fürchtet,
  preiset den Herrn!
21 Gepriesen sei der Herr vom Zion her,
  er, der in Jerusalem thront!
  Hallelujah!

Ps 136

136 1 Danket dem Herrn,
  denn er ist freundlich.
  Ja, seine Güte währet ewig!
2 Danket dem Gott der Götter!
  Ja, seine Güte währet ewig!
3 Danket dem Herrn aller Herren!
  Ja, seine Güte währet ewig!
4 ihm, der allein grosse Wunder tut,
  ja, seine Güte währet ewig!
5 der die Himmel mit Weisheit geschaf-
  ja, seine Güte währet ewig! [fen,
6 der die Erde auf die Wasser gegrün-
  ja, seine Güte währet ewig! [det,
7 der die grossen Lichter gemacht hat:
  ja, seine Güte währet ewig!
8 die Sonne zur Herrschaft am Tage,
  ja, seine Güte währet ewig!
9 den Mond und die Sterne
  zur Herrschaft bei Nacht,
  ja, seine Güte währet ewig!
10 der die Erstgeburt schlug in Aegyp-
  ja, seine Güte währet ewig! [ten,
11 und Israel von dannen herausführte,
  ja, seine Güte währet ewig!
12 mit starker Hand und ausgerecktem
  ja, seine Güte währet ewig! [Arm,
13 der das Schilfmeer in Stücke zer-
  ja, seine Güte währet ewig! [teilte,
14 und Israel mitten hindurchziehen
  ja, seine Güte währet ewig! [liess,
15 und den Pharao samt seinem Heere
  hineintrieb,
  ja, seine Güte währet ewig!
16 der sein Volk durch die Wüste
  ja, seine Güte währet ewig! [führte,
17 der grosse Könige schlug,
  ja, seine Güte währet ewig!
18 und gewaltige Könige tötete:
  ja, seine Güte währet ewig!
19 Sihon, den König der Amoriter,
  ja, seine Güte währet ewig!
20 und Og, den König von Basan,
  ja, seine Güte währet ewig!
21 und ihr Land zu eigen gab,
  ja, seine Güte währet ewig!
22 zu eigen Israel, seinem Knechte;
  ja, seine Güte währet ewig!
23 der in unsrer Niedrigkeit unser ge-
  ja, seine Güte währet ewig! [dachte,
24 und uns losriss von unsern Bedrän-
  ja, seine Güte währet ewig! [gern,
25 der Speise gibt allem Fleisch.
  Ja, seine Güte währet ewig!
26 Danket dem Herrn des Himmels!
  Ja, seine Güte währet ewig!

DEUTERONOMIUM
Geschichtssummarien · 2

Ps105,9-45

9 [des Bundes,] den er mit Abraham
und des Eides, [schloss,
den er Isaak geschworen.
10 Er stellte ihn auf für Jakob als Recht,
für Israel als ewigen Bund;
11 er sprach: «Dir will ich
das Land Kanaan geben
als zugemessenes Eigentum.»
12 Da sie noch wenige Männer waren,
erst kurz im Lande
und Fremdlinge dort,
13 wanderten sie von Volk zu Volk,
von einem Königreiche zum andern.
14 Er liess sie von niemand bedrücken
und wies Könige
um ihretwillen zurecht:
15 «Tastet meine Gesalbten nicht an
und tut meinen Propheten kein Leid!»
16 Als er einen Hunger ins Land rief,
jegliche Stütze an Brot zerbrach,
17 sandte er vor ihnen her einen Mann:
Joseph ward als Sklave verkauft.
18 Sie zwangen seine Füsse in Fesseln,
in Eisen kam er zu liegen
19 bis zur Zeit, da sein Wort eintraf,
der Spruch des Herrn ihn bewährte.
20 Da sandte der König
und gab ihn ledig,
der Herrscher der Völker,
er liess ihn frei.
21 Er setzte ihn zum Herrn
seines Hauses,
zum Gebieter über all seine Güter,
22 dass er seine Fürsten zurechtweise
nach Wunsch
und seine Aeltesten Weisheit lehre.
23 Und Israel kam nach Aegypten,
Jakob ward Gast im Lande Hams.
24 Da machte der Herr sein Volk
gar fruchtbar,
machte es stärker als seine Bedränger.
25 Er wandelte ihren Sinn,
sein Volk zu hassen
und Arglist zu üben
an seinen Knechten.
26 Dann sandte er Mose, seinen Knecht,
und Aaron, den er erwählt hatte.
27 Die taten seine Zeichen in Aegypten
und Wunder im Lande Hams.
28 Er sandte Finsternis,
und es ward finster;
doch sie achteten nicht seiner Worte.
29 Er wandelte ihre Wasser in Blut
und liess hinsterben ihre Fische.
30 Es wimmelte ihr Land von Fröschen;
sie stiegen bis in die Königsgemächer.
31 Er gebot, da kamen die Bremsen,
die Mücken über ihr ganzes Gebiet.
32 Er sandte ihnen Hagel als Regen,
flammendes Feuer auf ihr Land.
33 Er schlug ihren Weinstock
und Feigenbaum,
zerschmetterte die Bäume
in ihrem Gebiet.
34 Er gebot, da kamen die Heuschrecken
und die Grillen ohne Zahl;
35 die frassen alles Kraut ihres Landes,
verzehrten die Frucht ihres Ackers.
36 Er schlug alle Erstgeburt
in ihrem Lande,
die Blüte all ihrer Kraft.
37 Er liess Israel ausziehen
mit Silber und Gold,
und es war kein Strauchelnder
in ihren Stämmen.
38 Aegypten ward fröhlich,
da sie auszogen;
denn der Schrecken vor ihnen
war auf sie gefallen.
39 Er breitete Wolken aus, sie zu decken,
und Feuer, die Nacht zu erhellen.
40 Sie heischten,
da liess er Wachteln kommen
und sättigte sie mit Himmelsbrot.
41 Er öffnete den Felsen,
da strömten die Wasser,
flossen dahin in der Wüste, ein Strom.
42 Denn er gedachte
seines heiligen Wortes, *)
das er Abraham, seinem Knechte,
gegeben.
43 So liess er sein Volk ausziehen
in Freude,
unter Frohlocken seine Erwählten.
44 Dann gab er ihnen die Länder
der Heiden,
und sie gewannen,
was die Völker erworben,
45 auf dass sie seine Satzungen hielten
und seine Gesetze bewahrten.

*Vgl.V.8!

Ps106,6-47

6 Wir haben gesündigt
gleich unsern Vätern,
wir haben gefehlt und gefrevelt.
7 Unsre Väter in Aegypten
achteten nicht deiner Wunder,
gedachten nicht
der Fülle deiner Gnaden
und trotzten dem Höchsten
am Schilfmeer.
8 Aber er half ihnen
um seines Namens willen,
auf dass er seine Macht kundtue.
9 Er schalt das Schilfmeer,
da ward es trocken;
er liess sie durch Fluten ziehen
wie über die Trift.
10 Er half ihnen
aus der Hand des Hassers
und erlöste sie
aus der Gewalt des Feindes:
11 Wasser bedeckten ihre Bedränger,
nicht einer blieb übrig von ihnen.
12 Da glaubten sie an seine Worte
und sangen seinen Ruhm.
13 Doch alsbald vergassen sie
seiner Taten,
harrten nicht seines Ratschlusses.
14 Sie wurden lüstern in der Wüste
und versuchten Gott in der Einöde.
15 Da gab er ihnen, was sie begehrten,
bis Ekel ihre Seele erfasste.
16 Sie wurden eifersüchtig im Lager
auf Mose und auf Aaron,
den Heiligen des Herrn.
17 Da tat sich die Erde auf
und verschlang Dathan
und bedeckte die Rotte Abirams.
18 Feuer verzehrte ihre Rotte,
die Flamme verbrannte die Frevler.
19 Sie machten ein Kalb am Horeb
und beteten an
vor dem gegossenen Bilde;
20 so tauschten sie ihren Ruhm
an das Bild eines Rindes,
das Gras frisst,
21 und vergassen Gottes, ihres Heilands,
der grosse Dinge in Aegypten getan,
22 Wunder im Lande Hams
und gewaltige Taten am Schilfmeer.
23 Da gedachte er sie zu verderben,
wäre nicht Mose, sein Auserwählter,
vor ihn in den Riss getreten,
seinen Grimm vom Vertilgen zu
24 Und sie verschmähten [wenden.
das köstliche Land
und glaubten seiner Verheissung
25 Sie murrten in ihren Zelten [nicht.
und hörten nicht
auf die Stimme des Herrn.
26 Und er erhob seine Hand
zum Schwur,
sie sterben zu lassen in der Wüste,
27 ihre Nachkommen
unter die Heiden zu werfen
und sie in der Welt zu zerstreuen.
28 Sie hängten sich an den Baal-Peor
und assen Totenopfer.
29 Sie erzürnten ihn mit ihren Taten;
da brach die Plage über sie aus.
30 Nun trat Pinehas auf und hielt Ge-
da ward der Plage gewehrt. [richt;
31 Das ward ihm zur Gerechtigkeit
angerechnet
von Geschlecht zu Geschlecht
auf ewige Zeiten.
32 Sie erzürnten [den Herrn]
am Haderwasser,
und Mose erging es übel
um ihretwillen.
33 Denn sie empörten sich
wider seinen Geist,
und er redete unbedacht
mit seinen Lippen.
34 Sie rotteten die Völker nicht aus,
wie der Herr es ihnen befohlen,
35 sondern vermischten sich mit den
und lernten ihre Werke. [Heiden
36 Sie dienten ihren Götzen –
die wurden ihnen zum Fallstrick –,
37 und sie opferten ihre Söhne
und ihre Töchter den bösen Geistern
38 und vergossen unschuldiges Blut,
das Blut ihrer Söhne und Töchter,
die sie den Götzen Kanaans opferten,
und das Land ward durch Blutschuld
entweiht.
39 Sie verunreinigten sich
mit ihren Werken
und wurden untreu durch ihre Taten.

40 Da entbrannte der Zorn des Herrn
wider sein Volk,
und er verabscheute sein Eigentum.
41 Er gab sie hin in die Hand der Heiden,
sodass ihre Hasser
über sie herrschten.
42 Ihre Feinde bedrängten sie,
und sie mussten sich beugen
unter ihre Hand.
43 Oftmals befreite er sie;
sie aber trotzten seinem Ratschluss
und vergingen in ihrer Schuld.
44 Da sah er an ihre Drangsal,
wenn er ihre Klage vernahm,
45 gedachte zu ihrem Heil
seines Bundes
und liess sich's gereuen
nach seiner grossen Güte.
46 Er liess sie Erbarmen finden
bei allen, die sie gefangenhielten.
47 Hilf uns, Herr, unser Gott,
und sammle uns aus den Heiden,
damit wir deinem heiligen Namen
danken und uns rühmen,
dass wir dich preisen dürfen!

Nehemia9,6-37

6 Du allein bist der Herr; du hast den
Himmel und aller Himmel Himmel
und ihr ganzes Heer gemacht, die Erde
und alles, was darauf ist, das Meer und
alles, was darin ist. Du erhältst alles
lebendig, und das himmlische Heer betet dich an. 7 Du, o Herr, bist Gott, der
du Abram erwählt und aus Ur in Chal-
däa herausgeführt und mit dem Namen
Abraham benannt hast. 8 Du hast sein
Herz treu gegen dich befunden und
mit ihm den Bund geschlossen, seinen
Nachkommen das Land der Kanaaniter, Hethiter, Amoriter, Pheresiter, Jebusiter und Girgasiter zu geben, und
hast deine Verheissung erfüllt; denn du
bist gerecht. 9 Du hast das Elend unsrer
Väter in Aegypten angesehen und ihr
Schreien am Schilfmeer erhört 10 und
Zeichen und Wunder getan am Pharao,
an allen seinen Knechten und allem
Volk seines Landes; denn du wusstest,
dass sie vermessen an ihnen gehandelt.
So hast du dir einen Namen gemacht,
wie es heute offenbar ist. 11 Du hast das
Meer vor ihnen zerteilt, dass sie auf
dem Trocknen mitten hindurchgehen
konnten; ihre Verfolger aber warfst du
in die Tiefe, wie einen Stein in mächtige Wasser. 12 Durch eine Wolkensäule
hast du sie geleitet am Tage, durch eine
Feuersäule des Nachts, ihnen den Weg
zu erhellen, den sie gehen sollten. 13 Du
fuhrst herab auf den Berg Sinai und
redetest mit ihnen vom Himmel her
und gabst ihnen richtiges Recht, zu-
verlässige Weisungen, gute Satzungen
und Gebote. 14 Du machtest ihnen deinen heiligen Sabbat kund und gabst
ihnen Gebote, Satzungen und Weisungen durch deinen Knecht Mose. 15 Brot
vom Himmel gabst du ihnen für ihren
Hunger, und Wasser aus dem Felsen
liessest du ihnen strömen für ihren Durst,
und du wiesest sie an, hineinzuziehen
und das Land einzunehmen, das du
ihnen zu geben geschworen hattest. 16 Sie
aber, unsre Väter, handelten vermessen
und wurden halsstarrig, sodass sie nicht
auf deine Gebote hörten. 17 Sie weiger-
ten sich, zu hören, und gedachten der
Wunder nicht, die du an ihnen getan,
sondern wurden halsstarrig und setzten
sich in den Kopf, zu ihrem Sklaven-
dienst in Aegypten zurückzukehren.
Aber du bist ein Gott der Vergebung,
gnädig und barmherzig, langmütig und
reich an Huld. Du verliessest sie nicht,
18 obgleich sie ein gegossenes Kalb machten und sprachen: «Das ist dein Gott,
der dich aus Aegypten geführt hat»,
und obgleich sie überaus Lästerliches
verübten. 19 Nach deiner grossen Barmherzigkeit verliessest du sie nicht in der
Wüste: die Wolkensäule wich nicht
von ihnen bei Tag, sie zu leiten auf
dem Wege, noch die Feuersäule bei
Nacht, ihnen den Weg zu erhellen, den
sie ziehen sollten. 20 Und du gabst ihnen
deinen guten Geist, sie zu unterweisen;
dein Manna entzogest du ihrem Munde
nicht, und wenn sie dürsteten, gabst du
ihnen Wasser: 21 Vierzig Jahre lang sorg-
test du für sie in der Wüste, dass ihnen
nichts mangelte; ihre Kleider zerfielen
nicht, und ihre Füsse schwollen nicht
an. 22 Du gabst ihnen Königreiche und
Völker zu eigen und verteiltest sie nach
allen Seiten hin; sie nahmen das Land
Sihons, des Königs von Hesbon, in Besitz und das Land des Königs Og von
Basan. 23 Du machtest ihre Kinder zahlreich wie die Sterne am Himmel und
brachtest sie in das Land, von dem du
ihren Vätern verheissen hattest, sie würden in dasselbe einziehen und es in Besitz nehmen. 24 Die Söhne zogen dann
hinein und nahmen das Land in Besitz, und du warfst die Landesbewoh-
ner, die Kanaaniter, vor ihnen nieder
und gabst sie in ihre Hände, sowohl
ihre Könige als die Völker des Landes,
dass sie nach Belieben mit ihnen ver-
fahren konnten. 25 Sie nahmen feste
Städte und ein fruchtbares Land ein
und erwarben so Häuser mit aller-
lei Gut gefüllt, ausgehauene Brunnen,
Weinberge, Oelpflanzungen und nah-
rungspendende Bäume in Menge; sie
assen und wurden satt, gediehen und
liessen sich's wohlsein im Genuss deiner reichen Güter. 26 Aber sie wurden
ungehorsam und lehnten sich auf wider
dich und kehrten deinem Gesetz den
Rücken und brachten deine Propheten
um, die sie vermahnten, um sie zu dir
zurückzuführen, und verübten überaus Lästerliches. 27 Darum gabst du sie
in die Gewalt ihrer Feinde; die bedrängten sie. Zur Zeit ihrer Bedrängnis aber
schrieen sie zu dir, und du erhörtest
sie vom Himmel her und gabst ihnen
nach deiner grossen Barmherzigkeit
Retter, die sie aus der Gewalt ihrer
Feinde erretteten. 28 Sobald sie dann
Ruhe hatten, taten sie aufs neue Uebles
vor dir. Da gabst du sie der Gewalt
ihrer Feinde preis; die unterjochten sie.
Darauf schrieen sie abermals zu dir,
und du erhörtest sie vom Himmel her
und errettetest sie nach deiner grossen
Barmherzigkeit. 29 Und du vermahntest sie, um sie zu deinem Gesetze zurückzuführen. Sie aber handelten vermessen und gehorchten deinen Geboten
nicht, sondern sündigten gegen deine
Satzungen, durch deren Befolgung der
Mensch am Leben bleibt; sie lehnten
sich auf und waren halsstarrig und gehorchten nicht. 30 So hattest du viele
Jahre lang Geduld mit ihnen und vermahntest sie durch deinen Geist, durch
deine Propheten; aber sie hörten nicht
darauf. Darum gabst du sie den Völkern in den heidnischen Ländern preis.
31 Doch nach deiner grossen Barmherzigkeit vertilgtest du sie nicht ganz und
gar und verliessest sie nicht; denn du
bist ein gnädiger und barmherziger
Gott. 32 Und nun, unser Gott, du grosser, mächtiger und furchtbarer Gott,
der du deinen Gnadenbund einhältst,
achte nicht gering all die Mühsal, die
uns betroffen hat, unsre Könige und
Fürsten, unsre Priester und Propheten,
unsre Väter und dein ganzes Volk, seit
der Zeit der Könige von Assyrien bis
auf diesen Tag. 33 Du bist gerecht bei
allem, was über uns gekommen ist;
denn du hast Treue geübt, wir aber
sind gottlos gewesen. 34 Und unsre
Könige, unsre Fürsten, unsre Priester
und unsre Väter haben nicht nach deinem
Gesetze gehandelt und haben nicht achtgehabt auf die Gebote und Mahnun-
gen, mit denen du sie vermahntest.
35 Sie haben dir nicht gedient in ihrem
Königtum, trotz den reichen Gütern,
die du ihnen verliehen, und trotz dem
weiten, fruchtbaren Lande, das du ihnen
gegeben, und sie haben sich nicht be-
kehrt von ihrem bösen Tun. 36 So sind
wir denn heutigentages Knechte; ja,
in dem Lande, das du unsren Vätern
gegeben hast, seine Früchte und Güter
zu geniessen, in dem sind wir Knechte.
37 Seinen reichen Ertrag bringt es für
die Könige, die du über uns gesetzt
hast um unsrer Sünden willen; sie herrschen über unsre Leiber und über unser
Vieh nach Belieben, und wir sind in
grosser Not.

DEUTERONOMIUM
Beispiele für den Vergleich von Deuteronomium und Bundesbuch

Dtn 15,1-11   vgl.   Ex 23,10-11

15 1 Alle sieben Jahre sollst du Erlass gewähren. 2 Und so soll man es mit dem Erlass halten: Erlassen soll jeder Schuldner das Darlehen, das er seinem Nächsten geliehen hat; er soll seinen Nächsten und Bruder nicht drängen; denn man hat einen Erlass zu Ehren des Herrn ausgerufen. 3 Den Ausländer magst du drängen; aber was du bei deinem Bruder [ausstehen] hast, das sollst du erlassen. 4 Nur freilich, es wird bei dir keine Armen geben; denn reichlich wird der Herr dich segnen in dem Lande, das dir der Herr, dein Gott, zum Erbbesitz geben will, 5 wenn du nur auf die Stimme des Herrn, deines Gottes, hörst und dieses ganze Gesetz, das ich dir heute gebe, getreulich erfüllst. 6 Denn der Herr, dein Gott, hat dich gesegnet, wie er dir verheissen, so dass du vielen Völkern leihen kannst, selbst aber nicht entlehnen musst, und dass du über viele Völker herrschen wirst, sie aber über dich nicht herrschen werden. 7 Wenn bei dir ein Armer ist, einer deiner Brüder, in irgendeiner Ortschaft in deinem Lande, das der Herr, dein Gott, dir geben will, so sollst du nicht hartherzig sein und deine Hand vor deinem armen Bruder nicht verschliessen, 8 sondern willig sollst du deine Hand für ihn auftun und ihm gerne leihen, so viel er nur bedarf. 9 Hüte dich, dass nicht in deinem Herzen der nichtswürdige Gedanke aufsteige: «Das siebente Jahr, das Erlassjahr, ist nahe», und du deinen armen Bruder unfreundlich anschest und ihm nichts gebst und er dann wider dich den Herrn anrufe und so eine Schuld auf dich komme; 10 willig sollst du ihm geben und nicht missmutig sein, wenn du ihm gibst; denn dafür wird der Herr, dein Gott, dich segnen in all deinem Tun und in allem Beginnen deiner Hand. 11 Denn nie wird es an Armen fehlen im Lande; darum gebiete ich dir: Willig sollst du deine Hand auftun für deinen dürftigen und armen Bruder in deinem Lande.

10 Sechs Jahre sollst du dein Land bestellen und seinen Ertrag einsammeln. 11 Im siebenten Jahre aber sollst du es brach liegen lassen und freigeben, damit die Armen deines Volkes sich davon nähren können; und was übrig bleibt, mag das Wild des Feldes fressen. Ebenso sollst du es mit deinem Weinberg und deinen Oelbäumen halten.

Dtn 15,12-18   vgl.   Ex 21,2-11

12 Wenn dein Bruder, ein Hebräer oder eine Hebräerin, sich dir verkauft, so soll er dir sechs Jahre dienen, im siebenten Jahre aber sollst du ihn freilassen. 13 Und wenn du ihn freilässt, sollst du ihn nicht mit leeren Händen ziehen lassen; 14 ausstatten sollst du ihn aus deinen Schafen, von deiner Tenne und von deiner Kelter. Je nachdem dich der Herr, dein Gott, gesegnet hat, sollst du ihm geben 15 und sollst daran denken, dass du [auch] Sklave gewesen bist im Lande Aegypten und dass der Herr, dein Gott, dich befreit hat; darum gebiete ich dir heute dieses. 16 Spricht er aber zu dir: «Ich will nicht von dir fortgehen», weil er dich und dein Haus liebgewonnen hat, da es ihm bei dir wohl war, 17 so nimm den Pfriem und stosse ihn durch sein Ohr in die Türe, und dann ist er für immer dein Sklave. Mit deiner Sklavin sollst du es auch so machen. 18 Es soll dich nicht hart ankommen, wenn du ihn freilassen musst; denn als ein Tagelöhner, der dir gedient, hat er dich nur halb soviel gekostet als ein Tagelöhner, und der Herr, dein Gott, wird dich segnen in allem, was du tust.

2 Wenn du einen hebräischen Sklaven kaufst, soll er sechs Jahre dienen, im siebenten aber soll er ohne Entgelt freigelassen werden. 3 Ist er allein gekommen, so soll er auch allein entlassen werden; war er aber verheiratet, so soll sein Weib mit ihm entlassen werden. 4 Hat ihm dagegen sein Herr ein Weib gegeben, und sie hat ihm Söhne oder Töchter geboren, so soll die Frau samt ihren Kindern ihrem Herrn gehören; er soll allein entlassen werden. 5 Erklärt jedoch der Sklave: Ich habe meinen Herrn, mein Weib und meine Kinder lieb, ich will nicht freigelassen werden, 6 so führe ihn sein Herr vor Gott; er führe ihn an die Türe oder an den Türpfosten, und dort durchbohre ihm sein Herr das Ohr mit einem Pfriem, und dann ist er für immer sein Sklave. 7 Verkauft jemand seine Tochter als Sklavin, so soll sie nicht entlassen werden wie die Sklaven. 8 Gefällt sie ihrem Herrn nicht, nachdem er ihr beigewohnt hat, so soll er sie loskaufen lassen; doch ist er nicht befugt, sie an fremde Leute zu verkaufen, indem er treulos an ihr handelt. 9 Bestimmt er sie aber für seinen Sohn, so soll er sie nach dem Töchterrecht ausstatten. 10 Nimmt er sich noch eine andre [Frau], so soll er jener an der Nahrung, der Kleidung und dem ehelichen Umgang nichts entziehen. 11 Erfüllt er ihr diese drei [Pflichten] nicht, so wird sie ohne weiteres frei, ohne Lösegeld.

Dtn 16,1-17   vgl.   Ex 23,14-17

16 1 Beobachte den Aehrenmonat und feire Passa dem Herrn, deinem Gott; denn im Aehrenmonat hat dich der Herr, dein Gott, aus Aegypten herausgeführt bei Nacht. 2 Und du sollst dem Herrn, deinem Gott, als Passa Rinder und Schafe opfern an der Stätte, die der Herr erwählt, dass er seinen Namen daselbst wohnen lasse. 3 Du sollst nichts Gesäuertes dazu essen; sieben Tage lang sollst du dazu ungesäuerte Brote essen, Brot des Elends – denn in angstvoller Eile bist du aus dem Lande Aegypten ausgezogen –, auf dass du dein Leben lang an den Tag deines Auszugs aus dem Lande Aegypten denkst. 4 Und man soll sieben Tage lang bei dir keinen Sauerteig in deinem ganzen Gebiete sehen, und es soll auch von dem Fleische, das du am Abend des ersten Tages opferst, nichts übernacht bis zum Morgen übrigbleiben. 5 Du darfst das Passa nicht in irgendeiner deiner Ortschaften opfern, die der Herr, dein Gott, dir geben will, 6 sondern an der Stätte, die der Herr, dein Gott, erwählt, dass er seinen Namen daselbst wohnen lasse, sollst du das Passa opfern am Abend, da du aus Aegypten auszogst, zu der Zeit, da du aus Aegypten auszogst, 7 und da sollst du es kochen und essen an der Stätte, die der Herr, dein Gott, erwählt, und am andern Morgen sollst du umkehren und heim in deine Hütte gehen. 8 Sechs Tage lang sollst du ungesäuerte Brote essen, und am siebenten Tage ist Festversammlung zu Ehren des Herrn, deines Gottes; da sollst du keine Arbeit tun.

9 Sieben Wochen sollst du zählen; wenn man zum erstenmal die Sichel an den Halm legt, sollst du anfangen, sieben Wochen zu zählen. 10 Dann sollst du dem Herrn, deinem Gott, das Wochenfest feiern mit einer freiwilligen Gabe von deiner Hand, die du gibst, je nachdem der Herr, dein Gott, dich segnet. 11 Und du sollst fröhlich sein vor dem Herrn, deinem Gott, du und dein Sohn und deine Tochter, dein Sklave und deine Sklavin und der Levit, der an deinem Orte wohnt, der Fremdling, die Waise und die Witwe, die in eurer Mitte wohnen – an der Stätte, die der Herr, dein Gott, erwählt, dass er seinen Namen daselbst wohnen lasse, 12 und du sollst daran denken, dass du Sklave gewesen bist in Aegypten, und diese Satzungen getreulich erfüllen.

13 Das Laubhüttenfest sollst du sieben Tage lang feiern, wenn du einsammelst von deiner Tenne und von deiner Kelter. 14 Und du sollst an deinem Feste fröhlich sein, du und dein Sohn und deine Tochter, dein Sklave und deine Sklavin, der Levit, der Fremdling, die Waise und die Witwe, die an deinem Orte wohnen. 15 Sieben Tage lang sollst du dem Herrn, deinem Gott, Fest feiern an der Stätte, die der Herr erwählt; denn der Herr, dein Gott, wird dich in all deinem Ertrag und bei aller Arbeit deiner Hände segnen; darum sollst du eitel Freude sein.

16 Dreimal im Jahre soll alles, was männlich ist im Volke, vor dem Herrn, deinem Gott, erscheinen an der Stätte, die er erwählt: am Feste der ungesäuerten Brote, am Wochenfest und am Laub-

14 Dreimal im Jahre sollst du mir ein Fest feiern. 15 Das Fest der ungesäuerten Brote sollst du halten: sieben Tage sollst du ungesäuertes Brot essen, wie ich dir geboten habe, zur bestimmten Zeit im Aehrenmonat; denn in diesem bist du aus Aegypten ausgezogen. Und man soll nicht mit leeren Händen vor meinem Angesicht erscheinen. 16 Sodann das Fest der Kornernte, der Erstlinge vom Ertrage deiner Aussaat auf dem Felde, und das Fest der Lese am Ausgang des Jahres, wenn du deinen Ertrag vom Felde einsammelst. 17 Dreimal im Jahre sollen alle deine Männer vor Gott dem Herrn erscheinen.

hüttenfest. Aber man soll nicht mit leeren Händen vor dem Herrn erscheinen; 17 ein jeder [gebe], was er geben kann nach dem Segen, den dir der Herr, dein Gott, beschieden hat.

weitere Vergleichstexte s. bei G. Fohrer, Einl AT §25!

JOSUA
Aufbau und Werden
(im Anschluß an Einf§11,1)

☐ *dtr*.Redaktionstexte

1	Beauftragung Josuas zur westjordanischen Landnahme *(dtr)*

2-12   *Eroberung des Westjordanlandes*
dargestellt für

     2-9   *Mittelpalästina* unter Verwendung benjaminitischer
        Ortssagen 2.6 Jericho; 3-4 Gilgal; 7-8 Ai

        8,30-35: Altar, Gesetzesverlesung bei Sichem *dtr*

     10   den *judäischen Süden* unter Verwendung eines
        Kriegsberichts (Schlacht bei Gibeon)

     11   den *galiläischen Norden* unter Verwendung eines
        Kriegsberichts (Schlacht an den Wassern von Merom)

     11,16-12,24 *Dtr*.Zusammenfassung mit Liste besiegter Könige

13-21   *Verteilung des Ost- und Westjordanlandes an die Stämme*

     13-19   Festlegung der Stammesgebiete 14,6-15 Anteil Kalebs *dtr*
        unter Verwendung von Grenzbeschreibungen, Ortslisten

     20-21,42   Asyl- und Levitenstädte

     21,43-45   *Dtr*.Zusammenfassung

22	Rückkehr der ostjordanischen Stämme, Altarbau am Jordan (zT *dtr*)

23	Abschiedsrede Josuas *(dtr)*

24	"Landtag zu Sichem", zweite Rede Josuas, Josuas Tod (zT *dtr*)

Vgl.auch TT L3.3; Bk§11

RICHTER
Aufbau und Werden
(im Anschluß an Einf§11,2)

☐ *dtr.*Redaktionstexte

1,1-2,5   Verschiedene Kurznachrichten zur Landnahme
(u.a."Negatives Besitzverzeichnis")

2,6-3,6   *Dtr.*Rahmenvorblick auf Richterzeit

3,7-16,31 Richterüberlieferungen

3,7-11	☐ zT *dtr*	*Otniel*(Kaleb)	gegen Syrien
3,12-30	☐ zT *dtr*	*Ehud*(Benjamin)	gegen Moab
[3,31		Samgar	gegen Philister]
		oder:"KL.RICHTER"	
4-5	☐ zT *dtr*	*Debora* und *Barak*(Naphthali)	gegen Kanaanäer
		5 Deboralied	
6-8	☐ zT *dtr*	*Gideon*(Manasse)	gegen Midianiter
	☐ 6,7-10 *dtr*		
		9 Jotamfabel	
10,1-5		LISTE DER "KL.RICHTER"	
	☐ 10,6-16 *dtr*		
10,6-12,7	☐ zT *dtr*	*Jephta*(Gilead)	gegen Ammoniter
12,8-15		LISTE DER "KL.RICHTER"	
13-16	☐ zT *dtr*	*Simson*(Dan)	gegen Philister

Fortsetzung der *dtr.*Darstellung der Richterzeit in 1Sam bis 1Sam12
(*Dtr.*Rahmenrückblick auf Richterzeit)

17-18   Wanderung und Heiligtum des Stammes Dan

19-21   Frevel im Stamm Benjamin (Gibea)

Vgl.auch TT L3.3; Bk§12

SAMUEL
Aufbau und Werden

| | dtr.Redaktionstexte |

1   *Verarbeitung älterer Texte* (im Anschluß an Einf§11)

1Sam1-3   Kindheitsgeschichte Samuels

1Sam4-6   Erzählung von der Lade

Dtr: Entstehung des Königtums und
         Ende der Richterzeit

1Sam7

  8

Sauls Königtum und Verwerfung,
David wird König:
1Sam9,1-10,16

              11,1-15

  10,17-27

  12 Dtr: Abschiedsrede Samuels
           Ende der Richterzeit

Im Folgenden: *Dtr.*Darstellung
              der Königszeit

              13-15
              16,1-13

1Sam16,14-2Sam5,12 Geschichte von Davids Aufstieg

2Sam5,13-8,18 Übergang zur Thronnachfolgegeschichte, darunter

    2Sam6: Schluß der Erzählung von der Lade

    2Sam7: Natanweissagung in *dtr.*Ausgestaltung

2Sam9-20   Geschichte von der Thronnachfolge Davids

2Sam21-24   Nachträge

1Kön1-2   Schluß der Thronnachfolgegeschichte

Vgl.auch TT L4.4; Bk§14

SAMUEL
Ältere Geschichtsdarstellungen

2   *1Sam7-15 Entstehung des Königtums*

ältere Darstellung(prophetisch):	jüngere,*deuteronomistische* Darstellung:
9,1-10,16 (Bericht 2)	7 (s.*Dtr* Richter)
11,1-15 (Bericht 4)	8,1-22 ! (Bericht 1)
13-14⎫ Kämpfe u.Verwerfungen S.s	10,17-27 (Bericht 3)
15 ⎭	12,1-25 ! (s.*Dtr* Richter)
16,1-13 Salbung Davids	

3   *1Sam16,14-2Sam5,12 Geschichte von Davids Aufstieg* (AufG)

16,14-18,16(ohne K.17?)	Exposition
I. 18,17-2Sam1	Saul verfolgt David, Davids Unschuld am Untergang Sauls
1. 18,17-26,25	Saul verfolgt David, David schont den Gesalbten

> 3 Voraussagen für David: 23,16f (wird König)
> 24,18-23 (lebenslang)
> 25,26-33 (Dynastie)

2. 1Sam27-2Sam1	David bei Philistern, agiert nicht gegen Israel und Saul
II. 2Sam2,1-4,12	David König über Juda, aber nicht gegen Sauliden
1. 2,1-3,5	David König über Juda, nicht gegen Eschbaal
2. 3,6-4,12	ohne Davids Zutun und Billigung Abner und Eschbaal ermordet
III. 2Sam5,*1-12	David nun auch König über Israel

4   *2Sam9-20 und 1Kön1-2 Geschichte von der Thronnachfolge Davids* (TNG)

Leitfrage:	1Kön1,27
theologische Akzente:	2Sam11,27;12,1.15.24;17,14 (Jahwe-Stellen!)
1. 2Sam9	Meribaal an königlicher Tafel
2. 2Sam10-12	Bathseba, Geburt Salomos
3. 2Sam13-14	*Amnon* fällt aus (Thamar)
4. 2Sam15-19	*Absalom* fällt aus (Aufstand)
5. 2Sam20	Scheba-Aufstand (Davids Reich)
6. 1Kön1-2	*Adonja* fällt aus (Usurpation), *Salomo* Nachfolger

Vgl.auch Einf§§11c3;13 TT L4; Bk§14

SAMUEL
Personen

5 *Namen*

a) *Eli*, Priester in Silo

    Hophni Pinehas
             |
            Ahitub
             |
            Ahimelech
             |
            Abjatar (Priester Davids)

b) *Samuel*
    Vater: Elkana
    Mutter: Hanna

c) *Saul und Sauliden*
    Vater: Kisch
    Vetter: Abner

    Saul ∞ Ahinoam

    Jonatan   Isjo   Malkisua   Merab(T.)   *Michal*(T.)   *Eschbaal*

    Meribaal (Knecht Ziba)

    Micha

    aus Saul-Familie: Simei (2Sam16)

d) *David*
    Vater: Isai

e) *Frauen Davids* bes.:(1S25.30;2S3)
    Michal, T.Sauls (1S18;25;2S3.6)
    Ahinoam (aus Jesreel)
    Abigail (Frau Nabals)
    Maacha
    Haggit
    usw.
    Bathseba (Frau Urias)

f) *Söhne Davids*, bes.:(2S3;5)
    Amnon (Ahinoam)
    Kileab (Abigail)
    Absalom (Maacha)
    Schwester: Thamar
    Adonja (Haggit)
    usw.
    Salomo (Bathseba)

g) *Kabinett Davids*:
    2Sam8,16-18;20,23-26
    (Salomo: 1Kön4)

h) *Mitarbeiter Davids*:
    Joab (Militär)
    Abjatar (Priester)
    Zadok (Priester)
    Benaja (Leibwache)
    Natan,Gad (Propheten)
    Ahitophel (Ratgeber)
    Husai,Ithai

    vgl.Barsillai (Wohltäter Davids aus Gilead)

i) *Söhne der Zeruja*:
    Abisai
    Joab
    Asahel

SAMUEL
Die Natanweissagung
Texte aus 2Sam7, Ps89, Ps132

2Sam7

7 1 Als einst der König in seinem Palaste sass – der Herr aber hatte ihm Ruhe verschafft vor all seinen Feinden ringsumher –, 2 da sprach er zu dem Propheten Nathan: Sieh doch, ich wohne in einem Zedernhause, die Lade Gottes aber steht unter dem Zeltdach. 3 Nathan antwortete dem König: Wohlan, alles, was du im Sinne hast, tue; denn der Herr ist mit dir. 4 Aber noch in derselben Nacht erging das Wort des Herrn an Nathan: 5 Gehe hin und sage zu meinem Knechte David: So spricht der Herr: Solltest du mir ein Haus bauen, dass ich darin wohne? 6 Habe ich doch in keinem Hause gewohnt von dem Tage an, da ich Israel aus Aegypten heraufführte, bis auf diesen Tag, sondern in einer Zeltwohnung bin ich umhergezogen. 7 Habe ich etwa, solange ich in ganz Israel umherzog, zu einem der Richter Israels, die ich als Hirten meines Volkes Israel bestellt habe, jemals gesagt: Warum habt ihr mir kein Zedernhaus gebaut? 8 Drum sollst du nun zu meinem Knechte David also sprechen: So spricht der Herr der Heerscharen: Ich habe dich von der Weide hinter den Schafen weggeholt, damit du Fürst werdest über mein Volk Israel, 9 Ich bin überall mit dir gewesen, wohin du auch gezogen bist, und habe alle deine Feinde vor dir ausgerottet. Ich will dir einen Namen machen gleich dem Namen der Grössten auf Erden, 10 und ich will meinem Volke Israel eine Stätte bereiten und es daselbst einpflanzen, dass es ruhig wohnen bleibe und sich nicht mehr ängstige und dass Ruchlose es nicht mehr bedrücken wie vordem, 11 seit der Zeit, da ich Richter über mein Volk Israel bestellt habe, und ich will ihm Ruhe schaffen vor allen seinen Feinden. Dich aber will der Herr gross machen; denn der Herr wird dir ein Haus bauen. 12 Wenn einst deine Zeit um ist und du dich zu deinen Vätern legst, dann will ich deinen Nachwuchs aufrichten, der von deinem Leibe kommen wird, und will sein Königtum befestigen. 13 Der soll meinem Namen ein Haus bauen, und ich will seinen Königsthron auf ewig befestigen. 14 Ich will ihm Vater sein, und er soll mir Sohn sein. Wenn er sich vergeht, will ich ihn mit menschlicher Rute und mit menschlichen Schlägen züchtigen; 15 aber meine Gnade will ich ihm nicht entziehen, wie ich sie Saul entzogen habe, der vor dir gewesen ist, 16 sondern dein Haus und dein Königtum sollen immerdar vor mir Bestand haben; dein Thron soll in Ewigkeit feststehen. 17 Ganz nach diesen Worten und nach diesem Gesicht redete Nathan mit David. 18 Da ging der König David hinein, liess sich vor dem Herrn nieder und sprach: Wer bin ich, Gott mein Herr, und was ist mein Haus, dass du mich bis hierher gebracht hast? 19 Und auch das war dir noch nicht genug, o Gott mein Herr; du hast sogar dem Hause deines Knechtes auf ferne Zukunft hin Verheissungen gegeben und hast mich viele Geschlechter von Menschen schauen lassen, o Gott mein Herr! 20 Was soll David weiter zu dir sagen? Du kennst ja deinen Knecht, o

Ps89

89 1 Ein Lied Ethans, des Esrahiten. 2 Die Gnade des Herrn will ich ewig besingen, von Geschlecht zu Geschlecht deinem Knechte kundtun deine Treue kundtun. 3 Auf ewig ward Gnade gebaut im Himmel, ward Treue dort gegründet durch deinen Mund. 4 Du sprachst: «Ich habe einen Bund geschlossen mit meinem Erwählten, ich habe meinem Knechte David geschworen: 5 Auf ewig will ich gründen dein Geschlecht, für alle Zeiten aufbauen deinen Thron.» 6 Die Himmel sollen preisen, o Herr, deine Wunder, o Herr, und die Versammlung der Heiligen deine Treue. 7 Denn wer in den Wolken darf neben dem Herrn sich gleich unter den Gottessöhnen? 8 Gott ist gefürchtet im Kreise der Heiligen, gross und furchtbar über allen, die ihn umgeben. 9 Herr, Gott der Heerscharen, wer ist wie du? Stark bist du, Herr, und deine Treue ist rings um dich her. 10 Du meisterst das Ungestüm des Meeres; wenn seine Wellen sich erheben – du stillest sie. 11 Du hast Rahab niedergetreten wie einen Erschlagenen, mit starkem Arm hast du deine Feinde zerstreut. 12 Dein ist der Himmel, dein auch die Erde; den Erdkreis und was ihn erfüllt – du hast sie gegründet. 13 Nord und Süd hast du geschaffen; Thabor und Hermon jauchzen ob deines Namens. 14 Du hast einen Arm voll Heldenkraft; stark ist deine Hand und hoch erhoben deine Rechte. 15 Recht und Gerechtigkeit ist deines Thrones Stütze; Gnade und Treue stehen vor deinem Angesicht. 16 Wohl dem Volke, das den Jubelruf kennt, das im Licht deines Angesichts wandelt, o Herr, 17 das deinem Namen allezeit frohlockt und ob deiner Gerechtigkeit jauchzt! 18 Denn du bist ihre Zier und Stärke, und durch deine Huld ist hoch erhoben unser Horn. 19 Ja, des Herrn ist unser Schild, und des Heiligen Israels unser König. 20 Einst hast du im Gesichte geredet mit deinen Frommen, hast gesprochen: Ich habe die Krone aufgesetzt einem Helden, einen Erwählten aus dem Volke erhöht. 21 Ich habe meinen Knecht David gefunden, mit meinem heiligen Oel ihn gesalbt. 22 Beständig soll meine Hand ihn halten, ja, mein Arm soll ihn stärken.

23 Kein Feind soll ihn überfallen, kein Ruchloser soll ihn bedrücken. 24 Ich will seine Widersacher vor ihm zermalmen, und die ihn hassen, schlage ich nieder. 25 Meine Treue und Gnade wird mit ihm sein, hoch soll sein Horn ragen kraft meines Namens. 26 Ich lasse ihn die Hand auf das Meer legen, seine Rechte auf die Ströme. 27 Er wird mich anrufen: «Mein Vater bist du, mein Gott und der Fels meines Heils.» 28 Ich aber will ihn zum Erstgebornen machen, zum höchsten unter den Königen der Erde. 29 Immerdar will ich ihm meine Gnade bewahren, und mein Bund soll ihm festbleiben. 30 Ich will auf ewig sein Geschlecht erhalten und seinen Thron, solange der Himmel steht. 31 Wenn seine Söhne mein Gesetz verlassen und nicht nach meinen Rechten wandeln, 32 wenn sie meine Satzungen entweihen und meine Gebote nicht halten, 33 so werde ich ihre Sünde mit der Rute ahnden und ihre Verschuldung mit Schlägen. 34 Doch meine Gnade will ich ihm nicht entziehen, und meine Treue will ich ihm nicht brechen. 35 Ich will meinen Bund nicht entweihen, und was meine Lippen gesprochen, nicht ändern. 36 Das eine habe ich bei meiner Heiligkeit geschworen – nie werde ich David belügen –: 37 «Sein Geschlecht soll immerdar dauern, sein Thron wie die Sonne vor mir; 38 wie der Mond soll er ewig bestehen» – und der Zeuge in den Wolken ist treu. 39 Aber nun hast du verstossen, verworfen, bist entrüstet wider deinen Gesalbten. 40 Du hast preisgegeben den Bund mit deinem Knechte, hast seine Krone zu Boden getreten. 41 Du hast all seine Mauern niedergerissen, hast seine Festen in Trümmer gelegt. 42 Es plündern ihn alle, die des Weges kommen, er ist seinen Nachbarn zum Spott geworden. 43 Hoch hast du die Hand seiner Dränger erhoben, hast alle seine Feinde erfreut. 44 Ja, du liessest zurückweichen seines Schwertes Schneide, liessest ihn im Kampfe nicht aufkommen. 45 Du hast seinem Glanz ein Ende gemacht, hast seinen Thron zur Erde gestürzt. 46 Du hast die Tage seiner Jugend verkürzt, hast ihn mit Schande bedeckt. [kürzt,] 47 Wie lange, o Herr, willst du dich noch verbergen,

deinen Grimm lodern lassen wie Feuer? 48 Bedenke, o Herr: was ist doch das Leben! wie nichtig alle Menschenkinder, die du geschaffen! 49 Wo lebt der Mann, der den Tod nicht der seine Seele [sieht,] vor dem Totenreich rettet? 50 Wo sind deine frühern Gnadenbeweise, o Herr, wie du sie David geschworen bei deiner Treue? 51 Gedenke, o Herr, der Schmach deines Knechtes, dass ich im Busen trage den Hohn der Völker, 52 womit deine Feinde schmähen, [o Herr,] womit sie schmähen die Fußstapfen deines Gesalbten!

Ps132

132 1 Ein Wallfahrtslied. Gedenke, o Herr, dem David all seine Mühseligkeit, 2 wie er dem Herrn geschworen, dem Starken Jakobs gelobt hat: 3 «Ich will nicht in das Zelt meines Hauses gehen, noch auf das Lager meines Bettes steigen, 4 ich will meinen Augen keinen Schlaf gönnen und meinen Wimpern keinen Schlummer, 5 bis ich dem Herrn eine Stätte finde, eine Wohnung dem Starken Jakobs.» 6 Siehe, wir haben von ihr gehört in Ephrath, haben sie gefunden im Waldgefilde. 7 Lasst uns ziehen zu seiner Wohnung, niederfallen vor dem Schemel seiner Füsse. 8 Mache dich auf, o Herr, zu deiner Ruhstatt, du und mit dir deine machtvolle Lade! 9 Deine Priester sollen sich in Gerechtigkeit kleiden, und deine Frommen sollen jubeln! 10 Um Davids, deines Knechtes, willen weise deinen Gesalbten nicht ab! 11 Der Herr hat dem David geschworen wahrhaften Eid, davon er nicht abgeht: «Einen Spross aus deinem Geschlechte will ich auf deinen Thron setzen. 12 Wenn deine Söhne meinen Bund halten und meine Gesetze, die ich sie lehren will, so sollen auch ihre Söhne für und für auf deinem Throne sitzen. – 13 Denn der Herr hat Zion erwählt, als Wohnung für sich erkoren. – 14 Dies ist meine Ruhstatt für und für; hier will ich wohnen, denn ich habe sie erkoren. 15 Mit Nahrung will ich sie reichlich segnen, mit Brot ihre Armen sättigen. 16 Ihre Priester will ich mit Heil bekleiden, und ihre Frommen sollen laut jubeln. 17 Dort will ich David ein Horn sprossen lassen; meinem Gesalbten habe ich eine Leuchte bereitet. 18 Seine Feinde will ich mit Schande bekleiden, doch ihm soll auf dem Haupte die Krone glänzen.»

KÖNIGE
Gliederung

1 *Gliederung der Königsbücher*

   I.   1Kön1-11   *Die Zeit Salomos*

     1. 1Kön1-2   Salomos Thronbesteigung (Ende TNG)

     2. 1Kön3-11   Salomos Regierungstätigkeit

	Dtr bes:6,11ff; 8,15ff;9,1ff; *11

  II. 1Kön12-2Kön17   *Zeit der Könige von Israel und Juda von der Reichstrennung bis zum Untergang des Nordreiches (926-722 v.Chr.)*

	Dtr bes:*14

     1. 1Kön12-1Kön16,22 Reichstrennung bis Beginn Omridynastie im Nordreich (926-878 v.Chr.)

     2. 1Kön16,23-2Kön10,36 Zeit der Omridynastie im Nordreich und das Königtum Jehus von Israel (878-845 bzw.818 v.Chr.)

                           1Kön17-19;21;2Kön1: Elia 2Kön2-8;(9-10);13: Elisa

     3. 2Kön11,1-17,41   Zeit von der Herrschaft der Königin Atalja von Juda bis zum Ende des Nordreiches (845-722 v.Chr.)

	Dtr bes:17,7ff

 III. 2Kön18-25   *Zeit der Könige von Juda vom Untergang des Nordreiches (722 v.Chr.) bis zum Untergang des Südreiches (587 v.Chr.) und zur Begnadigung Jojachins von Juda im babylon.Exil (562/1 v.Chr.)*

     1. 2Kön18-20   Hiskia von Juda (725-697 v.Chr.) (par.Jes 36-39)

	Dtr bes:18,5f

     2. 2Kön21   Manasse und Amon von Juda (696-640 v.Chr.)

	Dtr bes:21,10ff

     3. 2Kön22,1-23,30   Josia von Juda (639-609 v.Chr.)

	Dtr bes:23,25ff

     4. 2Kön23,31-24,17 Die Könige Joahas, Jojakim, Jojachin von Juda (609-597 v.Chr.) und die 1.Deportation

     5. 2Kön24,18-25,21 Zedekia von Juda (597-587 v.Chr.), Zerstörung Jerusalems (587 v.Chr.) und die 2.Deportation

     6. 2Kön25,22-30   Statthalter Gedalja und Begnadigung Jojachins (562/1 v.Chr.)

Vgl.auch Einf§11.4; TT L6.5; Bk§15

KÖNIGE
Dtr. Rahmen- und Bauelemente

2   *Der synchronistische Königsrahmen*
    für jeden König des Nord- und Südreiches (jeweils nacheinander)

    Beispiel: Ahab von Israel (1Kön16,29ff;22,39f)

Anfangsrahmen
- A synchronist.Datierung des Regierungsantritts (Israel gemäß Juda und umgekehrt)
- A' (nur bei judäischen Königen): Alter bei Thronbesteigung
- B Feststellung der Regierungsdauer
- B' (nur bei judäischen Königen): Name der Königinmutter (Amt!)
- C *dtr* Beurteilung des Königs

Einschaltung von Nachrichten und Überlieferungen aus der Zeit dieses Königs

Schlußrahmen
- D Hinweis auf ausführlichere Quellen; Hervorhebung einzelner Leistungen
- E Nachricht über Tod
- E' (nur bei judäischen Königen): Nachricht über Beisetzung
- F Nachfolger im Königsamt

3   *Weissagung/Erfüllung - Geflecht*

    1S2,27-36/1Kön2,27
    2S7,13/1Kön8,20
    1Kön11,29ff/1Kön12,15b
    1Kön13/2(!)Kön23,16-18
    1Kön14,6ff/1Kön15,29
    1Kön16,1ff/1Kön16,12
    Jos6,26/1Kön(!)16,34
    1Kön22,17/1Kön22,35 (vordtr)
    1Kön21,19/1Kön22,38
    2Kön1,6/2Kön1,17
    2Kön21,10ff/2Kön24,2
    2Kön22,15ff/2Kön23,30

    vgl. Jos21,45;23,14

4   *Wichtige deuteronomistische Reflexionsstücke für die Königszeit*

    2Sam*7; 1Kön6,11-13;8,15ff,besonders 46-53;9,1-9;*11;*14;17,7ff!; 2Kön18,5f;
    21,10-15;23,25-27

KÖNIGE
Jerusalem

5   *Jerusalem - Lage der Bauten*

   Karte als erste Orientierung: Filson-Wright XVI und XVII (zur Lage)

   Salomos Akropolis

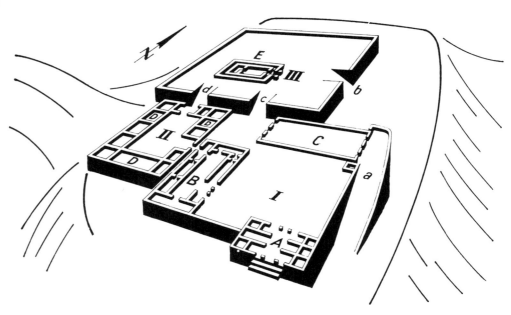

Die Akropolis von Jerusalem nach der Rekonstruktion von K.Galling: I.äußerer Palasthof, II.innerer Palasthof, III.Tempelhof, A.Säulenhalle(Eingangshalle), B.Audienzhalle, C."Libanonwaldhaus"(Pferdestall), D.Privatgemächer, E.Tempel, a.Rampe zum "Libanonwaldhaus", b.Osttor des Tempels(Tor des Volkes), c.äußeres und d.inneres Palasttor des Tempels

aus: BHH II(1964),827f

Salomo-Tempel(Grundriß) aus: Reclams Bibellexikon(Stuttgart 1978),493

Vgl.auch P-Stiftshütte Arbeitspapier 9a!

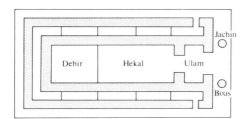

Salomonischer Tempel(nach C.Watzinger)

KÖNIGE
Zur vorklassischen Prophetie

6 *Vergleichstexte* Vgl.auch Einf§13; TT L6.1-3; Bk§15

Die Gattung "prophetisches Gerichtswort"

1Kön21,17-19

17 An Elia von Thisbe aber erging das Wort des Herrn: 18 Mache dich auf, geh hinab und tritt vor Ahab, den König von Israel, der in Samaria wohnt – er ist eben in den Weinberg Naboths hinabgegangen, ihn in Besitz zu nehmen –, 19 und sage zu ihm: So spricht der Herr: Hast du nach deiner Mordtat auch schon das Erbe angetreten? Und dann sage zu ihm: So spricht der Herr: An der Stätte, wo die Hunde das Blut Naboths geleckt haben, sollen die Hunde auch d ei n Blut lecken!

2Kön1,3-4

3 Der Engel des Herrn aber hatte zu Elia von Thisbe gesprochen: Auf, gehe den Boten des Königs von Samaria entgegen und sage ihnen: «Ist denn kein Gott in Israel, dass ihr hingeht, den Baal-Sebub, den Gott von Ekron, zu befragen? 4 Darum spricht der Herr also: Von dem Lager, auf das du dich gelegt hast, wirst du nicht mehr aufstehen, sondern du musst sterben.» Und Elia ging hinweg.

Hos2,5-7[ZüB]

7 Denn ihre Mutter ist zur Dirne geworden, schändlich treibt es, die sie geboren hat; sie sagt: «Ich will meinen Buhlen nachlaufen, die mir mein Brot und mein Wasser geben, meine Wolle und meinen Flachs, mein Oel und mein Getränk.» 8 Darum will ich ihr den Weg mit Dornen versperren und mit einer Mauer verbauen, dass sie ihre Pfade nicht finden soll. 9 Wenn sie dann ihren Buhlen nachläuft und sie nicht erreicht, nach ihnen sucht und sie nicht findet, so wird sie sagen: «Ich will hingehen zurück zu meinem ersten Mann; denn damals hatte ich's besser als jetzt.»

MT,LuB:2,7-9

Elia und Elisa

1Kön17,1-6

17 1 Da sprach Elia, der Thisbiter, aus Thisbe in Gilead, zu Ahab: So wahr der Herr, der Gott Israels, lebt, in dessen Dienst ich stehe, es wird in diesen Jahren weder Tau noch Regen fallen, ich sage denn es! 2 Und es erging an ihn das Wort des Herrn: 3 Gehe von hinnen und wende dich gen Osten! Verbirg dich am Bache Krith, der östlich vom Jordan fliesst. 4 Aus dem Bache kannst du trinken, und den Raben habe ich geboten, dich daselbst zu speisen. 5 Und er tat nach dem Worte des Herrn; er ging hin und blieb am Bache Krith, der östlich vom Jordan fliesst. 6 Und die Raben brachten ihm Brot am Morgen und Fleisch am Abend, und aus dem Bache trank er.

2Kön2,19-22

19 Und die Leute der Stadt sprachen zu Elisa: In dieser Stadt ist ja gut wohnen, wie unser Herr sieht; aber das Wasser ist ungesund, und das Land bleibt ohne Nachwuchs. 20 Er sprach: Bringt mir eine neue Schale und tut Salz darein. Und sie brachten es ihm. 21 Da ging er hinaus zu der Wasserquelle, warf das Salz hinein und sprach: So spricht der Herr: Ich mache dieses Wasser gesund; es soll davon künftig weder Tod noch Fehlgeburt kommen. 22 So wurde das Wasser gesund bis auf den heutigen Tag nach dem Worte, das Elisa geredet hatte.

2Kön2,23-25

23 Von dort ging er hinauf nach Bethel, und wie er so die Strasse hinaufging, kamen gerade kleine Knaben zur Stadt heraus; die verspotteten ihn und riefen ihm zu: Komm herauf, Kahlkopf! Komm herauf, Kahlkopf! 24 Da wandte er sich um, und als er sie sah, fluchte er ihnen im Namen des Herrn, und es kamen zwei Bären aus dem Walde und zerrissen 42 von den Kindern. 25 Von dort ging er nach dem Berge Karmel und kehrte von da nach Samaria zurück.

2Kön1,2-17a

2 Einst stürzte Ahasja durch das Gitter in seinem Obergemache zu Samaria und verunglückte. Da sandte er Boten und befahl ihnen: Geht hin und befragt den Baal-Sebub, den Gott von Ekron, ob ich von diesem Leiden genesen werde. 3 Der Engel des Herrn aber hatte zu Elia von Thisbe gesprochen: Auf, gehe den Boten des Königs von Samaria entgegen und sage ihnen: «Ist denn kein Gott in Israel, dass ihr hingeht, den Baal-Sebub, den Gott von Ekron, zu befragen? 4 Darum spricht der Herr also: Von dem Lager, auf das du dich gelegt hast, wirst du nicht mehr aufstehen, sondern du musst sterben.» Und Elia ging hinweg. 5 Als die Boten zum König zurückkamen, fragte er sie: Warum kommt ihr denn wieder? 6 Sie antworteten ihm: Ein Mann trat uns entgegen und sprach zu uns: Geht, kehrt zurück zum Könige, der euch gesandt hat, und sagt ihm: So spricht der Herr: «Ist denn kein Gott in Israel, dass du hinsendest, den Baal-Sebub, den Gott von Ekron, zu befragen? Darum wirst du von dem Lager, auf das du dich gelegt hast, nicht mehr aufstehen, sondern du musst sterben.» 7 Da fragte er sie: Wie war die Art des Mannes, der euch entgegentrat und so mit euch redete? 8 Sie antworteten ihm: Es war ein Mann, der ein zottiges Fell trug und einen ledernen Gürtel um die Lenden. Da sprach er: Das war Elia von Thisbe. 9 Dann sandte er einen Hauptmann mit fünfzig Mann nach ihm aus. Als der zu ihm hinauf kam – er sass gerade oben auf dem Berge –, sprach er zu ihm: Mann Gottes, der König befiehlt, du sollst herunterkommen. 10 Elia antwortete dem Hauptmann: Nun, wenn

ich ein Gottesmann bin, so falle Feuer vom Himmel und verzehre dich und deine Fünfzig! Da fiel Feuer vom Himmel und verzehrte ihn und verzehrte ihn und seine fünfzig Leute. 11 Abermals sandte er einen andern Hauptmann mit fünfzig Mann nach ihm aus. Der stieg hinauf und sprach zu ihm: Mann Gottes, so befiehlt der König: Komm sofort herunter! 12 Elia antwortete ihm: Wenn ich ein Gottesmann bin, so falle Feuer vom Himmel und verzehre dich und deine Fünfzig! Da fiel Gottesfeuer vom Himmel und verzehrte ihn und seine fünfzig Leute. 13 Abermals sandte er einen dritten Hauptmann mit fünfzig Mann. Als nun der dritte Hauptmann hinaufkam, beugte er sich vor Elia, flehte ihn an und sprach zu ihm: Mann Gottes, schone doch mein Leben und das Leben deiner Knechte, dieser Fünfzig! 14 Siehe, Feuer ist vom Himmel gefallen und hat die beiden ersten Hauptleute mit ihren fünfzig Mann verzehrt. Nun aber schone mein Leben! 15 Da sprach der Engel des Herrn zu Elia: Geh mit ihm hinab und fürchte dich nicht vor ihm. Und er machte sich auf, ging mit ihm hinab zum König 16 und sprach zu ihm: So spricht der Herr: Weil du Boten gesandt hast, den Baal-Sebub, den Gott von Ekron, zu befragen – ist denn kein Gott in Israel, den man befragen könnte? – darum wirst du von dem Lager, auf das du dich gelegt hast, nicht mehr aufstehen, sondern du musst sterben. 17 Also starb er nach dem Worte des Herrn, das Elia geredet hatte.

2Kön8,7-15

7 Und Elisa kam nach Damaskus; da lag Benhadad, der König von Syrien, krank. Als man nun dem König meldete: Der Gottesmann ist hierher gekommen! 8 sprach er zu Hasael: Nimm Geschenke mit dir, gehe dem Gottesmann entgegen und befrage den Herrn durch ihn, ob ich von dieser Krankheit genesen werde. 9 Hasael ging ihm entgegen und nahm Geschenke mit sich, was Damaskus nur Kostbares besass, eine Last für vierzig Kamele. Und als er hinkam, trat er vor ihn hin und sprach: Dein Sohn Benhadad, der König von Syrien, hat mich zu dir gesandt und lässt fragen, ob er von dieser Krankheit genesen werde. 10 Elisa antwortete ihm: Geh hin und sage ihm: «Du wirst genesen!» Aber der Herr hat mir gezeigt, dass er sterben muss. 11 Und der Gottesmann blickte starr vor sich hin und war über die Massen entsetzt, dann weinte er. 12 Da fragte Hasael: Warum weint mein Herr? Er antwortete: Weil ich weiss, was für Unheil du über Israel bringen wirst: seine festen Städte wirst du verbrennen und seine junge Mannschaft mit dem Schwerte töten, die Kindlein wirst du zerschmettern und die schwangern Frauen aufschlitzen. 13 Hasael sprach: Was ist denn dein Knecht, der Hund, dass er so Gewaltiges vollbringen sollte? Elisa erwiderte: Der Herr hat dich mir als König über Syrien gezeigt. 14 Da ging er von Elisa hinweg und kam zu seinem Herrn; der fragte ihn: Was hat Elisa zu dir gesagt? Er antwortete: Er hat zu mir gesagt, du werdest gewiss genesen. 15 Am folgenden Tage aber nahm er die Decke, tauchte sie ins Wasser und breitete sie ihm über das Gesicht, sodass er starb. Und Hasael wurde König an seiner Statt.

DAS CHRONISTISCHE GESCHICHTSWERK
Anlage

1 *Aufbau*

1Chr1-10	Von ADAM bis SAUL (1-9:"Genealogische Vorhalle"; beachte: Davididen,Leviten,Sänger- gilden)
1Chr11-29	Die Regierungszeit DAVIDS (Fehlen negativer Züge, Fehlen der AufG und TNG, Betonung der Vor- bereitung für Tempelbau [13-16 Ladeüberführung; 17 Verheißung (vgl.2Sam7); 21-29 die Vorbereitungen])
2Chr1-9	Die Regierungszeit SALOMOS (Fehlen negativer Züge, Betonung des Tempelbaus)
2Chr10-36	Regierungszeit (nur!) der KÖNIGE von JUDA bis zum Exil (Nordreich als Abfallerscheinung übergangen, Betonung von Schuld/ Strafe bzw. Wohlverhalten/Wohlergehen in jeder Generation [Krite- rien: Gebot, Kult; wichtige Vermittler: Propheten]) wichtig: Reden (1Chr22;28f; 2Chr13;20) Gebete (2Chr14;20)
Esr1-6	HEIMKEHR der Deportierten und WIEDERAUFBAU des Jerusalemer Tempels 1,1-4 Kyros-Edikt (chronist.Fassung) ältere Quellenstücke: 6,3-5 Kyrosedikt; 4,6-23;5,6-6,18;7,12-26; in aramäischer Sprache!)
Esr7-10	ESRAS Reise nach Jerusalem mit "Gesetz des Himmelgottes", Gebet (9), Mischehenauflösung (10)
Bruch!	
Neh1-7,72a	*Reise des Statthalters NEHEMIA nach Jerusalem: Mauerbau und sozia- le Maßnahmen [=ZüB:1-7,73]*
Bruch!	
Neh7,72b-10,40	Fortsetzung der Reorganisationsmaßnahmen ESRAS (Gesetzesverlesung 8, Bußgebet 9, Verpflichtung auf Gesetz 10) [=ZüB:8,1-10,39]
Bruch!	
Neh11-13	*Weitere Maßnahmen NEHEMIAS (Synoikismos, Mauerweihe etc.)*

2 *Älterer Umfang chrGW?*
  1,2Chr
  Esr1-9
  Neh8   Esr10
         oder
  Esr10   Neh8(-10?)
  später zugefügt:"Nehemia-Memoiren":Neh*1-2.3-7.*11-13

3 *Persische Könige in Esr/Neh*

Kyros (II.)	558-530 v.Chr.
Kambyses (II.)	530-522 v.Chr.
Darius I.	521-486 v.Chr.
Xerxes I.	485-465 v.Chr.
Artaxerxes I.	464-424 v.Chr.
Darius II.	423-405 v.Chr.
Artaxerxes II.	404-359 v.Chr.

Vgl.auch Einf§12; TT L13.1;13.2; Bk§16.17

DAS CHRONISTISCHE GESCHICHTSWERK
Vergleichstexte

4 Vergleichstexte: Natanweissagung
2Sam7

7 1 Als einst der König in seinem Palaste sass – der Herr aber hatte ihm Ruhe verschafft vor all seinen Feinden ringsumher –, 2 da sprach er zu dem Propheten Nathan: Sieh doch, ich wohne in einem Zedernhause, die Lade Gottes aber steht unter dem Zeltdach. 3 Nathan antwortete dem König: Wohlan, alles, was du im Sinne hast, das tue; denn der Herr ist mit dir. 4 Aber noch in derselben Nacht erging das Wort des Herrn an Nathan: 5 Gehe hin und sage zu meinem Knechte David: So spricht der Herr: Solltest du mir ein Haus bauen, dass ich darin wohne? 6 Habe ich doch in keinem Hause gewohnt von dem Tage an, da ich Israel aus Aegypten heraufführte, bis auf diesen Tag, sondern ich bin in einer Zeltwohnung umhergezogen, 7 Habe ich etwa, solange ich in ganz Israel umherzog, zu einem der Richter Israels, die ich als Hirten meines Volkes Israel bestellt habe, jemals gesagt: Warum habt ihr mir kein Zedernhaus gebaut? 8 Drum sollst du nun zu meinem Knechte David also sprechen: So spricht der Herr der Heerscharen: Ich habe dich von der Weide hinter den Schafen weggeholt, damit du Fürst werdest über mein Volk Israel, 9 Ich bin überall mit dir gewesen, wohin du auch gezogen bist, und habe alle deine Feinde vor dir ausgerottet. Ich will dir einen Namen machen gleich dem Namen der Grössten auf Erden, 10 und ich will meinem Volke Israel eine Stätte bereiten und es daselbst einpflanzen, dass es ruhig wohnen bleibe und sich nicht mehr ängstige und dass Ruchlose es nicht mehr bedrücken wie vordem, 11 seit der Zeit, da ich Richter über mein Volk Israel bestellt habe, und ich will dir Ruhe schaffen vor all seinen Feinden. Dich aber will der Herr kund machen, dass dir der Herr ein Haus bauen. 12 Wenn einst deine Zeit um ist und du dich zu deinen Vätern legst, dann will ich dir deinen Nachwuchs, der von deinem Leibe kommen wird, und will sein Königtum befestigen. 13 Der soll meinem Namen ein Haus bauen, und ich will seinen Thron auf ewig befestigen. 14 Ich will ihm Vater sein, und er soll mir Sohn sein. Wenn er sich vergeht, will ich ihn mit menschlicher Rute und mit menschlichen Schlägen züchtigen; 15 aber meine Gnade will ich ihm nicht entziehen, wie ich sie Saul entzogen habe, der vor dir gewesen ist, 16 sondern dein Haus und dein Königtum sollen immerdar vor mir Bestand haben; dein Thron soll in Ewigkeit feststehen. 17 Ganz nach diesen Worten und nach diesem Gesichte redete Nathan mit

David. 18 Da ging der König David hinein, liess sich vor dem Herrn nieder und sprach: Wer bin ich, Herr, und was ist mein Haus, dass du mich bis hierher gebracht hast? 19 Und auch das war dir noch nicht genug, o Herr; du hast sogar dem Hause deines Knechtes auf ferne Zukunft hin Verheissungen gegeben und hast mich viele Geschlechter von Menschen schauen lassen, o Gott mein Herr! 20 Was soll David weiter zu dir sagen? Du kennst ja deinen Knecht, o Gott mein Herr! 21 Um deines Knechtes willen und nach deinem Herzen hast du gehandelt, indem du all dies Grosse getan, deinem Knechte kundtatest. 22 Darum bist du gross, o Gott mein Herr! denn keiner ist dir gleich, und kein Gott ist ausser dir, nach allem, was wir mit unsern Ohren gehört haben. 23 Und wo ist eine andre Nation auf Erden wie dein Volk Israel, um derentwillen Gott hingegangen wäre, sie sich zum Volke zu erkaufen und ihr einen Namen zu machen und für sie so grosse und furchtbare Dinge zu tun, vor ihr [andres] Volk zu vertreiben? 24 Du aber hast dir dein Volk Israel auf ewig zum Volke bestimmt, und du, Herr, bist sein Gott geworden. 25 So erfülle nun, o Herr, mein Herr, für alle Zeiten die Verheissung, die du deinem Knecht und seinem Hause gegeben, und tue, wie du geredet hast. 26 Dann wird dein Name gross sein für alle Zeiten, dass man sagen wird: «Der Herr der Heerscharen ist Gott über Israel», und das Haus deines Knechtes David wird vor dir Bestand haben. 27 Denn du, Herr der Heerscharen, Gott Israels, hast deinem Knecht geoffenbart: «Ich will dir ein Haus bauen.» Darum hat sich dein Knecht ein Herz gefasst, so zu dir zu beten. 28 Und nun, o Gott mein Herr, du bist Gott, und deine Worte sind Wahrheit; du hast deinem Knechte solches Glück verheissen – 29 so wollest du denn das Haus deines Knechtes segnen, dass es ewig vor dir bestehe; denn du, o Gott mein Herr, hast geredet, und durch deinen Segen wird das Haus deines Knechtes immerdar gesegnet sein.

1Chr17

17 1 Als David nun einst in seinem Palaste sass, sprach er zu dem Propheten Nathan: Siehe doch, ich wohne in diesem Zedernhause, die Bundeslade des Herrn aber steht unter Zelttüchern. 2 Nathan antwortete David: Alles, was du im Sinne hast, das tue, denn Gott ist mit dir! 3 Aber noch in derselben Nacht erging das Wort Gottes an Nathan: 4 Gehe hin und sage meinem Knechte David: So spricht der Herr: Nicht du sollst mir das Haus bauen, das mir zur Wohnung dienen soll; 5 habe ich doch in keinem Hause gewohnt von dem Tage an, da ich Israel heraufführte, bis auf diesen Tag, sondern ich zog von Zeltwohnung zu Zeltwohnung und von einer Wohnstätte zur andern. 6 Habe ich etwa, solange ich in ganz Israel umherzog, zu einem der Richter Israels, die ich zu Hirten meines Volkes bestellt habe, jemals gesagt: Warum habt ihr mir kein Zedernhaus gebaut? 7 Darum sollst du nun zu meinem Knechte David also sprechen: So spricht der Herr der Heerscharen: Ich habe dich von der Weide hinter den Schafen weggeholt, damit du Fürst werdest über mein Volk Israel, 8 Ich bin überall mit dir gewesen, wohin du auch gezogen bist, und habe alle deine Feinde vor dir ausgerottet. Ich will dir einen Namen machen gleich dem Namen der Grössten auf Erden, 9 und ich will meinem Volke Israel eine Stätte bereiten und es daselbst einpflanzen, dass es ruhig wohnen bleibe und sich nicht mehr ängstige und dass Ruchlose es nicht mehr aufreiben wie vordem 10 und seit der Zeit, da ich Richter über mein Volk Israel bestellt habe, und ich will alle deine Feinde demütigen. Dich aber will ich gross machen und dir ein Haus bauen. 11 Wenn einst deine Zeit um ist und du zu deinen Vätern gehst, dann will ich deinen Nachwuchs, einen deiner Söhne, nach dir erstehen lassen und will sein Königtum befestigen. 12 Der soll mir ein Haus bauen, und ich will seinen Thron auf ewig befestigen. 13 Ich will ihm Vater sein, und er soll mir Sohn sein, und ich will ihm meine Gnade nicht entziehen, wie ich sie dem entzogen habe, der vor dir gewesen ist. 14 Vielmehr will ich ihn für immer bestellen über mein Haus und mein Königtum, und sein Thron soll in Ewigkeit feststehen. 15 Ganz nach diesen Worten und diesem Gesicht redete Nathan mit David. 16 Da ging der König David hinein, liess sich vor dem Herrn nieder und sprach: Wer bin ich, Herr, mein Gott, und was ist mein Haus, dass du mich bis hierher gebracht hast? 17 Und das war dir noch nicht genug, o Gott, sondern du hast dem Hause deines Knechtes auf die ferne Zukunft hin Verheissun-

gen gegeben und hast mich viele Geschlechter von Menschen schauen lassen, der du mich hoch erhoben hast, o Herr, mein Gott. 18 Was soll David weiter zu dir sagen? Du kennst ja deinen Knecht. 19 Herr, um deines Knechtes willen und nach deinem Herzen hast du gehandelt, indem du all dies Grosse kundtatst. 20 O Herr, keiner ist dir gleich, und kein Gott ist ausser dir nach alledem, was wir mit unsern Ohren gehört haben. 21 Und wo ist eine andre Nation auf Erden wie dein Volk Israel, um derentwillen Gott hingegangen wäre, um es sich zum Volke zu erkaufen und ihr einen Namen zu machen und für sie so grosse und furchtbare Dinge zu tun, vor ein [andres] Volk zu vertreiben? 22 Du aber hast dir dein Volk Israel auf ewig zum Volke bestimmt, und du, Herr, bist sein Gott geworden. 23 So möge sich nun, o Herr, für alle Zeiten die Verheissung als wahr erweisen, die du deinem Knechte und seinem Hause gegeben; tue, wie du geredet hast. 24 Dann wird sich dein Name als wahr erweisen und gross sein für alle Zeiten, dass man sagen wird: «Der Herr der Heerscharen, der Gott Israels, ist Gott über Israel», und das Haus deines Knechtes David wird vor dir Bestand haben. 25 Denn du, mein Gott, hast deinem Knechte geoffenbart, dass du ihm ein Haus bauen wollest. Darum hat sich dein Knecht ein Herz gefasst, zu dir zu beten. 26 Und nun, Herr, du bist Gott und hast deinem Knechte solches Glück verheissen – 27 so wollest du nun das Haus deines Knechtes segnen, dass es ewig vor dir bestehe; denn was du, Herr, segnest, das ist gesegnet für alle Zeiten!

Kyros-Edikt
Esr1,1-4

1 M ersten Jahre des Königs Cyrus von Persien erweckte der Herr, um das Wort zu erfüllen, das er durch Jeremia geredet hatte, den Geist des Cyrus, des Königs von Persien, sodass er überall in seinem ganzen Königreich mündlich und auch schriftlich verkünden liess: 2 So spricht Cyrus, der König von Persien: Alle Königreiche der Erde hat mir der Herr, der Gott des Himmels, gegeben, und er selber hat mir aufgetragen, ihm zu Jerusalem in Juda ein Haus zu bauen. 3 Wer immer unter euch zu seinem Volke gehört, mit dem sei sein Gott, und er ziehe hinauf nach Jerusalem in Juda und baue das Haus des Herrn, des Gottes Israels. Das ist der Gott, der zu Jerusalem wohnt. 4 Und wer noch übrig ist, den sollen allerorten, wo er als Fremdling weilt, die Leute seines Ortes unterstützen mit Silber und Gold, mit Pferden und Vieh sowie mit freiwilligen Gaben für das Haus des Herrn in Jerusalem.

Esr6, (1–2).3–5

6 1 Da befahl der König Darius, in den Schatzhäusern, in denen die Schriftstücke niedergelegt zu werden pflegten, nachzuforschen, 2 und man fand im Schloss zu Ahmeta [d. i. Ekbatana], das in der Provinz Medien liegt, eine Schriftrolle; darin stand folgendes geschrieben: Protokoll: 3 «Im ersten Jahre des Königs Cyrus befahl König Cyrus: Das Gotteshaus zu Jerusalem betreffend: Das Haus soll gebaut werden an der Stätte, wo man Schlachtopfer opfert und Feueropfer hinbringt; seine Höhe betrage sechzig Ellen und seine Breite sechzig Ellen. 4 Es sollen drei Schichten von grossen Quadern sein und eine Schicht von Holz, und die Kosten sollen aus der königlichen Kasse bezahlt werden. 5 Auch sollen die goldenen und silbernen Geräte des Gotteshauses, die Nebukadnezar aus dem Tempel zu Jerusalem weggenommen und nach Babel gebracht hat, zurückgegeben werden, und es soll [alles] wieder in den Tempel zu Jerusalem an seinen Ort kommen; du sollst es im Gotteshause niederlegen.»

SPRÜCHE
Sammlungen und Anhänge

1   *Inhaltlicher Aufriß* s.Einf§27; vgl.TT L14.1; Bk§22

2   *Die Sammlungen mit 2 Anhängen* (im Anschluß an Einf§27)
     (beachte Teilüberschriften)

| 1-9 Sprüche Salomos,des Sohnes Davids, Königs von Israel | I | jüngste Sammlung (nachexil.) |

| 10-22,16 Sprüche Salomos | II | aus 2 Teilsammlungen (10-15; 16-22) alt! |

| 22,17-24,22 Worte von Weisen | III | nichtisraelitischer *Anhang* (22,17-23,11 Amenemope!) |

| 24,23-34 Auch dies (Worte) von Weisen | IV | |

| 25-29 Sprüche Salomos gesammelt von den Männern des Königs Hiskia | V | aus 2 Teilsammlungen (25-27; 28-29) alt! |

30,1-14 Worte Agurs	VI	
30,15-33 Zahlensprüche	VII	nichtisraelitischer *Anhang*
31,1-9 Worte an Lemuel, König von Massa	VIII	

| 31,10-31 Lob der Hausfrau | IX | |

3   *Weisheitliche Redeformen* s.Einf§27; TT L5.1;5.2;14.4; Bk§22

HIOB
Aufbauschema

1   *Inhaltlicher Aufriß* s.Einf§29; vgl.TT L14.2; Bk§2O

2   *Aufbauschema* des Hiob-Buches

Hi1-2 Rahmenerzählung (Prosa) PROLOG

1,1-5	Exposition
1,6-12	1.Himmelsszene (Kinder,Besitz)
1,13-22	Prüfung
2,1-7a	2.Himmelsszene (Erkrankung Hiobs)
2,7b-13	Prüfung Besuch der Freunde

Hi3-42,6 Dialog-Teil (Poesie)

3	Hiobs *Monolog*
4-14	*1.Redegang* zwischen Freunden und Hiob 4f Eliphas,6f Hiob, 8 Bildad, 9f Hiob, 11 Zophar,12-14 Hiob
15-21	*2.Redegang* zwischen Freunden und Hiob 15 Eliphas, 16f Hiob, 18 Bildad, 19 Hiob, 20 Zophar, 21 Hiob
22-27	*3.Redegang* zwischen Freunden und Hiob 22 Eliphas, 23f Hiob, 25 Bildad, 26f Hiob fehlt fehlt

Einschub: 28 Lied auf die Weisheit

29-31	Hiobs *Monolog* (Herausforderungsreden Hiobs zu Gott)

Einschub: 32-37 Reden Elihus zu Hiob

38-42,6	*Gottesreden* zu Hiob und Hiobs Antwort
38,1-40,2	1.Rede Gottes [ZüB:38,1-39,32]
40,3-5	Antwort Hiobs [ZüB:39,33-35]
40,6-41,26	2.Rede Gottes [ZüB:40,1-41,25]
42,1-6	Antwort Hiobs

Hi42,7-15(17) Rahmenerzählung (Prosa) EPILOG

42,7-9	Hiob setzt sich für Freunde ein
10	Wiederherstellung von Gesundheit und Be-sitz
42,11-15	Besuch, Trauermahl, Spenden von Verwand-ten und Bekannten
12	Gott segnet Besitz
13-15	Gott segnet Kinder (NB: hier Freunde und Krankheit nicht erwähnt)

Vgl.auch Einf§29; TT L14.2; Bk§2O

QOHELET/PREDIGER
Aufbauschema

1   *Inhaltlicher Aufriß* s.Einf§28; vgl.TT L14.3; Bk§23

2   *Aufbauschema des Buches* (im Anschluß an Einf§28)

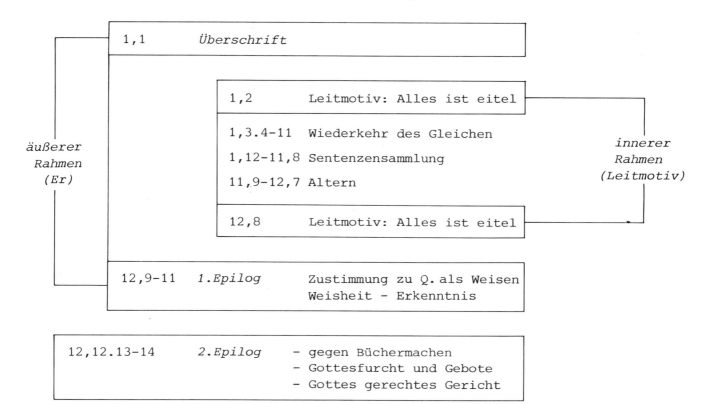

1,1	*Überschrift*	

1,2	Leitmotiv: Alles ist eitel
1,3.4-11	Wiederkehr des Gleichen
1,12-11,8	Sentenzensammlung
11,9-12,7	Altern
12,8	Leitmotiv: Alles ist eitel

äußerer Rahmen (Er)

innerer Rahmen (Leitmotiv)

12,9-11	*1.Epilog*	Zustimmung zu Q. als Weisen Weisheit - Erkenntnis

12,12.13-14	*2.Epilog*	- gegen Büchermachen - Gottesfurcht und Gebote - Gottes gerechtes Gericht

Vgl.auch Einf§28; TT L14.3; Bk§23

PSALMEN
Redaktion der Sammlungen im Psalter
(nach MT)

I.Buch Ps1-41	II.Buch Ps42-72	III.Buch Ps73-89	IV.Buch Ps90-106	V.Buch Ps107-150
Ps1 Einleitung Psalter	*Ps42-83 Elohistischer Psalter* = Elohim - gebildet aus	*histischer Psalter* drei Teilsammlungen	Ps90 Gebet Moses	Ps108-110 ——von David
Ps2 als eschatolog. Königslied verstanden und vorangestellt				119 Gesetz-psalm
	1. *Ps42-49* Anhang:	*Korachiten-Psalmen* Ps50 Asaph-Psalm	Ps93.96-99 Jahwe - König - (Thronbe-steigungs-) Psalmen	*Ps120-134 Wall-fahrts-psalmen*
	2. *Ps51-72*	*Zweiter Davidspsalter* (genau: Pss51-65, 68-70)		Ps138-145
Psalmen 3-41 (ohne 33)	Anhang:	Ps72: Salomo-Psalm		Ps111-117
	Abschluß:	Ps72,20: Ende der Gebete Davids	Ps104-106 Halleluja-psalmen	Ps135
Erster Davidspsalter (Jahwe)	3. *Ps73-83*	*Asaph-Psalmen*		Ps146-150
	Ps84-89 Anhang zum Elohistischen Psalter			
	Ps84.85.87 88 von Korachiten			
	Ps86 von David			
	Ps88 von Heman			
	Ps89 von Etan			
Schlußdoxologie Ps41,14	Schl.dox. Ps72,18f	Schlußdoxologie Ps89,53	Schl.dox. Ps106,48	Schlußdoxologie Ps150(V.6)

PSALMEN
Zählungsdifferenzen

Zählungsdifferenzen im Psalter zwischen dem *hebr.Text* (Lutherbibel,Zürcher Bibel)
und der *LXX* (Vulgata, röm.-kath.Bibelübersetzungen; beachten bei LXX-Zitaten
im NT!):

	MT	LXX,V
Ps	1-8	*1-8*
Ps	9-10	*9*
Ps	11-113	*10-112*
Ps	114-115	*113*
Ps	116,1-9	*114*
Ps	116,10-19	*115*
Ps	117-146	*116-145*
Ps	147,1-11	*146*
Ps	147,12-20	*147*
Ps	148-150	*148-150*
		151

Vgl.O.Kaiser,Einleitung in das Alte Testament,Gütersloh [4]1978,312

PSALMEN

PSALMEN
Psalmengruppen

I. *Gemäß Themen/Begehungen der Jerusalemer Kulttheologie*

   A. *Hymnen und hymnische Psalmen*

      1. Liturgien: zB Pss15;24;107;118
      2. Themen:
         a) Zions-Psalmen: Pss46;48;76 (vgl.Pss84;87;122;132)
         b) Schöpfungs-Psalmen: zB Pss8;19A;104 (vgl.Pss29;33;93;136;148)
         c) Jahwe-König-Psalmen/Thronbesteigungspsalmen: Pss47;93;96-99 (vgl.
                                                    Pss24;82)
         d) Königs-Psalmen: Pss2;72;110 (vgl.Pss18;20;21;45;89;101;132;144)

   B. *Psalmen des Einzelnen*
         a) Klagelieder des Einzelnen: zB Ps13 - sehr häufig
                          Angeklagten-Gebete: Pss7;26;35
                          Kranken-Gebete: zB Pss38;39;41
         b) Vertrauenslieder des Einzelnen: zB Pss23;27
         c) Danklieder des Einzelnen: zB Pss30;118,5-19+20f

   C. *Psalmen des Volkes*
         Volksklagelieder: zB Pss79;80;105-106;126;137 (vgl.Pss44;74;83;85)

II. *Weitere Gruppierungen*

         Gesetzes-Psalmen: Pss1;19B;119
         Spirituell-reflektierende Psalmen: Pss22;73(Leben nach Tod!,vgl.Ps16);103
         Geschichts-Psalmen:.Pss78;105-106 (vgl.Pss[68;77];111;114;135;136
         Vergänglichkeits-Psalmen: Pss90;103,14ff
         Bundes-Psalmen: Pss50;81
         Weisheits-Psalmen: Pss37;49;73
         Alphabet-Psalmen(Akrosticha): Pss9+10;25;34;37;119
         Exilische Psalmen: zB Pss44;74;79;(89?);(102?);126;137

III. *Gemäß Gebrauch in der Frömmigkeitstradition*

         jüdische Tradition: Hallel(Psalmen) Pss113-118(Passafeier); Pss146-150
                            (Kleines Hallel)
         christliche Tradition: die 7 kirchlichen Bußpsalmen Pss6;32;38;51;102;
                          130;144 (alles Klagelieder d.Einz.)

Vgl.auch Einf§25; TT L15; Bk§21

PSALMEN
Texte zur Jerusalemer Theologie der Psalmen
(Ps104.46.48.47.2.13)

Schöpfung

104
5 der die Erde auf ihre Pfeiler gegründet,
dass sie nimmermehr wankt.
6 Die Urflut deckte sie wie ein Kleid,
über den Bergen standen die Wasser.
7 Doch sie flohen vor deinem Schelten,
vor deines Donners Stimme
wichen sie scheu.
8 Da hoben sich Berge,
senkten sich Täler
an den Ort, den du ihnen wiesest.
9 Du hast eine Grenze gesetzt,
die sie nicht überschreiten;
sie dürfen nie wieder
die Erde bedecken.

Zion als Gottesstadt und Gottesberg

46
1 Ein Lied der Korahiten.
2 Gott ist unsre Zuflucht und Stärke,
als mächtige Hilfe bewährt in Nöten.
3 Drum fürchten wir nichts,
wenn gleich die Erde sich wandelt
und die Berge taumeln
in die Tiefe des Meeres.
4 Mögen tosen, mögen schäumen
seine Wogen,
die Berge erzittern
bei seinem Aufruhr:
der Herr der Heerscharen ist mit uns,
eine Burg ist uns der Gott Jakobs.
5 Eines Stromes Arme
erfreuen die Gottesstadt,
die heiligste der Wohnungen
des Höchsten.
6 Gott ist in ihrer Mitte;
so wankt sie nimmer.
Gott hilft ihr,
wenn der Morgen anbricht.
7 Völker tobten, Königreiche wankten;
er donnerte drein, da bebte die Erde.
8 Der Herr der Heerscharen ist mit uns,
eine Burg ist uns der Gott Jakobs.
9 Geht hin und schauet
die Werke des Herrn,
der Erstaunliches geschaffen
auf Erden,
10 der den Kriegen steuert
bis ans Ende der Welt,
der den Bogen zerbricht,
den Speer zerschlägt
und die Schilde im Feuer verbrennt.
11 «Lasset ab und erkennet,
dass ich Gott bin,
erhaben unter den Völkern,
erhaben auf Erden!»
12 Der Herr der Heerscharen ist mit uns,
eine Burg ist uns der Gott Jakobs.

48
1 Ein Lied.
Ein Psalm der Korahiten.
2 Gross ist und hoch zu preisen
die Stadt unsres Gottes!
3 Sein heiliger Berg, schön ragend,
ist die Wonne der Welt,
der Berg Zion hoch im Norden
ist eines grossen Königs Stadt.
4 Gott hat in ihren Palästen
als Hort sich kundgetan.
5 Denn sieh, Könige
taten sich zusammen,
zogen heran insgesamt.
6 Sie sahen es und starrten, erschraken,
flohen davon.
7 Zittern ergriff sie daselbst,
Wehen wie eine Gebärende.
8 Durch den Ostturm
zerschmetterst du der Tharsisschiffe.
9 Wie wir's gehört,
so haben wir es gesehen
in der Stadt des Herrn
der Heerscharen,
in der Stadt unsres Gottes:
Gott lässt sie bestehen
auf immer und ewig.
10 Wir bedenken, o Gott, deine Gnade
inmitten deines Tempels.
11 Wie dein Name, o Gott, so geht dein
Ruhm bis ans Ende der Erde.
Deine Rechte ist voller Gerechtigkeit,
12 des freut sich der Zion;
es frohlocken die Töchter Judas
ob deines Gerichts.
13 Umkreiset den Zion, umwandelt ihn
und zählt seine Türme;
14 beachtet sein Bollwerk,
durchwandert seine Paläste,
auf dass ihr erzählt
dem künftigen Geschlecht:
15 Dies ist der Herr,
unser Gott auf immer und ewig;
er wird uns leiten.

Jahwe als König

47
1 Ein Psalm der Korahiten.
2 Ihr Völker alle,
klatscht in die Hände!
Jauchzet Gott zu
mit jubelndem Schall!
3 Denn der Herr, der Höchste,
ist furchtbar,
ein grosser König
über die ganze Welt.
4 Er zwang Völker unter uns,
Nationen unter unsre Füsse.
5 Er erwählte uns unser Erbteil,
die Herrlichkeit Jakobs, den er liebt.
6 Empor stieg Gott
unter Siegesgeschrei,
der Herr beim Schall der Posaune.
7 Singet Gott, lobsinget!
Singet unserm König, lobsinget!
8 Denn Gott ist König
der ganzen Erde;
singet ihm ein Lied!
9 Gott ist König geworden
über die Völker,
Gott hat sich gesetzt
auf seinen heiligen Thron.
10 Die Fürsten der Völker
sind versammelt
als Volk des Gottes Abrahams;
denn Gottes sind die Schilde der
hoch erhaben ist er.   [Erde,

König

2
1 Warum toben die Völker
und sinnen die Nationen
vergebliche Dinge?
2 Könige der Erde stehen auf,
und Fürsten ratschlagen miteinander
wider den Herrn
und seinen Gesalbten:
3 «Lasst uns zerreissen ihre Bande
und von uns werfen ihre Fesseln!»
4 Der im Himmel thronet, lacht,
der Herr spottet ihrer.
5 Alsdann redet er sie an
in seinem Zorn,
und in seinem Grimme schreckt er sie:
6 «Habe doch ich meinen König
eingesetzt
auf Zion, meinem heiligen Berge!»
7 Kundtun will ich
den Beschluss des Herrn:
er sprach zu mir: «Mein Sohn bist du;
ich habe dich heute gezeugt.
8 Heische von mir,
so gebe ich dir Völker zum Erbe,
die Enden der Erde zum Eigentum.
9 Du magst sie zerschlagen
mit eisernem Stabe,
magst sie zerschmeissen
wie Töpfergeschirr.»
10 Nun denn, ihr Könige, werdet weise,
lasset euch warnen,
ihr Richter auf Erden!
11 Dienet dem Herrn mit Furcht,
und mit Zittern küsset seine Füsse,
12 dass er nicht zürne
und euer Weg
nicht ins Verderben führe;
denn leicht könnte sein Zorn
entbrennen.
Wohl allen, die ihm vertrauen!

Der Einzelne

13
1 Ein Psalm Davids.
2 Wie lange, o Herr,
willst du meiner so ganz vergessen?
Wie lange verbirgst du
dein Antlitz vor mir?
3 Wie lange soll ich Schmerzen hegen
in meiner Seele,
Kummer im Herzen Tag und Nacht?
Wie lange soll sich mein Feind
über mich erheben?
4 Schaue her, erhöre mich,
o Herr, mein Gott!
Mache hell meine Augen,
dass ich nicht zum Tode entschlafe,
5 dass nicht mein Feind sich rühme:
«Ich habe ihn überwältigt!»
Meine Widersacher jubeln,
dass ich wanke.
6 Ich aber vertraue deiner Gnade.
Es frohlocke mein Herz
ob deiner Hilfe!
Singen will ich dem Herrn,
dass er mir Gutes getan.

Vgl.O.H.Steck,Friedensvorstellungen im alten Jerusalem,ThSt 111,1972,9-51

PSALMEN
Der Schöpfungspsalm 104 und sein Aufbau
Vgl.Wahrnehmungen,240-261; Übersetzung:O.H.Steck

V.1a Einleitung
V.1b-32 Corpus

1 Lobe, meine Seele, Jahwe!

Jahwe, mein Gott, du bist sehr groß!
In Pracht und Erhabenheit kleidest du dich,
2 'hüllst dich' in Licht wie in einen Mantel!

V.1b-2a: Majestätsprädikation Jahwes

Der den Himmel ausspannt wie eine Zeltdecke,
3 der auf den Wassern seine Hochgemächer zimmert,
der Wolken zu seinen Wagen macht
der einherfährt auf den Flügeln des Windes,
4 der Winde zu seinen Boten macht,
zu seinen Dienern 'brennendes' Feuer.
5 'Der' die Erde 'gegründet hat' auf ihre Grund-
festen, so daß sie nimmermehr wankt.
6 Das Urmeer 'bedeckte sie' wie ein Kleid,
über den Bergen standen die Wasser.
7 Vor deinem Anschreien flohen sie,
vor der Stimme deines Donners liefen sie eilends davon.
8 Berge stiegen auf, Täler senkten sich ab
an den Ort, den du ihnen gesetzt hast.
9 Eine Grenze hast du gezogen, die überschreiten sie nicht,
sie kehren nicht mehr zurück, die Erde zu bedecken.
10 Der Quellen ihren Lauf gibt in die Täler,
zwischen Bergen fließen sie dahin;
11 sie tränken alles Getier des Feldes; Wildesel
stillen ihren Durst.
12 An ihren Ufern wohnen die Vögel des Himmels;
zwischen dem Laub hervor erheben sie (ihre) Stimme.
13 Der die Berge tränkt aus seinen Hochgemächern,
aus 'seinen Krügen' (?) sättigt sich die Erde;
14 der Gras sprießen läßt für das Vieh
und Saatgrün für die Feldarbeit des Menschen,
damit er Brot aus der Erde bringe
15 und Wein, der das Menschenherz erfreut,
damit er zum Glänzen bringe das Antlitz mit Öl
und Brot das Menschenherz stärke.
16 Es trinken sich satt die Bäume Jahwes,
die Zedern des Libanon, die er gepflanzt hat,
17 wo die Vögel nisten, der Storch, der auf Wacholderbäumen
sein Haus hat.
18 'Die' hohen Berge sind für die Steinböcke da,
die Felsen sind Zuflucht für die Klippdachse.
19 'Der' den Mond 'gemacht hat' zur Bestimmung der Zeiten,
die Sonne, die ihren Untergang kennt.
20 Lässest du Finsternis kommen, so wird es Nacht;
in ihr wimmelt alles Getier des Waldes.
21 Die jungen Löwen brüllen nach Raub,
um von Gott ihre Speise zu erbitten.
22 'Lässest du' die Sonne aufgehen, dann ziehen sie sich
zurück und lagern sich in ihren Verstecken.
23 Da tritt heraus der Mensch zu seinem Tun
und zu seinem Tagewerk bis zum Abend.
24 Wie zahlreich sind deine Werke, Jahwe!
Sie alle hast du in Weisheit vollbracht!
Erfüllt ist die Erde von 'deinen Schöpfungen'!
25 Da ist das Meer, groß und ausgedehnt,
in ihm ein Gewimmel ohne Zahl, Tiere, klein und groß.
26 Da ziehen Schiffe ihres Wegs,
der Liwjatan, den du gebildet hast,
um mit ihm dein Spiel zu treiben.

27 Sie alle warten auf dich, daß du ihnen Speise
gibst zur rechten Zeit;
28 gibst du ihnen, so lesen sie auf,
öffnest du deine Hand, so sättigen sie sich mit Gutem;
29 verbirgst du dein Antlitz, so erschrecken sie,
nimmst du ihren Odem weg, so verscheiden sie,
und kehren zurück in ihren Staub;
30 sendest du deinen Odem aus, so werden sie geschaffen,
und du erneuerst die Fläche des Erdbodens.

31 Die Herrlichkeit Jahwes währe auf immer;
es freue sich Jahwe seiner Werke!
32 Der die Erde anblickt und sie erbebt,
der die Berge anrührt und sie rauchen.

V.33-35 Abgesang

33 Singen will ich Jahwe, solange ich lebe,
spielen will ich meinem Gott, solange ich bin!
34 Möge ihm angenehm sein mein Dichten;
ich, ja ich freue mich an Jahwe!
35 Verschwinden sollen die Sünder von der Erde
und die Frevler sollen nicht mehr sein!
Lobe, meine Seele, Jahwe!
Halleluja!

V.2b-30: Entfaltung dessen im
Schöpferwirken Jahwes:
V.2b-4: im *überirdischen Raum*
im Blick auf Erde und
Meer

V.5-9: in der dauerhaften
Trennung
der *Erde* vom *Meer*

V.10-24: auf der *Erde*
als Lebensraum
V.10-18: durch
Wasserversorgung
für Nahrung
10-12 Flüsse
13-18 Regen

V.19-23: durch Zeitversorgung
für Nahrung

V.24: hymn.Résumé

V.25-26: im *Meer* als Lebensraum

V.27-30: Lebensversorgung und
Lebendigsein sind Gabe
Jahwes

V.31-32: Majestätsprädikation Jahwes

Zeittabelle zum Auftreten der «SCHRIFTPROPHETEN»

(ohne jüngere Zusätze, Redaktionen oder ältere Vorstufen)

Daten

760 — "Schriftpropheten"

> *Amos* (aus S,in N aufgetreten) 760
> Tr: Ex,Landn,Jahwekrieg

745–639 Assur in Israel und Juda

> *Hosea* (aus N,in N) 750–725
> Tr: Jakob,Ex

Zwischen 700 und 650 Schweigen der Schriftpropheten

> *Jesaja* (aus Jer) 740(?)–701
> Tr: Zi,Dav,Jahwekrieg,Pss

> *Micha* (aus S) 740–700
> Tr: (Zi),Dav

> *Nahum* (S) um 650

> *Habakuk* (Jer) um 600

639–597 Josia bis 1.Deportation

> *Zephanja* (Jer) um 630

> *Jeremia* (aus S) 627–587/0
> Tr: Ex,(Dav), (Pss),Hosea

597–587 1.Dep.bis Ende Judas

> *Ezechiel* (im Exil) 593–573
> Tr: Ex,Zi,Dav,priesterl.

> *Dt-Jesaja* (im Exil) 550–540
> Tr: Väter,Ex,Jer.Kulttr(Schöpfung) Dav

587–539 Ende Judas bis Kyros

> *Obadja* (S) um 587/0

539–515 Kyros bis Wiederweihe des Tempels

> *TT-Jesaja* (Jer) Kern: nach 539

> *Haggai* (Jer) 520

> *Sacharja* (Jer) 520–518

515–333 Tempelweihe bis Ende Perserzeit

> *Maleachi* (Jer) um 400

> *Joel* (Jer) um 400

> *Jona* (?) 4./3.Jhdt

(333)301–200 Ptolemäerzeit

> *Dt-Sacharja* (Jer) um 300

> *TT-Sacharja* (Jer) 3.Jhdt

ab 200 Seleukidenzeit

> *Daniel* (Jer) 165

Abkürzungen
S Südreich, N Nordreich, Jer Jerusalem
Tr Traditionsverwurzelung: Ex Exodus, Zi Zion, Dav David, Kulttr Kulttradition

JESAJA 1-39
Aufbauschema

1   *Inhaltlicher Aufbau s.Einf§16; vgl.auch TT L8.2; Bk§26*

2   *Aufbauschema des Buches* (vgl.Arbeitsblätter 22a)

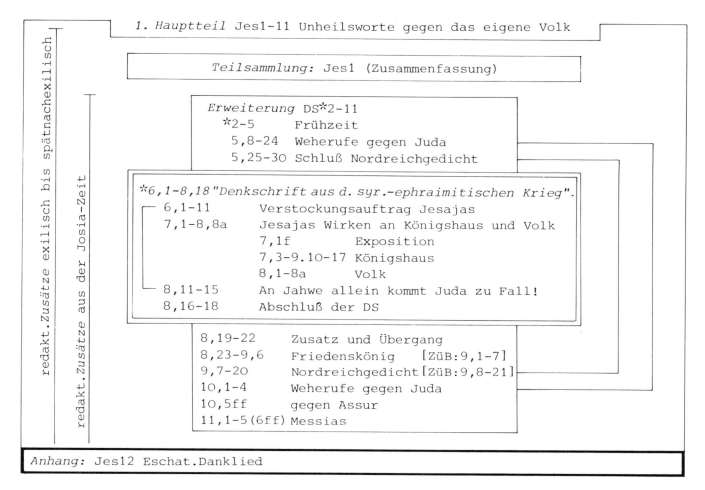

1. Hauptteil Jes1-11 Unheilsworte gegen das eigene Volk

Teilsammlung: Jes1 (Zusammenfassung)

Erweiterung DS*2-11
    *2-5   Frühzeit
    5,8-24   Weherufe gegen Juda
    5,25-30 Schluß Nordreichgedicht

*6,1-8,18"Denkschrift aus d. syr.-ephraimitischen Krieg".
    6,1-11   Verstockungsauftrag Jesajas
    7,1-8,8a   Jesajas Wirken an Königshaus und Volk
          7,1f   Exposition
          7,3-9.10-17 Königshaus
          8,1-8a   Volk
    8,11-15   An Jahwe allein kommt Juda zu Fall!
    8,16-18   Abschluß der DS

    8,19-22   Zusatz und Übergang
    8,23-9,6   Friedenskönig   [ZüB:9,1-7]
    9,7-20   Nordreichgedicht[ZüB:9,8-21]
    10,1-4   Weherufe gegen Juda
    10,5ff   gegen Assur
    11,1-5(6ff) Messias

Anhang: Jes12 Eschat.Danklied

2.Hauptteil Jes13-23 Gerichtsworte gegen fremde Völker

Anhang: Jes24-27 sog."Jesaja-Apokalypse"

3.Hauptteil Jes28-32 (Gerichts- u.) Heilsworte für das Volk

*28,7b-30,17 Sammlung von Spätzeit-Worten Jesajas
              erweitert auf 28,1-32,14
    28,7-22   Gottes fremdes Werk
    *29   Ariel
    30,1-7   gegen Ägypten
    30,8-17   Abschluß der Sammlung

Anhang: Jes33-35 Heilsworte (Beziehung zu Jes40ff)

Geschichtlicher Anhang Jes36-39 (=2Kön18-20)

redakt.Zusätze exilisch bis spätnachexilisch

redakt.Zusätze aus der Josia-Zeit

JESAJA 1–39
Beauftragungen in der himmlischen Thronversammlung Jahwes

Vgl.Wahrnehmungen,149–170

Jes6

6 1 In dem Jahre, da der König Usia starb, sah ich den Herrn auf einem hohen und erhabenen Throne sitzen, und seine Säume füllten den Tempel. 2 Saraphe standen über ihm; ein jeder hatte sechs Flügel: mit zweien bedeckte er sein Angesicht, mit zweien bedeckte er seine Füsse, und mit zweien flog er. 3 Und einer rief dem andern zu und sprach: Heilig, heilig, heilig ist der Herr der Heerscharen! Die ganze Erde ist seiner Herrlichkeit voll! 4 Da erbebten die Grundlagen der Schwellen von der Stimme des Rufenden, und das Haus ward voll von Rauch. 5 Da sprach ich: Wehe mir! ich bin verloren! denn ich bin ein Mensch mit unreinen Lippen und wohne unter einem Volke mit unreinen Lippen – und habe den König, den Herrn der Heerscharen, mit meinen Augen gesehen. 6 Da flog einer der Saraphe zu mir her, einen glühenden Stein in der Hand, den er mit der Zange vom Altar genommen. 7 Und er berührte damit meinen Mund und sprach: Siehe, das hat deine Lippen berührt, und deine Schuld ist gewichen und deine Sünde gesühnt. 8 Da hörte ich die Stimme des Herrn, der sprach: Wen soll ich senden? wer wird uns gehen? Ich sprach: Ich will's, sende mich! 9 Und er sprach: Gehe und sprich zu diesem Volke: Höret immerfort, doch verstehet nicht, und sehet immerfort, doch erkennet nicht! 10 Verstocke das Herz dieses Volkes, mache taub seine Ohren und blind seine Augen, dass es mit seinen Augen nicht sehe und mit seinen Ohren nicht höre, dass nicht sein Herz einsichtig werde und man es wieder heile. 11 Da sprach ich: Wie lange, o Herr? Und er antwortete: Bis dass die Städte öde liegen ohne Bewohner und die Häuser ohne Menschen und das Fruchtland nur noch Wüste ist 12 und der Herr die Menschen weit hinwegführt und die Verödung gross wird inmitten des Landes. 13 Und ist noch ein Zehntel darin, so wird es wiederum vertilgt wie bei der Terebinthe und der Eiche, von denen beim Fällen noch ein Stumpf bleibt. Ein heiliger Same ist sein Stumpf.

1Kön22,19–23

19 Micha sprach: Nicht also! Höre das Wort des Herrn! Ich sah den Herrn auf seinem Throne sitzen und das ganze Heer des Himmels neben ihm zur Rechten und zur Linken stehen. 20 Und der Herr sprach: «Wer will Ahab betören, dass er nach Ramoth in Gilead hinaufzieht und dort fällt?» Der eine sagte dies, der andre jenes. 21 Da trat der Geist vor, stellte sich vor den Herrn und sprach: Ich will ihn betören. Der Herr fragte ihn: Womit? 22 Er antwortete: Ich will hingehen und zum Lügengeiste werden im Munde aller seiner Propheten. Er sprach zu ihm: Du magst ihn betören und wirst es auch zustande bringen. Geh hin und tue also! 23 Und nun, siehe, hat der Herr all deinen Propheten da einen Geist der Lüge in den Mund gelegt, weil der Herr doch Unheil über dich beschlossen hat.

Sach1,7–17

7 Am 24. Tage des elften Monats – das ist der Monat Sebat –, im zweiten Jahre des Darius, erging an den Propheten Sacharja, den Sohn Berechjas, des Sohnes Iddos, das Wort des Herrn: 8 Diese Nacht schaute ich ein Gesicht: ein Mann, der auf rotbraunem Rosse sass, hielt zwischen den Myrtenbäumen, die in der Tiefe stehen, und hinter ihm hielten rotbraune, fuchsrote und weisse Rosse. 9 Da sprach ich: Mein Herr, was bedeuten diese? Und der Engel, der mit mir redete, sagte zu mir: Ich will dich schauen lassen, was sie bedeuten. 10 Darauf antwortete der Mann, der zwischen den Myrtenbäumen hielt, und sprach: Das sind die, welche der Herr gesandt hat, die Erde zu durchziehen. 11 Und sie hoben an und sprachen zu dem Engel des Herrn, der zwischen den Myrtenbäumen hielt: Wir haben die Erde durchzogen, und siehe, die ganze Erde ist ruhig und stille. 12 Da erwiderte der Engel des Herrn und sprach: O Herr der Heerscharen, wie lange noch willst du Jerusalem und den Städten Judas dein Erbarmen entziehen, denen du nun schon siebzig Jahre lang zürnst? 13 Da gab der Herr dem Engel, der mit mir redete, freundliche, tröstliche Antwort. 14 Und der Engel, der mit mir redete, sprach zu mir: Verkündige dieses: So spricht der Herr der Heerscharen: Ich bin voll glühenden Eifers für Jerusalem und für Zion, 15 doch voll gewaltigen Zorns wider die trotzigsicheren Heiden, dass sie, da ich ein wenig erzürnt war, zum Unglück halfen. 16 Darum spricht der Herr also: Ich wende mich in Erbarmen Jerusalem wiederum zu: mein Haus soll darin wiederum gebaut und die Messschnur über Jerusalem ausgespannt werden, spricht der Herr der Heerscharen. 17 Weiter verkündige dieses: So spricht der Herr der Heerscharen: Meine Städte werden noch von Segen überfliessen, und der Herr wird Zion noch trösten und Jerusalem wieder erwählen.

Hiob2,1–7

2 1 Wiederum begab es sich eines Tages, dass die Gottessöhne kamen, sich vor dem Herrn zu stellen, und es kam auch der Satan in ihrer Mitte. 2 Da sprach der Herr zum Satan: Wo kommst du her? Der Satan antwortete dem Herrn und sprach: Auf der Erde bin ich umhergestreift und hin und her gewandert. 3 Und der Herr sprach zum Satan: Hast du achtgehabt auf meinen Knecht Hiob, dass seinesgleichen keiner ist auf Erden, ein Mann so fromm und bieder, so gottesfürchtig und dem Bösen feind? Noch hält er fest an seiner Frömmigkeit; und du hast mich wider ihn gereizt, ihn ohne Ursache zu verderben. 4 Der Satan antwortete dem Herrn und sprach: Haut um Haut! Alles, was der Mensch hat, gibt er um sein Leben. 5 Aber recke doch einmal deine Hand aus und rühre sein Fleisch und Gebein an; fürwahr, er wird dir ins Angesicht fluchen. 6 Da sprach der Herr zum Satan: Wohlan, er ist in deiner Hand! Nur seines Lebens schone! 7 Da ging der Satan hinweg vom Angesicht des Herrn und schlug Hiob mit bösem Geschwür von der Fußsohle bis zum Scheitel.

Hiob1,6–12

6 Nun begab es sich eines Tages, dass die Gottessöhne kamen, sich vor dem Herrn zu stellen, und es kam auch der Satan in ihrer Mitte. 7 Da sprach der Herr zum Satan: Wo kommst du her? Der Satan antwortete dem Herrn und sprach: Auf der Erde bin ich umhergestreift und hin und her gewandert. 8 Und der Herr sprach zum Satan: Hast du achtgehabt auf meinen Knecht Hiob, dass seinesgleichen keiner ist auf Erden, ein Mann so fromm und bieder, so gottesfürchtig und dem Bösen feind? 9 Der Satan antwortete dem Herrn und sprach: Ist etwa Hiob umsonst gottesfürchtig? 10 Hast nicht du selbst ihn und sein Haus umhegt und alles, was er hat, ringsum? Das Tun seiner Hände hast du gesegnet, und seine Herden haben sich ausgebreitet im Lande. 11 Aber recke einmal deine Hand aus und rühre an alles, was er hat; fürwahr, er wird dir ins Angesicht fluchen. 12 Da sprach der Herr zum Satan: Wohlan, alles, was er hat, ist in deiner Hand! Nur nach ihm selbst recke deine Hand nicht aus! Da ging der Satan hinweg vom Angesicht des Herrn.

Vgl. auch Ez1–3; Jes40,1–11

JESAJA 1–39
Die «Denkschrift» in Jes*6–8
Vgl.Wahrnehmungen,149–203

Der Auftrag (6,1–11)

6 1 In dem Jahre, da der König Usia starb, sah ich den Herrn auf einem hohen und erhabenen Throne sitzen, und seine Säume füllten den Tempel. 2 Saraphe standen über ihm; ein jeder hatte sechs Flügel: mit zweien bedeckte er sein Angesicht, mit zweien bedeckte er seine Füsse, und mit zweien flog er. 3 Und einer rief dem andern zu und sprach: Heilig, heilig, heilig ist der Herr der Heerscharen! Die ganze Erde ist seiner Herrlichkeit voll! 4 Da erbebten die Grundlagen der Schwellen von der Stimme des Rufenden, und das Haus ward voll von Rauch. 5 Da sprach ich: Wehe mir! ich bin verloren! denn ich bin ein Mensch mit unreinen Lippen und wohne unter einem Volke mit unreinen Lippen – und habe den König, den Herrn der Heerscharen, mit meinen Augen gesehen. 6 Da flog einer der Saraphe zu mir her, einen glühenden Stein in der Hand, den er mit der Zange vom Altar genommen. 7 Und er berührte damit meinen Mund und sprach: Siehe, das hat deine Lippen berührt, und deine Schuld ist gewichen und deine Sünde gesühnt. 8 Da hörte ich die Stimme des Herrn, wer wird uns gehen? Ich sprach: Ich will's, sende mich! Und er sprach: Gehe und sprich zu diesem Volke: Höret immerfort, doch verstehet nicht, und sehet immerfort, doch erkennet nicht! 10 Verstocke das Herz dieses Volkes, mache taub seine Ohren und blind seine Augen, dass es nicht mit seinen Augen sehe und mit seinen Ohren nicht höre, dass es nicht sein Herz einsichtig werde und man es wieder heile. 11 Da sprach ich: Wie lange, o Herr? Und er antwortete: Bis dass die Städte öde liegen ohne Bewohner und die Häuser ohne Menschen und das Fruchtland nur noch Wüste ist[12 und der Herr die Menschen weit hinwegführt und die Verödung gross wird inmitten des Landes. 13 Und ist noch ein Zehntel darin, so wird es wiederum vertilgt wie bei der Terebinthe und der Eiche, von denen beim Fällen noch ein Stumpf bleibt. Ein heiliger Same ist sein Stumpf.]

Ausführung in zwei Redegängen: an das *Königshaus* (7,3–9.10–17) und an das *Volk* (8,1–8)

7 1 Und es begab sich in den Tagen des Ahas,[des Sohnes Jothams, des Sohnes Usias,]des Königs von Juda,[da zogen Rezin, der König von Syrien, und Pekah, der Sohn Remaljas, der König von Israel, gegen Jerusalem heran, um es zu bestürmen, aber sie konnten es nicht bestürmen.]2 Als nun dem Hause Davids angesagt ward: «Die Syrer haben sich in Ephraim gelagert», da bebte sein Herz und das Herz seines Volkes, wie die Bäume des Waldes beben vor dem Winde.

→ Königshaus
7,3–9.10–17

Der Herr aber sprach zu Jesaja: Gehe doch mit deinem Sohne Schear-Jaschub [d. i. ein Rest wird umkehren]dem Ahas entgegen an das Ende der Wasserleitung des obern Teiches, auf die Walkerfeldstrasse, 4 und sprich zu ihm: Hüte dich und bleibe ruhig! Fürchte dich nicht, und dein Herz verzage nicht vor diesen zwei rauchenden Stummeln von Feuerbränden,[bei der Glut des Zornes Rezins und Syriens und des Sohnes Remaljas.]5 Weil Syrien, Ephraim und der Sohn Remaljas Böses wider dich beschlossen haben und sprechen: 6 «Hinauf gegen Juda wollen wir ziehen, es bedrängen und für uns erobern und dort den Sohn Tabeels zum König machen» – 7 so spricht Gott der Herr:

Es soll nicht zustande kommen noch geschehen! 8 Denn das Haupt Syriens ist Damaskus, und das Haupt von Damaskus ist Rezin,[noch 65 Jahre, und Ephraim wird zertrümmert, dass es kein Volk mehr ist.]9 Und das Haupt Ephraims ist Samaria, und das Haupt Samarias ist der Sohn Remaljas. Glaubt ihr nicht, so bleibt ihr nicht.

1. P.

10 Weiter redete der Herr zu Ahas also: 11 Fordere dir ein Zeichen von dem Herrn, deinem Gott, tief in der Unterwelt drunten oder hoch droben in der Höhe. 12 Da sprach Ahas: Ich mag es nicht fordern, um den Herrn nicht zu versuchen. 13 Darauf sprach er [d. h. Jesaja]: Höret doch, ihr vom Hause Davids: Ist es euch nicht genug, Menschen zu ermüden, dass ihr auch noch meinen Gott ermüdet? 14 Darum wird euch der Herr selbst ein Zeichen geben: Siehe, das junge Weib[15 Sahne und Honig wird er essen, bis er versteht, das Böse zu verwerfen und das Gute zu wählen.]16 Denn ehe der Knabe versteht, das Böse zu verwerfen und das Gute zu wählen, wird das Land verödet sein, vor dessen beiden Königen dir graut.

17 Der Herr wird über dich,[über dein Volk]und über deines Vaters Haus Tage kommen lassen, wie sie nicht mehr gekommen sind seit der Zeit, da Ephraim von Juda abgefallen ist.

---

der 2.Redeteil an das Königshaus (7,10–14.16f) als Vergleichstext noch einmal dem 1.Redeteil (7,3–9) gegenübergestellt

1. P.

10 Weiter redete der Herr zu Ahas also: 11 Fordere dir ein Zeichen von dem Herrn, deinem Gott, tief in der Unterwelt drunten oder hoch droben in der Höhe. 12 Da sprach Ahas: Ich mag es nicht fordern, um den Herrn nicht zu versuchen. 13 Darauf sprach er [d. h. Jesaja]: Höret doch, ihr vom Hause Davids: Ist es euch nicht genug, Menschen zu ermüden, dass ihr auch noch meinen Gott ermüdet? 14 Darum wird euch der Herr selbst ein Zeichen geben: Siehe, das junge Weib[wird schwanger und gebiert einen Sohn, und sie gibt ihm den Namen Immanuel.]16 Denn ehe der Knabe versteht, das Böse zu verwerfen, das Gute zu wählen, wird das Land verödet sein, vor dessen beiden Königen dir graut.

17 Der Herr wird über dich, über dein Volk und über deines Vaters Haus Tage kommen lassen, wie sie nicht mehr gekommen sind seit der Zeit, da Ephraim von Juda abgefallen ist.

7,1–2 Exposition
→ Volk
(8,1–8)

8 1 Und der Herr sprach zu mir: Nimm dir eine grosse Tafel und schreibe darauf mit Menschenschrift: «Dem Raubebald – Eilebeute» (Maher-Schalal Chasch-Bas), 2 und bestelle mir glaubwürdige Zeugen, Uria, den Priester, und Sacharja, den Sohn Jeberechjas. 3 Darnach ging ich zu der Prophetin; die ward schwanger und gebar einen Sohn. Da sprach der Herr zu mir: Gib ihm den Namen «Raubebald – Eilebeute».

4 Denn ehe der Knabe Vater und Mutter sagen kann, wird man den Reichtum von Damaskus und die Beute Samarias vor dem König von Assyrien einhertragen.

5 Und der Herr fuhr noch fort, zu mir zu reden:

6 Weil dieses Volk die sanftrinnenden Wasser Siloahs verachtet,[weil es verzagt vor Rezin und dem Sohne Remaljas]

7 darum, siehe,

lässt der Herr über sie emporsteigen die starken und grossen Wasser des [Euphrat-]Stromes. Der wird steigen über alle seine Kanäle und über alle seine Ufer treten 8 und wird eindringen in Juda, wird überschwemmen und überfluten, dass er bis an den Hals reicht,[und seine ausgespannten Flügel werden die Weite deines Landes füllen, Immanuel.]

Résumé (8,11–15) u. Abschluß (8,16–18)

[9 Tobet, ihr Völker, und erschrecket! Horchet auf, alle Fernen der Erde! Rüstet euch und erschrecket, ja rüstet euch und erschrecket! 10 Plant einen Plan – er geht in die Brüche! Beschliesst einen Beschluss – er wird nicht bestehen! Denn mit uns ist Gott.]11 Denn so sprach der Herr zu mir, als die Hand mich packte und er mich warnte, auf dem Wege dieses Volkes zu wandeln: 12 Nennet nicht alles Verschwörung, was dieses Volk Verschwörung nennt, und vor dem, was es fürchtet, fürchtet euch nicht und erschrecket nicht! 13 Den Herrn der Heerscharen, ihn haltet heilig, er sei eure Furcht und er euer Schrecken! 14 Und er wird zum Heiligtum, und zum Stein des Anstosses werden und zum Fels des Strauchelns den beiden Häusern Israels, zur Schlinge und zum Fallstrick den Bewohnern von Jerusalem. 15 Und ihrer viele werden straucheln, fallen und zerschellen, werden sich verstricken und verfangen.

16 Verwahren [will ich] die Offenbarung und versiegeln die Weisung in meinen Jüngern, 17 und harren will ich auf den Herrn, der sein Angesicht verbirgt vor dem Hause Jakobs verbirgt, und will auf ihn hoffen. 18 Siehe, ich und die Kinder, die mir der Herr gegeben hat, wir sind Zeichen und Vorbedeutungen in Israel von dem Herrn der Heerscharen, der auf dem Berge Zion wohnt.]

[] Zusätze

JESAJA 1–39
Die Weissagung des Messias

Jes9

9 1 Denn es ist nicht im Dunkel, was bedrängt ist? In der früheren Zeit hat er Schmach gebracht über das Land Sebulon und das Land Naphthali, aber in der Folgezeit wird er zu Ehren bringen den Weg nach dem Meere, das Land jenseits des Jordan, den Bezirk der Heiden [d. i. Galiläa].
2 Das Volk, das in der Finsternis wandelt, sieht ein grosses Licht; die im Lande des Dunkels wohnen, über ihnen strahlt ein Licht auf. 3 Du machst des Jubels viel, machst gross die Freude; sie freuen sich vor dir, wie man sich freut in der Ernte, wie man jubelt, wenn man die Beute teilt. 4 Denn das Joch, das auf ihm lastet, den Stab auf seiner Schulter und den Stock seines Treibers zerbrichst du wie am Tage Midians. 5 Denn jeder Schuh, der mit Gedröhn einherschreitet, und der Mantel, der im Blut geschleift ist, der wird verbrannt, ein Frass des Feuers. 6 Denn ein Kind ist uns geboren, ein Sohn ist uns gegeben, und die Herrschaft kommt auf seine Schulter, und er wird genannt: Wunderrat, starker Gott, Ewigvater, Friedefürst. 7 Gross wird die Herrschaft sein und des Friedens kein Ende auf dem Throne Davids und über seinem Königreiche, da er es festigt und stützt durch Recht und Gerechtigkeit von nun an bis in Ewigkeit. Das wird der Eifer des Herrn der Heerscharen tun.

Zählung MT, LuB:
8,23 und 9,1-6

Micha5

5 1 Nun mache dir Einschnitt! Einen Wall haben sie wider uns aufgeworfen, mit dem Stecken schlagen sie den Herrscher Israels auf die Backen. 2 Und du, Bethlehem Ephrath, du kleinster unter den Gauen Judas, aus dir soll mir hervorgehen, der Herrscher in Israel werden soll; sein Ursprung ist in der Vorzeit, in unvordenklichen Tagen. 3 Darum gibt er sie preis bis zu der Zeit, da sie, die gebären soll, geboren hat und der Rest seiner Brüder zu den Kindern Israels heimkehrt. 4 Dann tritt er auf und weidet sie in der Kraft des Herrn, in dem erhabenen Namen des Herrn, seines Gottes, und sie wohnen ruhig; denn nun wird er gross sein bis an die Enden der Erde. 5 Und das wird das Heil sein.
Dringt der Assyrer in unser Land und betritt er unsern Boden, so stellen wir ihm sieben Hirten entgegen, acht fürstliche Männer. 6 Die werden Assyrien mit dem Schwerte weiden, das Land Nimrods mit gezückter Waffe; sie werden uns vor dem Assyrer erretten, wenn er in unser Land eindringt und unser Gebiet betritt.

Zählung MT, LuB:
4,14 und 5,1-5

Jes11

11 1 Ein Reis wird hervorgehen aus dem Stumpf Isais, und ein Schoss aus seinen Wurzeln Frucht tragen. 2 Auf ihm wird ruhen der Geist des Herrn, der Geist der Weisheit und der Einsicht, der Geist des Rates und der Stärke, der Geist der Erkenntnis und der Furcht des Herrn. 3 Und sein Wohlgefallen wird er haben an der Furcht des Herrn. Er wird nicht richten nach dem, was seine Augen sehen, noch Recht sprechen nach dem, was seine Ohren hören. 4 Er wird die Armen richten mit Gerechtigkeit und den Elenden im Lande Recht sprechen mit Billigkeit; er wird den Tyrannen schlagen mit dem Stabe seines Mundes, und den Gottlosen töten mit dem Hauche seiner Lippen. 5 Gerechtigkeit wird der Gürtel seiner Lenden und Treue der Gurt seiner Hüften sein. 6 Da wird der Wolf zu Gast sein bei dem Lamme und der Panther bei dem Böcklein lagern. Kalb und Jungleu weiden beieinander, und ein kleiner Knabe leitet sie. 7 Kuh und Bärin werden sich befreunden, und ihre Jungen werden zusammen lagern; der Löwe wird Stroh fressen wie das Rind. 8 Der Säugling wird spielen an dem Loch der Otter, und nach der Höhle der Natter streckt das kleine Kind die Hand aus. 9 Nichts Böses und nichts Verderbliches wird man tun auf meinem ganzen heiligen Berge; denn voll ist das Land von Erkenntnis des Herrn wie Wasser, die das Meer bedecken. 10 An jenem Tage, da werden sich die Heiden wenden an das Wurzelschoss Isais, das als Panier der Völker dasteht, und sein Wohnsitz wird herrlich sein.

Jer23

23 1 Wehe den Hirten, welche die Schafe meiner Weide verkommen lassen und zerstreuen, spricht der Herr. 2 Darum spricht der Herr, der Gott Israels, also zu den Hirten, die mein Volk weiden: Ihr habt meine Schafe zerstreut und versprengt und nicht nach ihnen gesucht – siehe, nun suche ich an euch heim eure bösen Taten, spricht der Herr. 3 Und ich selber sammle den Rest meiner Herde aus allen Ländern, wohin ich sie verstossen habe, und führe sie wieder auf ihre Trift; da sollen sie fruchtbar sein und sich mehren. 4 Dann setze ich über sie Hirten, die sie weiden, dass sie sich nicht mehr fürchten und nicht mehr erschrecken müssen und keines von ihnen vermisst wird, spricht der Herr. 5 Siehe, es kommen Tage, spricht der Herr, da werde ich dem David einen gerechten Spross erwecken; der wird als König herrschen und weise regieren und Recht und Gerechtigkeit üben im Lande. 6 In seinen Tagen wird Juda geholfen werden, und Israel wird sicher wohnen; und das ist der Name, mit dem man ihn nennen wird: «Der Herr unser Heil». 7 Darum siehe, es kommen Tage, spricht der Herr, da wird man nicht mehr sagen: «So wahr der Herr lebt, der Israel aus dem Lande Aegypten heraufgeführt hat!» 8 sondern: «So wahr der Herr lebt, der das Geschlecht des Hauses Israel heraufgeführt und heimgebracht hat aus dem Lande des Nordens und aus allen Ländern, wohin er sie verstossen hatte!» und sie werden wieder in ihrem Lande wohnen.

Ez24

17 Und ihr, meine Schafe, so spricht Gott der Herr: Siehe, nun werde ich Recht schaffen einem Schafe gegen das andre, gegen Widder und Böcke. 18 War's euch nicht genug, dass ihr die beste Weide abweiden konntet? musstet ihr auch noch das übrige Weideland mit euren Füssen zertreten? nicht genug, dass ihr das klare Wasser trinken konntet? musstet ihr auch noch in dem, was übrigblieb, mit den Füssen herumstampfen? 19 sodass meine Schafe abweiden mussten, was eure Füsse zertreten, und trinken mussten, was eure Füsse zerstampft hatten. 20 Darum spricht Gott der Herr also: Siehe, ich selbst will Recht sprechen zwischen den fetten und den magern Schafen: 21 weil ihr die schwachen alle mit Seite und Schulter gedrängt und mit euren Hörnern gestossen habt, bis ihr sie hinausgetrieben hattet, 22 will ich nun meinen Schafen zu Hilfe kommen; sie sollen nicht mehr zum Raube werden, und ich werde Recht schaffen einem Schafe gegen das andre. 23 Ich werde über sie einen einzigen Hirten bestellen, der sie weiden soll, meinen Knecht David; der wird sie weiden, und der wird ihr Hirte sein. 24 Und ich, der Herr, werde ihr Gott sein, und mein Knecht David wird Fürst sein in ihrer Mitte. Ich, der Herr, habe es geredet. 25 Ich werde einen Friedensbund mit ihnen schliessen und alle wilden Tiere aus dem Lande vertreiben, dass sie in der Steppe sicher weilen und in den Wäldern schlafen können. 26 Ich werde ihnen Sprühregen geben zur rechten Zeit, werde den [Herbst- und Frühjahrs-]Regen zu seiner Zeit herniedersenden; Wasser des Segens werden es sein. 27 Dann werden die Bäume des Feldes ihre Früchte tragen, und das Land wird seinen Ertrag geben. Sie werden sicher sein auf ihrem Boden und werden erkennen, dass ich der Herr bin, wenn ich die Hölzer ihres Joches zerbreche und sie errette aus der Hand derer, die sie knechten. 28 Sie werden nicht mehr eine Beute der Heiden werden, und das Getier des Landes wird sie nicht mehr fressen, sondern sie werden sicher wohnen, ohne dass jemand sie aufschreckt. 29 Ich werde ihnen einen Garten des Heils einrichten, und sie werden nicht mehr vom Hunger dahingerafft werden im Lande und die Schmähung der Heiden nicht mehr zu tragen haben. 30 Dann werden sie erkennen, dass ich, der Herr, ihr Gott bin und dass sie, das Haus Israel, mein Volk sind, spricht Gott der Herr. 31 Meine Schafe, die Schafe meiner Weide seid ihr, und ich, der Herr, bin euer Gott, spricht Gott der Herr.

Sach9

9 1 Ausspruch. Das Wort des Herrn kommt über das Land Hadrach, und auf Damaskus lässt es sich nieder. Denn dem Herrn gehören die Städte Arams und alle Stämme Israels, 2 auch Hamath, das daran grenzt, und Tyrus und Sidon, sind sie doch gar weise. 3 Wohl baute sich Tyrus eine Feste und häufte Silber wie Staub und Gold wie Kot auf den Gassen. – 4 doch siehe, der Herr wird es arm machen und sein Bollwerk ins Meer stürzen, und es selbst wird vom Feuer verzehrt werden. 5 Askalon wird es schauen und schaudern, auch Gaza – und wird in Angst erbeben; auch Ekron – denn zuschanden geworden ist seine Hoffnung. Aus Gaza wird der König verschwinden, und Askalon wird unbewohnt sein. 6 In Asdod werden Mischling wohnen, und den Stolz der Philister werde ich brechen. 7 Ich entferne das Blut aus ihrem Munde und ihre Greuel von ihren Zähnen. Auch sie werden als [heiliger] Rest unserm Gott gehören; und die von Ekron als Jebusiter. 8 Ich lagere mich als Wache für mein Haus vor denen, die vorüberziehen und zurückkehren, und kein Bedränger soll mehr über sie kommen; denn jetzt habe ich's mit eignen Augen gesehen.
9 Frohlocke laut, Tochter Zion! Jauchze, Tochter Jerusalem! Siehe, dein König kommt zu dir; gerecht und siegreich ist er. Demütig ist er und reitet auf einem Esel, auf dem Füllen einer Eselin. 10 Er wird die Streitwagen ausrotten aus Ephraim und die Rosse aus Jerusalem; ausgerottet werden auch die Kriegsbogen. Er schafft den Völkern Frieden durch seinen Spruch, und seine Herrschaft reicht von Meer zu Meer, vom Euphrat bis an die Enden der Erde.

Vgl. auch TT L8.3

DEUTEROJESAJA und TRITOJESAJA
(Jes40–55 und 56–66)

1   *Deuterojesaja*

    a) *Aufbau* (vgl.auch Einf§21)

       40,1-11   Der Berufungsbericht Dtjes   PROLOG (V.6-8 Wort Gottes) ⌐

       40,12-48,22 Jahwe und die Völker (Babylon,Kyros)

       49,1-55,7   Jahwes Heil für Jerusalem

       55,8-13   unaufhaltsame Heilswirksamkeit Jahwes   EPILOG (Wort Gottes) ⌐

    b) *Gattungen*

       1a. Heilsorakel: (Namentl.Anrede "Fürchte dich nicht",perf.Heilszusage im Ich
                         Gottes,Angabe über Ziel) zB 41,8-16;43,1-7;49,14-26

       1b. Heilsankündigungen: (3.Person,keine Anrede) zB 41,17-20;42,14-17;43,16-21

       2. Diskussionsworte: zB 40,12-31;45,11-13;48,12-16

       3. Gerichtsreden: 1) gegenüber Israel 43,22-28;50,1-3; 2) gegenüber Völkern
                    und ihren Göttern 41,21-29;43,8-13;44,6-8;45,18-25

       4. Hymnen: 42,10-13;44,23;45,8;48,20f;49,3;51,3;52,9f

    c) *Kyros-Orakel* (44,24ff+)45,1-7

    d) *"Gottesknecht"-Texte* 42,1-4;49,1-6;50,4-9;52,13-53,12

    e) *Traditionen und theol.Themen Dtjes* s.Einf§21; TT L11.5; Bk§27

2   *Tritojesaja*

    Wachstumsringe des Buches (im Anschluß an Einf§21)

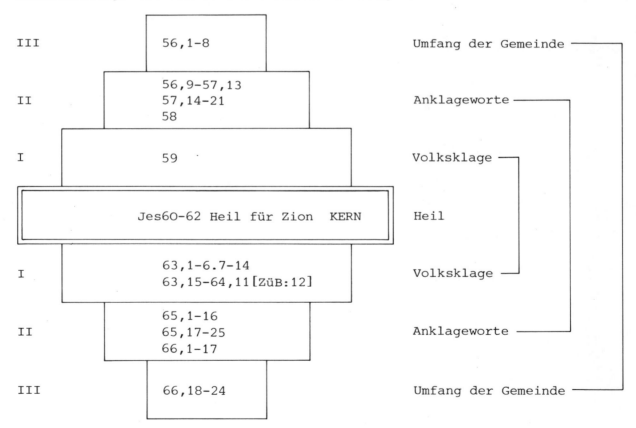

Vgl.auch TT L12.3; Bk§28

DEUTEROJESAJA
Die Völkerwallfahrt zum Zion · 1

Ps2

2 1 Warum toben die Völker
und sinnen die Nationen
vergebliche Dinge?
2 Könige der Erde stehen auf,
und Fürsten ratschlagen miteinander
wider den Herrn
und seinen Gesalbten:
3 «Lasst uns zerreissen ihre Bande
und von uns werfen ihre Fesseln!»
4 Der im Himmel thronet, lacht,
der Herr spottet ihrer.
5 Alsdann redet er sie an
in seinem Zorn,
und in seinem Grimme schreckt er sie:
6 «Habe doch ich meinen König
eingesetzt
auf Zion, meinem heiligen Berge!»
7 Kundtun will ich
den Beschluss des Herrn:
er sprach zu mir: «Mein Sohn bist du;
ich habe dich heute gezeugt.
8 Heische von mir,
so gebe ich dir Völker zum Erbe,
die Enden der Erde zum Eigentum.
9 Du magst sie zerschlagen
mit eisernem Stabe,
magst sie zerschmeissen
wie Töpfergeschirr.»
10 Nun denn, ihr Könige, werdet weise,
lasset euch warnen,
ihr Richter auf Erden!
11 Dienet dem Herrn mit Furcht,
und mit Zittern küsset seine Füsse,
12 dass er nicht zürne
und euer Weg
nicht ins Verderben führe;
denn leicht könnte sein Zorn
entbrennen.
Wohl allen, die ihm vertrauen!

Ps72,8-11.17

8 Er wird herrschen von Meer zu Meer,
vom Euphrat
bis an die Enden der Erde.
9 Vor ihm müssen sich beugen
die Widersacher
und seine Feinde den Staub lecken.
10 Die Könige von Tharsis
und den Inseln
müssen Geschenke geben,
die Könige von Saba und Seba
müssen Gaben darbringen.
11 Alle Könige müssen ihm huldigen,
alle Völker müssen ihm dienen.

17 Sein Name soll ewiglich bleiben,
soll sprossen,
solange die Sonne scheint.
Mit seinem Namen
sollen sich Segen wünschen
alle Geschlechter der Erde,
alle Völker sollen ihn
glücklich preisen.

Jes49,14-26

14 Zion sprach: «Verlassen hat mich
Gott, der Herr hat meiner vergessen.»
15 Wird auch ein Weib ihres Kindleins
vergessen, dass sie sich nicht erbarmte
über den Sohn ihres Leibes? Und ob sie
gleich seiner vergässe, so will ich doch
dein nicht vergessen. 16 Siehe, auf meine
Hände habe ich dich gezeichnet; deine
Mauern habe ich immerdar vor Augen.
17 Deine Erbauer eilen herbei – da ziehen aus von dir deine Zerstörer und
Verwüster. 18 Erhebe deine Augen ringsumher und sieh: sie alle versammeln
sich, kommen zu dir, so wahr ich lebe,
spricht der Herr; du wirst sie alle wie
einen Schmuck anlegen, wirst dich mit
ihnen gürten wie eine Braut. 19 Denn
deine Trümmer und Wüsteneien und
dein verheertes Land – ja, nun wird es
zu eng sein für die Bewohner, und deine
Verderber werden ferne sein. 20 Es werden dereinst noch zu dir sprechen die
Kinder, die dir, der Kinderlosen, geboren werden: Der Platz ist mir zu eng;
schaffe mir Raum, dass ich wohnen
kann. 21 Da wirst du bei dir denken:
Wer hat mir diese geboren? Ich bin ja
der Kinder beraubt und unfruchtbar.
Und diese, wer hat sie grossgezogen?
Siehe, ich war allein noch übrig; wo
waren denn diese? 22 So spricht Gott
der Herr: Siehe, ich winke mit der
Hand den Heiden und stecke mein Panier auf für die Völker, und sie werden deine Söhne auf den Armen bringen und deine Töchter auf den Ach-
seln herzutragen. 23 Könige werden deine
Wärter sein, und Fürstinnen deine Am-
men; sie werden mit dem Angesicht vor
dir zur Erde fallen und den Staub deiner Füsse lecken. Da wirst du erkennen, dass ich der Herr bin, dass nicht
zuschanden werden, die meiner harren.
24 Kann man einem Starken den Raub
entreissen, oder entrinnen die Gefangenen eines Gewaltigen? 25 So spricht der
Herr: Wohl werden Gefangene dem
Starken entrissen, und der Raub des
Gewaltigen entrinnt: mit deinem Geg-
ner streite ich, und deine Kinder errette ich. 26 Ich lasse deine Peiniger
ihr [eignes] Fleisch verzehren, an ihrem
Blute sich berauschen wie an Wein, damit alle Welt erkenne, dass ich, der
Herr, dein Helfer bin, und dein Erlöser der Starke Jakobs.

Jes2,2-5

2 Und es wird geschehen in den letz-
ten Tagen, da wird der Berg mit dem
Hause des Herrn festgegründet stehen
an der Spitze der Berge und die Hügel
überragen; und alle Völker werden zu
ihm hinströmen, 3 und viele Nationen
werden sich aufmachen und sprechen:
«Kommt, lasset uns hinaufziehen zum
Berge des Herrn, zu dem Hause des Gottes Jakobs, dass er uns seine Wege lehre
und wir wandeln auf seinen Pfaden;
denn von Zion wird die Weisung ausgehen, und das Wort des Herrn von Jerusalem.» 4 Und er wird Recht sprechen
zwischen den Völkern und Weisung geben vielen Nationen; und sie werden
ihre Schwerter zu Pflugscharen schmieden und ihre Spiesse zu Rebmessern.
Kein Volk wird wider das andre das
Schwert erheben, und sie werden den
Krieg nicht mehr lernen. 5 Haus Jakobs,
auf, lasset uns wandeln im Lichte des
Herrn!

Mi4,1-5

4 1 Und es wird geschehen in den letz-
ten Tagen, da wird der Berg mit
dem Hause des Herrn festgegründet
stehen an der Spitze der Berge und die
Hügel überragen; und Völker werden
zu ihm hinströmen, 2 und viele Nationen werden sich aufmachen und sprechen: «Kommt, lasset uns hinaufziehen
zum Berge des Herrn, zu dem Hause
des Gottes Jakobs, dass er uns seine
Wege lehre und wir wandeln auf seinen
Pfaden; denn von Zion wird Weisung
ausgehen, und das Wort des Herrn
von Jerusalem.» 3 Und er wird Recht
sprechen zwischen vielen Völkern und
Weisung geben starken Nationen bis
in die Ferne; und sie werden ihre
Schwerter zu Pflugscharen schmieden
und ihre Spiesse zu Rebmessern. Kein
Volk wird wider das andre das Schwert
erheben, und sie werden den Krieg
nicht mehr lernen. 4 Sie werden ein
jeder unter seinem Weinstock und unter
seinem Feigenbaum sitzen, ohne dass
einer sie aufschreckt. Denn der Mund
des Herrn der Heerscharen hat es geredet. 5 Denn alle Völker wandeln ein
jedes im Namen seines Gottes, wir aber,
wir wandeln im Namen des Herrn,
unsres Gottes, immer und ewig.

zum Vergleich mit Jes2/Mi4
Joel 3,9-21

9 Rufet dies aus unter den Völkern,
rüstet zum Kriege, erwecket die Helden; es sollen herkommen, anrücken
alle Krieger! 10 Schmiedet eure Pflugscharen zu Schwertern und eure Reb-
messer zu Spiessen! Der Schwache sage:
Ich bin ein Held. 11 Erhebt euch und
kommt, ihr Völker alle ringsum, und
versammelt euch! Dorthinab führe, o
Herr, deine Helden! 12 Die Völker mögen sich aufmachen und heranziehen in
das Tal Josaphat; denn dort will ich
zu Gerichte sitzen über alle Völker
ringsum. 13 Legt die Sichel an! denn die
Ernte ist reif. Kommt, tretet! denn die
Kelter ist voll. Die Kufen überfliessen;
denn ihrer Bosheit ist viel. 14 Scharen
an Scharen im Tal der Entscheidung;
denn nahe ist der Tag des Herrn im
Tal der Entscheidung. 15 Sonne und
Mond haben sich verfinstert, und die
Sterne haben ihren Schein verloren.
16 Donner des Gerichts   brüllt vom
Zion her, von Jerusalem lässt der Herr
seine Stimme erschallen, und Himmel
und Erde erbeben. Aber der Herr ist
eine Zuflucht seinem Volke, eine Burg
den Kindern Israels. 17 Dann werdet ihr
erkennen, dass ich, der Herr, euer Gott
bin, der ich auf Zion wohne, meinem
heiligen Berge. Und Jerusalem wird
heiliger Boden sein, und Fremde werden es nicht mehr durchziehen. 18 An
jenem Tage wird es geschehen: da trie-
fen die Berge von Wein, und die Hügel
fliessen von Milch, und alle Talrinnen
Judas strömen von Wasser. Und ein
Quell geht aus vom Hause des Herrn
und tränkt das Akazial. 19 Aegypten wird zur Wüste, Edom zur wüsten
Oede wegen des Frevels an den Kindern Judas, weil sie unschuldiges Blut
vergossen haben in ihrem Lande. 20 Juda
aber wird ewig bewohnt sein und Jerusalem für und für. 21 Und ich räche
ihr Blut, das ich nicht gerächt habe.
Und der Herr wird auf Zion wohnen.

Zählung MT,LuB:
4,9-21

DEUTEROJESAJA
Die Völkerwallfahrt zum Zion · 2

Hag2,6-9

6 Denn so spricht der Herr der Heerscharen: Nur eine kleine Weile noch, und ich erschüttere den Himmel und die Erde, das Meer und das Land, 7 und ich erschüttere alle Völker, und dann werden die Kostbarkeiten aller Völker kommen, und ich werde dieses Haus mit Pracht erfüllen, spricht der Herr der Heerscharen. 8 Mein ist das Silber, und mein ist das Gold, spricht der Herr der Heerscharen. 9 Die künftige Pracht dieses Hauses wird grösser sein als die frühere, spricht der Herr der Heerscharen, und an dieser Stätte will ich Heil geben, spricht der Herr der Heerscharen.

Jes60,1-22

60 1 Mache dich auf, werde licht! denn dein Licht kommt, und die Herrlichkeit des Herrn strahlt auf über dir. 2 Denn siehe, Finsternis bedeckt die Erde und Dunkel die Völker; doch über dir strahlt auf der Herr, und seine Herrlichkeit erscheint über dir, 3 und Völker strömen zu deinem Lichte, und Könige zu dem Glanz, der über dir aufstrahlt. 4 Hebe deine Augen auf und sich umher: alle sind sie versammelt und kommen zu dir. Deine Söhne kommen von ferne, und deine Töchter werden auf dem Armen getragen. 5 Da wirst du schauen und strahlen, dein Herz wird beben und weit werden; denn der Reichtum des Meeres wird sich dir zuwenden, und die Schätze der Völker werden zu dir kommen. 6 Die Menge der Kamele wird dich bedecken, die Dromedare von Midian und Epha; die Sabäer werden allzumal kommen und Gold und Weihrauch bringen und die Ruhmestaten des Herrn verkünden. 7 Alle Schafe von Kedar sammeln sich zu dir, die Widder von Nebajoth stehen dir zu Diensten, kommen auf meinen Altar [mir] zum Wohlgefallen; und mein Bethaus will ich verherrlichen. 8 Wer sind diese, die daherfliegen wie eine Wolke und wie Tauben nach ihren Schlägen? 9 Ja, zu mir sammeln sich die Seefahrer, die Tharsisschiffe voran, deine Söhne aus der Ferne zu bringen; ihr Gold und Silber führen sie mit für den Namen des Herrn, deines Gottes, für den Heiligen Israels, weil er dich verherrlicht. 10 Und Fremde werden deine Mauern bauen, und ihre Könige werden dir dienen; denn in meinem Zorn habe ich dich geschlagen, doch in meiner Huld mich deiner erbarmt. 11 Deine Tore werden allzeit offenstehen, werden Tag und Nacht nicht geschlossen werden, damit die Schätze der Völker zu dir eingehen unter der Führung ihrer Könige. 12 Denn das Volk und das Königreich, die dir nicht dienen wollen, werden untergehen, und ihre Länder sollen wüste werden. 13 Die Pracht des Libanon wird zu dir kommen, Zypresse, Platane und Buchsbaum zumal, dass sie die Stätte meines Heiligtums zieren, dass ich die Stätte meiner Füsse ehre. 14 Und tiefgebückt werden zu dir kommen die Söhne deiner Bedrücker, und alle, die dich geschmäht, werden dir zu Füssen fallen und dich nennen «Stadt des Herrn», «Zion des Heiligen Israels». 15 Statt dass du verlassen bist und verhasst, von niemandem besucht, will ich dich herrlich machen auf ewige Zeiten, zur Wonne für alle Geschlechter. 16 Du wirst die Milch der Völker schlürfen, an der Brust der Könige trinken. Und du wirst erkennen, dass ich, der Herr, dein Heiland bin, und dein Erlöser der Starke Jakobs. 17 Statt des Erzes bringe ich Gold, und statt des Eisens bringe ich Silber, statt des Holzes Erz und statt der Steine Eisen. Ich will den Frieden zu deiner Obrigkeit machen und die Gerechtigkeit zu deiner Regierung. 18 Man wird in deinem Lande nicht mehr hören von Gewalttat, von Sturz und Zerstörung in deinen Grenzen; deine Mauern wirst du «Heil» nennen und deine Tore «Ruhm». 19 Die Sonne wird nicht mehr dein Licht sein am Tage, und der Glanz des Mondes dir nicht mehr leuchten; sondern der Herr wird dein ewiges Licht sein und dein Gott deine Herrlichkeit. 20 Deine Sonne wird nicht mehr untergehen und dein Mond nicht schwinden; denn der Herr wird dein ewiges Licht sein, und die Tage deiner Trauer haben ein Ende. 21 Deine Bürger werden lauter Gerechte sein und auf ewig das Land besitzen, als Spross meiner Pflanzung, als Werk meiner Hände, mir zur Verherrlichung. 22 Aus dem Kleinsten wird ein Stamm und aus dem Geringsten ein starkes Volk. Ich, der Herr, habe es verheissen; zu seiner Zeit lasse ich es eilends kommen.

DEUTEROJESAJA
Kyros-Orakel/Ebed-Texte
(45,1-7;42,1-4;49,1-6;50,4-9;52,13-53,12)

45 1 So spricht der Herr zu Cyrus, seinem Gesalbten: Du, den ich bei der Rechten ergriffen, dass ich Völker vor dir niederwerfe und die Lenker von Königen entgürte, dass ich Türen vor dir auftue und dass Tore nicht geschlossen bleiben – 2 ich will vor dir herziehen und Berge eben machen, will eherne Türen zerbrechen und eiserne Riegel zerschlagen. 3 Ich will dir verborgene Schätze geben und versteckte Reichtümer, damit du erkennst, dass ich es bin, der Herr, der dich bei deinem Namen gerufen, der Gott Israels. 4 Um meines Knechtes Jakob, um Israels, meines Erwählten, willen habe ich dich bei deinem Namen gerufen, dir einen Ehrennamen gegeben, ohne dass du mich kanntest. 5 Ich bin der Herr, und keiner sonst; ausser mir ist kein Gott. Ich habe dich gegürtet, ohne dass du mich kanntest, 6 damit sie erkennen vom Aufgang der Sonne bis zum Niedergang, dass keiner ist ausser mir. Ich, der Herr, und keiner sonst, 7 der ich das Licht bilde und die Finsternis schaffe, der ich Heil wirke und Unheil schaffe, ich bin's, der Herr, der dies alles wirkt.

42 1 Siehe da mein Knecht, an dem ich festhalte, mein Erwählter, an dem meine Seele Wohlgefallen hat. Ich habe meinen Geist auf ihn gelegt, dass er das Recht unter die Völker hinaustrage. 2 Er wird nicht schreien noch rufen, noch seine Stimme hören lassen auf der Gasse. 3 Geknicktes Rohr wird er nicht zerbrechen und glimmenden Docht nicht auslöschen; in Treuen trägt er die Wahrheit hinaus. 4 Er selbst erlischt nicht und bricht nicht zusammen, bis dass er auf Erden die Wahrheit begründet und seiner Weisung die fernsten Gestade harren.

5 So spricht Gott, der Herr, der die Himmel geschaffen und ausgespannt, der die Erde befestigt samt ihrem Gespross, der der Odem gibt dem Menschengeschlecht auf ihr und Lebenshauch denen, die über sie hinwandeln. 6 Ich, der Herr, habe dich in Treuen berufen und bei der Hand gefasst, ich habe dich gebildet und dich zum Bundesmittler für das Menschengeschlecht, zum Lichte der Völker gemacht, 7 blinde Augen aufzutun, Gebundene herauszuführen aus dem Gefängnis, und die in der Finsternis sitzen, aus dem Kerker. 8 Ich bin der Herr, das ist mein Name, und ich will meine Ehre keinem andern geben, noch meinen Ruhm den Götzen. 9 Das Frühere, siehe, es ist eingetroffen, und Neues tue ich kund; noch ehe es sprosst, lasse ich es euch hören.

49 1 Höret auf mich, ihr Gestade, und merket auf, ihr Völker, von fernher! Von Geburt an hat mich der Herr berufen, meinen Namen genannt vom Mutterschoss an. 2 Er machte meinen Mund wie ein scharfes Schwert, barg mich im Schatten seiner Hand; er machte mich zum glatten Pfeil, versteckte mich in seinem Köcher 3 und sprach zu mir: Du bist mein Knecht, durch den ich mich verherrliche. 4 Ich aber sprach: Umsonst habe ich mich gemüht, um nichts und nutzlos meine Kraft verzehrt; und doch – mein Recht ist bei dem Herrn und mein Lohn bei meinem Gott. 5 Nun aber spricht der Herr, der mich von Mutterleib an zu seinem Knechte gebildet, um Jakob zu ihm zurückzubringen und Israel zu ihm zu sammeln – ja, ich bin geehrt in den Augen des Herrn, und mein Gott ward meine Stärke –, 6 er spricht: Zuwenig ist es, dass du mein Knecht sein sollst, nur um die Stämme Jakobs aufzurichten und die Geretteten Israels zurückzubringen; so will ich dich denn zum Lichte der Völker machen, dass mein Heil reiche bis an das Ende der Erde.

7 So spricht der Herr, der Erlöser Israels, sein Heiliger, zu dem, der tief verachtet, den Völkern ein Abscheu ist, zu dem Knecht der Tyrannen: Fürsten und Könige werden es sehen und sich erheben, werden sich niederwerfen um des Herrn willen, der getreu ist, um des Heiligen Israels willen, der dich erwählt hat. 8 So spricht der Herr: Zur Zeit der Huld habe ich dich erhört und am Tage des Heils dir geholfen; ich habe dich geschaffen und dich gemacht zum Bundesmittler für das Menschengeschlecht, indem ich dem Lande wieder aufhelfe und verwüstetes Erbgut wieder verteile 9 und zu den Gefangenen spreche: «Gehet heraus!» zu denen in der Finsternis: «Kommet ans Licht!» An allen Wegen werden sie weiden, auf allen kahlen Höhen ihre Weide haben. 10 Sie werden nicht hungern und nicht dürsten, Glutwind und Sonne werden sie nicht treffen; denn ihr Erbarmer wird sie führen und sie an Wasserquellen leiten. 11 Ich werde alle Berge zum Wege machen, und alle Strassen werden erhöht sein. 12 Siehe, die einen kommen von ferne, und siehe, andre von Norden und Westen und wieder andre aus dem Land der Siniter. 13 Jauchzet, ihr Himmel, und frohlocke, du Erde! Brecht aus in Jubel, ihr Berge! denn der Herr tröstet sein Volk, und seiner Elenden erbarmt er sich.

50 4 Gott der Herr hat mir eines Jüngers Zunge verliehen, dass ich den Müden durch das Wort zu erquicken wisse. Er weckt alle Morgen, weckt mir das Ohr, wie ein Jünger zu hören. 5 Gott der Herr hat mir das Ohr aufgetan, ich aber habe nicht widerstrebt, bin nicht zurückgewichen; 6 den Rücken bot ich denen, die mich schlugen, und die Wangen denen, die mich rauften; mein Angesicht verhüllte ich nicht, wenn sie mich schmähten und anspieen. 7 Aber Gott der Herr steht mir bei; darum bin ich nicht zuschanden geworden. Darum machte ich mein Angesicht kieselhart und wusste, dass ich nicht beschämt würde. 8 Er, der mir Recht schafft, ist nahe; wer will mit mir hadern? Lasset uns zusammen hintreten! Wer will mir mit mir rechten? Er komme heran! 9 Siehe, Gott der Herr steht mir bei; wer will mich verdammen? Siehe, sie alle zerfallen wie ein Gewand, die Motten werden sie fressen.

10 Wer unter euch den Herrn fürchtet, der höre die Stimme seines Knechtes; wer in der Finsternis wandelt, dass ihm kein Lichtstrahl glänzt, der vertraue auf den Namen des Herrn und stütze sich auf seinen Gott! 11 Siehe, ihr alle, die ihr Feuer anzündet und Brandpfeile entflammt, geht hin in die Flamme eures Feuers und in die Brandpfeile, die ihr entzündet habt! Solches widerfährt euch von meiner Hand; am Ort der Qual sollt ihr liegen.

52 13 Siehe, mein Knecht wird Glück haben; er wird emporsteigen, wird hochragend und erhaben sein. 14 Wie sich viele über ihn entsetzten – so entstellt, nicht mehr menschlich war sein Aussehen und seine Gestalt nicht wie die der Menschenkinder –, 15 so wird er viele Völker in Erstaunen setzen, und Könige werden vor ihm ihren Mund verschliessen. Denn was ihnen nie erzählt ward, schauen sie, und was sie nie gehört, das werden sie gewahr.

53 1 Wer hat das geglaubt, was uns verkündet ward, und der Arm des Herrn, wem ward er offenbar? 2 Er [d.i. der Knecht des Herrn] wuchs auf vor uns wie ein Schoss, wie eine Wurzel aus dürrem Erdreich; er hatte weder Gestalt noch Schönheit, dass wir nach ihm geschaut, kein Ansehen, dass er uns gefallen hätte. 3 Verachtet war er und verlassen von Menschen, ein Mann der Schmerzen und vertraut mit Krankheit, wie einer, vor dem man das Antlitz verhüllt; so verachtet, dass er uns nichts galt. 4 Doch wahrlich, unsre Krankheiten hat er getragen und unsre Schmerzen auf sich geladen; wir aber wähnten, er sei gestraft, von Gott geschlagen und geplagt. 5 Und er war doch durchbohrt um unsrer Sünden, zerschlagen um unsrer Verschuldungen willen; die Strafe lag auf ihm zu unsrem Heil, und durch seine Wunden sind wir genesen. 6 Wir irrten umher wie Schafe, wir gingen jeder seinen eignen Weg; ihn aber liess der Herr treffen unser aller Schuld. 7 Er ward misshandelt und beugte sich und tat seinen Mund nicht auf wie ein Lamm, das zur Schlachtbank geführt wird, und wie ein Schaf, das vor seinen Scherern verstummt. 8 Aus Drangsal und Gericht ward er hinweggenommen, doch sein Geschick – wen kümmert es? Denn aus dem Lande der Lebenden ward er getilgt, ob der Sünde meines Volkes zum Tode getroffen. 9 Und man gab ihm sein Grab bei den Gottlosen und bei den Uebeltätern seine Stätte, wiewohl er kein Unrecht getan und kein Trug in seinem Munde war. 10 Aber dem Herrn gefiel es, ihn mit Krankheit zu schlagen. Wenn er sein Leben zum Schuldopfer einsetzte, sollte er Nachkommen sehen und lange leben und die Sache des Herrn durch ihn glücken. 11 Um der Mühsal seiner Seele willen wird er sich satt sehen; durch seine Erkenntnis wird er, der Gerechte, mein Knecht, vielen Gerechtigkeit schaffen, und ihre Verschuldungen wird er tragen. 12 Darum soll er erben unter den Grossen, und mit Starken soll er Beute teilen, dafür dass er sein Leben in den Tod dahingab und unter die Uebeltäter gezählt ward, da er doch die Sünde der Vielen trug und für die Schuldigen eintrat.

JEREMIA
Jeremiazeit und Buchaufbau

1 Geschichtliche Vorgänge im Juda der Jeremia-Zeit

Außenpolitik	Könige von Juda		Vorgänge in Juda	
			627/626	Berufung Jeremias [Jer2-6] 1.Periode Jeremias 626-22
			622	Auffindung des Gesetzbuches
612 Fall Ninives (Ende Assur)	639-609 Josia			
	609 Joahas (Sohn Josias) (regiert 3 Monate)			[Jer*7-20] 609-598 2.Periode Jeremias (vgl.Jer26;35f)
	609-598 Jojakim (Sohn Josias) (v.Pharao Necho eingesetzt)		600	Juda babylon.Vasallenstaat Abfall von Babylon
605-562 Nebukadnezar von Babylon				
598-97 Feldzug N.s gegen Juda	Dez598-März597 Jojachin (Sohn Jojakims)		März 597	Jerusalem ergibt sich 1.Deportation nach Babylonien (auch Jojachin) [Jer21-25,14] 597-587 3.Periode Jeremias (vgl.Jer27-29;32;34;37-39)
	597-587 Zedekia (Sohn Josias, Onkel Jojachins)		590/589	Abfall von Babylon
589-87 Feldzug N.s gegen Juda			29.Juli 587	Jerusalem nach 1 1/2jähriger Belagerung eingenommen Zedekia geblendet und deportiert Stadt und Tempel verbrannt 2.Deportation nach Babylonien nach Einnahme Jerusalems 4.Periode Jeremias (vgl.Jer40-44)
	Statthalter Gedalja (in Mizpa) ermordet (Flucht der Täter mit Jeremia nach Ägypten)			

Vgl.Einf§19; TT10.2; Bk§29

2 Zum Aufbau des Jeremia-Buches (Detailaufbau s.Einf§19;Arbeitsblätter 22b)

	Jeremia LXX	Jesaja	Ezechiel	Zephanja
I Gerichtsw.gegen eigenes Volk	1-25,13	1-12	1-24	1,1-2,3
II Fremdvölkerorakel	46-51(dazu:25,15ff)	13-23(32?)	25-32	2,4-3,8
III Heilsw.für eigenes Volk	26-45(?)	24(33?)-35 (40-66)	33-48	3,9-20
Geschichtliche Anhänge	52	36-39		

JEREMIA
Detailaufbau des Buches
(nach Einf§19)

Fremdberichte   ▭ Abschnitte mit größerem dtr.Redaktionsanteil

                                 ⌐¯¬ Konfessionen

Jer1   V.1-3 *Buchüberschrift*
   1,4-19(+2,1-3?) *Die Berufung Jeremias*
        - V.4-10   zum "Völkerpropheten"
          V.11-12   Macht des Jahwewortes (Mandelzweig-Vision)
        - V.13-19(+2,1-3?) zum Propheten gegen Juda (V.13f Kessel-Vision)

I. Jer2,1(4)-25,14 *Gerichtsworte gegen das eigene Volk*

2-6 Sammlung aus der ersten Periode Jer.(626-22; Josia)
 2   Anklage wegen Naturkult, Israel untreue Braut
 3,1-4,4   Thema: Rückkehr zu Jahwe
 4,5-6,30   Der Feind aus dem Norden

7-20 Sammlung aus der zweiten Periode Jer.(609-598; Jojakim; vgl.Jer26;35f)
 7   Tempelrede (vgl.Kap26!) 7,1-8,3
 8-9   Einzelworte
[10   Götzenpolemik]
 11   Bundesworte 11,1-14   11,18-22   12,1-6
 13   Symbolhandlung: Schurz am Euphrat
 14,1-15,4   Dürre-Liturgie   15,10f.15-20
 16   Ehelosigkeit als Zeichen
 17   Sabbatheiligung   17,14-18
 18   Jeremia beim Töpfer 18,1-12   18,18-22
 19,1-20,6   Symbolhandlung:
              Flasche zerbrechen, Jer.in Block geschlossen 20,7-11.13 ?20,14-18

21-25,14 Sammlung aus der dritten Periode Jer.(597-587; Zedekia; vgl.Jer27-29;
                32; 34;37-39)
 21,11-23,8 Worte "über das Königshaus" 21,1-10
 23,9-20   Worte "über die Propheten" 22,1-5
 24   Vision von den zwei Feigenkörben 25,1-11(14)

II. Jer25,15-38 + Jer46-51 *Fremdvölkerorakel*

 25,15ff   Vision vom Taumelbecher
 46-51   gegen Ägypten, Philister, Moab, Ammon, Edom, Damaskus, Elam, Babel

III. Jer(26-28);29.30-33;(34-45;52) *Heilsworte für das eigene Volk*

Fremdberichte: *Heilsworte:*
26   Tempelrede   (29   Brief an die Verbannten)
27-29 gegen falsche Propheten   30-31 "Trostbüchlein für Ephraim"
      (K.28: Hananja!)   31,31ff: Neuer Bund
36   Die Buchrolle   32   Ackerkauf in Anatot
37-39 Belagerung und Zerstörung   33   Verschiedene Verheißungen
      Jerusalems   34,8ff (34   Beginn Belagerung Jerus.)
40-44 nach der Einnahme Jerus 35   (35   Vorbild der Rekabiter)
      (4.Periode Jer)
45   Weissagung für Baruch

JEREMIA
Beispiele für Stilebenen im Jeremiabuch

2,4–13

4 Höret das Wort des Herrn, Haus Jakob und all ihr Geschlechter des Hauses Israel! 5 So spricht der Herr: Was fanden eure Väter Unrechtes an mir, dass sie von mir wichen, dem Nichtigen [d.h. den Götzen] nachgingen und zunichte wurden 6 und nicht mehr fragten: Wo ist der Herr, der uns heraufgeführt hat aus dem Lande Aegypten, der uns geleitet hat in der Wüste, im Lande der Oede und der Schluchten, im Lande der Dürre und des Dunkels, im Land, da keiner wandert und keiner Wohnung macht? 7 Ich brachte euch ins Gartenland, seine Früchte und Güter zu geniessen. Ihr aber kamt und entweihtet mein Land; mein Eigentum machtet ihr zum Greuel. 8 Die Priester fragten nicht: «Wo ist der Herr?» Die das Gesetz handhaben, wollten von mir nichts wissen, und die Hirten wurden mir untreu; die Propheten weissagten im Namen Baals und liefen denen nach, die nicht helfen [d.h. den Götzen]. 9 Darum muss ich noch weiter mit euch rechten, spricht der Herr, muss rechten mit euren Kindeskindern. 10 Denn geht hinüber an die Gestade der Chittäer und schaut, schickt nach Kedar und merkt wohl auf! Seht, ob je dergleichen geschehen: 11 hat je ein Volk seine Götter vertauscht, die nicht einmal Götter sind? Mein Volk aber hat seinen Ruhm [d.h. Gott] vertauscht gegen das, was nicht hilft. 12 Erstarret darob, ihr Himmel, und schaudert, entsetzt euch über die Massen! spricht der Herr. 13 Denn zwiefach hat mein Volk gefrevelt: mich hat es verlassen, den Quell lebendigen Wassers, und hat sich Brunnen gegraben, rissige Brunnen, die das Wasser nicht halten.

18,18–23

18 Da sprachen sie: «Auf, lasset uns Pläne schmieden wider Jeremia! denn nie wird die Weisung dem Priester ausgehen, noch der Rat dem Weisen, noch das Wort dem Propheten. Auf, lasset uns ihn mit seinen eignen Worten schlagen und aufpassen auf alle seine Rede!» 19 Habe du auf mich acht, o Herr, und höre die Rede meiner Widersacher! 20 Soll denn Gutes mit Bösem vergolten werden? Haben sie doch meinem Leben eine Grube gegraben. Sei eingedenk, wie ich vor dir gestanden habe, ihnen zum besten zu reden, um deinen Zorn von ihnen zu wenden. 21 So gib nun ihre Kinder dem Hunger preis und überliefere sie in des Schwertes Gewalt! Ihre Frauen sollen der Kinder beraubt, sollen Witwen werden! ihre Männer töte die Pest, ihre Jünglinge würge das Schwert in der Schlacht! 22 Wehruf erschalle aus ihren Häusern, wenn du plötzlich die Raubschar über sie kommen lässt! Denn sie haben eine Grube gegraben, mich zu fangen, und Schlingen gelegt für meine Füsse. 23 Du aber, Herr, du weisst, was sie planen, um mich zu töten. Verzeihe ihnen ihre Missetat nicht, und ihre Sünde lösche nicht aus vor deinen Augen! Sie sollen ein Anstoss bleiben vor dir; zur Zeit deines Zornes tue es ihnen an!

38,7–13

7 Als aber der Aethiopier Ebedmelech, ein Kämmerer, der im Königspalaste war, vernahm, dass sie Jeremia in die Zisterne geworfen hätten – der König aber sass gerade im Benjamintor –, 8 da ging er aus dem Palast hinaus und sprach zum König: 9 Mein Herr und König, diese Männer haben übel gehandelt in allem, was sie dem Propheten Jeremia angetan; sie haben ihn in die Zisterne geworfen, damit er an Ort und Stelle vor Hunger sterbe. Es ist ja kein Brot mehr in der Stadt. 10 Da gebot der König dem Aethiopier Ebedmelech: Nimm von hier drei Männer mit dir und ziehe den Propheten Jeremia aus der Zisterne herauf, bevor er stirbt. 11 Und Ebedmelech nahm die Männer mit sich und ging in den Palast, in den Raum unter der Vorratskammer, holte dort Lappen von abgetragenem und zerschlissenem Zeug und liess sie an Seilen zu Jeremia in die Zisterne hinunter. 12 Und der Aethiopier Ebedmelech sagte zu Jeremia: Lege das abgetragene und zerschlissene Zeug zwischen deine Achselhöhlen und die Seile. Jeremia tat das; 13 dann zogen sie ihn an den Seilen aus der Zisterne herauf, und Jeremia blieb im Wachthof.

7,22–28a

[21 So spricht der Herr der Heerscharen, der Gott Israels: Häuft nur eure Brandopfer zu euren Schlachtopfern und esset Fleisch!] 22 Denn ich habe euren Vätern, als ich sie aus dem Lande Aegypten herausführte, nichts von Brandopfern und Schlachtopfern gesagt noch geboten, 23 sondern dieses Gebot habe ich ihnen gegeben: Höret auf meine Stimme, so will ich euer Gott sein, und ihr sollt mein Volk sein, und wandelt ganz auf dem Wege, den ich euch gebiete, damit es euch wohl ergehe. 24 Aber sie gehorchten nicht, schenkten mir kein Gehör, sondern wandelten nach den Ratschlägen ihres bösen Herzens, wandten mir den Rücken zu und nicht das Antlitz. 25 «Von dem Tage an, da eure Väter auszogen aus dem Lande Aegypten, bis auf den heutigen Tag sandte ich zu euch all meine Knechte, die Propheten, Tag für Tag, früh und spät.» 26 Aber sie gehorchten mir nicht, schenkten mir kein Gehör, sondern waren halsstarrig, trieben es ärger als ihre Väter. 27 Du wirst jetzt alle diese Worte zu ihnen reden, aber sie werden nicht auf dich hören; du wirst ihnen rufen, aber sie werden dir nicht antworten. 28 Darum sollst du zu ihnen sagen: Das ist das Volk, das nicht hören wollte auf die Stimme des Herrn, seines Gottes, das keine Zurechtweisung annahm. [Dahin ist die Wahrhaftigkeit, entschwunden ist sie aus ihrem Munde.]

JEREMIA
Der Berufungsbericht Jer 1,4–10 und seine Paralleltexte
Vgl. Wahrnehmungen, 149–170, ZNW 1976, 20–26

Jes 40,1–11

40 1 Tröstet, tröstet mein Volk! spricht euer Gott. 2 Redet Jerusalem zu Herzen und rufet ihr zu, dass ihr Frondienst vollendet, dass ihre Schuld bezahlt ist; denn sie hat von der Hand des Herrn Zwiefältiges empfangen um all ihrer Sünden willen. 3 Horch, es ruft: In der Wüste bahnet den Weg des Herrn; machet in der Steppe eine gerade Strasse unserm Gott! 4 Jedes Tal soll sich heben, und jeder Berg und Hügel soll sich senken, und das Höckerige soll zur Ebene werden und alles Fleisch es sehe zumal; denn der Mund des Herrn hat es geredet.

6 Horch, »Was soll ich rufen? Alles Fleisch ist ja Gras und all seine Pracht wie die Blume des Feldes. 7 Das Gras verdorrt, die Blume welkt, wenn der Hauch des Herrn darüber weht.» – «Ja, Gras ist das Volk. 8 Das Gras verdorrt, die Blume welkt; aber das Wort unsres Gottes bleibt in Ewigkeit.»

9 Auf hohen Berg steige, du Freudenbotin Zion! Erhebe mit Macht deine Stimme, du Freudenbotin Jerusalem! Erhebe sie ohne Furcht! Sprich zu den Städten Judas: Siehe da, euer Gott! 10 Siehe da, Gott der Herr, er zieht einher in Kraft, und sein Arm schafft ihm den Sieg. Siehe, die er gewonnen, kommen mit ihm; die er sich erworben, gehen vor ihm her. 11 Er weidet seine Herde wie ein Hirte, sammelt sie mit seinem Arm; die Lämmer trägt er an seinem Busen, die Mutterschafe leitet er sanft.

vgl. Ez 1–3

So spricht der Herr: Ich gedenke dir's, wie du mir hold warst in deiner Jugend, wie du mich liebtest in der Brautzeit, wie du mir folgtest in der Wüste, im saatlosen Lande. 3 Heilig war Israel dem Herrn wie ein Erstling der Ernte: wer von dem isst, muss es büssen, Unheil kommt über ihn, spricht der Herr.

Jer 1,4–10 (11–2,3)

4 Und es erging an mich das Wort des Herrn: 5 Noch ehe ich dich bildete im Mutterleibe, habe ich dich erwählt, ehe du aus dem Schosse hervorgingst, habe ich dich geweiht: zum Propheten für die Völker habe ich dich bestimmt. 6 Da sprach ich: Ach, Herr, mein Gott, ich verstehe ja nicht zu reden; ich bin noch zu jung. 7 Aber der Herr antwortete mir: Sage nicht: «Ich bin noch zu jung», sondern zu allen, zu denen ich dich sende, wirst du gehen, und alles, was ich dir gebiete, wirst du reden. 8 Fürchte dich nicht vor ihnen; denn ich bin mit dir, dich zu erretten, spricht der Herr. 9 Und der Herr streckte seine Hand aus und berührte meinen Mund. Und er sprach zu mir: Damit lege ich meine Worte in deinen Mund. 10 Siehe, ich setze dich heute über die Völker und über die Königreiche, auszureissen und niederzureissen, zu verderben und zu zerstören, zu pflanzen und aufzubauen.

11 Und es erging an mich das Wort des Herrn: Jeremia, was siehst du? Ich sprach: Einen Mandelzweig sehe ich. 12 Da sprach der Herr zu mir: Du hast recht gesehen; denn ich wache über meinem Worte, es zu vollstrecken. 13 Und das Wort des Herrn erging an mich zum zweiten Male: Was siehst du? Ich sprach: Ich sehe einen siedenden Kessel; er erscheint von Norden her. 14 Da sprach der Herr zu mir: Von Norden her kommt siedend das Unheil über alle Bewohner des Landes. 15 Denn siehe, ich rufe alle Königreiche von Norden, spricht der Herr; und sie werden kommen und ein jedes seinen Thron stellen an den Eingang der Tore Jerusalems ringsum und wider alle Städte Judas. 16 Dann werde ich über sie [d.h. die Judäer] mein Urteil sprechen wegen all ihrer Bosheit, dass sie mich verlassen und andern Göttern geopfert und die Machwerke ihrer Hände angebetet haben. 17 Du aber gürte deine Lenden, mache dich auf und rede zu ihnen alles, was ich dir gebiete. Erschrick nicht vor ihnen, dass ich dich nicht vor ihnen erschrecken mache! 18 Ich selbst, ich mache dich heute zur festen Burg, zur eisernen Säule und zur ehernen Mauer wider das ganze Land, wider die Könige Judas und seine Fürsten, wider die Priester und das Volk des Landes. 19 Sie werden wider dich streiten, dich aber nicht überwältigen; denn ich bin mit dir, spricht der Herr, dich zu erretten.

2 1 Und es erging an mich das Wort des Herrn: 2 Gehe hin und predige vor den Ohren Jerusalems und sprich:

Ri 6,11–17 (24)

11 Einst kam der Engel des Herrn und setzte sich unter die Terebinthe des Abiesriters Joas zu Ophra, während dessen Sohn Gideon in der Kelter Weizen ausklopfte, um ihn vor den Midianitern in Sicherheit zu bringen. 12 Da erschien ihm der Engel des Herrn und sprach zu ihm: Der Herr ist mit dir, du starker Held! 13 Gideon aber sprach zu ihm: Ach, mein Herr! Ist der Herr mit uns, warum ist uns dann all das widerfahren? Und wo sind alle seine Wunder, von denen uns unsre Väter erzählten, indem sie sprachen: «Der Herr hat uns doch aus Aegypten heraufgeführt?» Nun aber hat uns der Herr verstossen und in die Hand der Midianiter gegeben. 14 Da wandte sich der Herr zu ihm und sprach: Gehe hin in dieser deiner Kraft, und du wirst Israel aus der Hand der Midianiter erretten. Fürwahr, ich sende dich. 15 Er aber sprach zu ihm: Ach, mein Herr, womit soll ich Israel erretten? Sieh, mein Geschlecht ist ja das geringste in Manasse, und ich bin der Jüngste in meines Vaters Hause. 16 Da sprach der Herr zu ihm: Wenn ich mit dir bin, wirst du die Midianiter schlagen wie einen Mann. 17 Er aber sprach zu ihm: Habe ich Gnade vor dir gefunden, so gib mir ein Zeichen, dass du es bist, der mit mir redet. 18 Geh doch nicht von dannen, bis ich wieder zu dir komme und meine Gabe herausbringe und sie vor dir niederlege. Er sprach: Ich will bleiben, bis du wiederkommst. 19 Und Gideon ging hinein und rüstete ein Ziegenböcklein zu und ungesäuerte Brot von einem Epha Mehl; das Fleisch legte er in einen Korb, und die Brühe tat er in einen Topf und trug es zu ihm hinaus unter die Terebinthe. Und als er herzutrat, 20 sprach der Engel Gottes zu ihm: Nimm das Fleisch und das ungesäuerte Brot und lege es hier auf diesen Felsen und giesse die Brühe darüber. Und er tat es. 21 Nun streckte der Engel des Herrn den Stab aus, den er in der Hand hatte, und berührte mit der Spitze das Fleisch und das ungesäuerte Brot. Da schlug Feuer aus dem Felsen und verzehrte das Fleisch und das ungesäuerte Brot. Der Engel des Herrn aber war seinen Augen entschwunden. 22 Als Gideon sah, dass es der Engel des Herrn war, sprach er: Wehe, Herr, mein Gott, dass ich den Engel des Herrn von Angesicht zu Angesicht geschaut habe! 23 Aber der Herr sprach zu ihm: Heil dir! Fürchte dich nicht, du wirst nicht sterben. 24 Da baute Gideon dort dem Herrn einen Altar und nannte ihn «der Herr ist Heil». Der steht bis auf den heutigen Tag im abiesritischen Ophra.

vgl. dazu weiter: Ex 4,1–23

eine Schicht in Ex 3,1–22

3 1 Mose aber hütete die Schafe seines Schwiegervaters Jethro, des Priesters der Midianiter. Einst trieb er die Schafe über die Steppe hinaus und kam an den Gottesberg, den Horeb. 2 Und der Engel des Herrn erschien ihm in einer Feuerflamme, die aus dem Dornbusch hervorschlug. Und als er hinsah, siehe, da brannte der Busch im Feuer, aber der Busch ward nicht verzehrt. 3 Da dachte Mose: Ich will doch hinübergehen und diese wunderbare Erscheinung ansehen, warum der Dornbusch nicht verbrennt. 4 Und der Herr sah, dass er herüberkam, um nachzusehen. Und Gott rief ihm aus dem Dornbusch zu: Mose! Mose! Er antwortete: Hier bin ich. 5 Da sprach er: Tritt nicht heran! Ziehe die Schuhe von den Füssen; denn die Stätte, darauf du stehst, ist heiliges Land. 6 Dann sprach er: Ich bin der Gott deines Vaters, der Gott Abrahams, der Gott Isaaks und der Gott Jakobs. Da verhüllte Mose sein Antlitz; denn er fürchtete sich, Gott anzuschauen. 7 Und der Herr sprach: Ich habe das Elend meines Volkes in Aegypten wohl gesehen, und ihr Schreien über ihre Treiber habe ich gehört; ja ich kenne ihre Leiden. 8 Darum bin ich herniedergestiegen, sie aus der Gewalt der Aegypter zu erretten und sie aus jenem Land hinaufzuführen in ein schönes, weites Land, in ein Land, wo Milch und Honig fliesst, in das Gebiet der Kanaaniter, Hethiter, Amoriter, Pheresiter, Hewiter und Jebusiter. 9 Nun ist das Schreien der Israeliten zu mir gedrungen, ich habe auch gesehen, wie hart die Aegypter sie bedrücken. 10 Wohlan, so will ich dich denn zum Pharao senden, dass du mein Volk, die Israeliten, aus Aegypten führest. 11 Mose aber sprach zu Gott: Wer bin ich, dass ich zum Pharao gehen und die Israeliten aus Aegypten führen sollte? 12 Er sprach: Ich werde mit dir sein; und dies sei dir das Zeichen, dass ich es bin, der dich gesandt hat: wenn du das Volk aus Aegypten führst, werdet ihr an diesem Berge Gott verehren. 13 Da sprach Mose zu Gott: Siehe, wenn ich nun zu den Israeliten komme und ihnen sage: «Der Gott eurer Väter hat mich zu euch gesandt», und wenn sie mich fragen: «Welches ist sein Name?» – was soll ich ihnen dann antworten? 14 Gott sprach zu Mose: «Ich bin, der ich bin.» Und er fuhr fort: So sollst du zu den Israeliten sagen: Der «Ich bin» hat mich zu euch gesandt. 15 Und Gott sprach weiter zu Mose: So sollst du zu den Israeliten sagen: «Jahwe, der Gott eurer Väter, der Gott Abrahams, der Gott Isaaks und der Gott Jakobs, hat mich zu euch gesandt.» Das ist mein Name ewiglich, und so will ich angerufen sein von Geschlecht zu Geschlecht. 16 Gehe hin und versammle die Aeltesten Israels und sprich zu ihnen: Jahwe, der Gott eurer Väter, der Gott Abrahams, Isaaks und Jakobs, ist mir erschienen und hat gesagt: «Ich habe achtgehabt auf euch und auf das, was euch in Aegypten widerfahren ist. 17 Da beschloss ich, euch aus dem Elend in Aegypten heraufzuführen in das Land der Kanaaniter, Hethiter, Amoriter, Pheresiter, Hewiter und Jebusiter, in ein Land, wo Milch und Honig fliesst.» 18 Und sie werden auf dich hören; du aber sollst mit den Aeltesten Israels zum König von Aegypten hineingehen, und ihr sollt zu ihm sagen: «Der Herr, der Gott der Hebräer, ist uns begegnet. So lass uns nun drei Tagereisen weit in die Wüste ziehen, dass wir dem Herrn, unserm Gotte, opfern.» 19 Aber ich weiss, dass euch der König von Aegypten nicht wird ziehen lassen, es sei denn durch eine starke Hand. 20 Darum werde ich meine Hand ausstrecken und Aegypten mit all meinen Wundertaten schlagen, die ich darin tun werde; darnach wird er euch ziehen lassen. 21 Und ich werde diesem Volke bei den Aegyptern Gunst verschaffen, sodass ihr, wenn ihr auszieht, nicht mit leeren Händen auszieht, 22 sondern jedes Weib soll sich von ihrer Nachbarin und Hausgenossin silberne und goldene Schmucksachen und Kleider erbitten, die sollt ihr euren Söhnen und Töchtern anlegen und so die Aegypter berauben.

vgl. auch: 1Sam 9,1–10,16!

JEREMIA
Die «Konfessionen Jeremias» in der Abfolge des Jeremiabuches

11,18-22 (23)

18 Der Herr hat es mir kundgetan, und so erkannte ich es; da durchschaute ich ihr Treiben. 19 Ich aber war wie ein zahmes Lamm, das zur Schlachtbank geführt wird; ich ahnte nichts. Sie schmiedeten Pläne wider mich: «Lasst uns den Baum verderben in seiner Blüte, ihn ausrotten aus dem Lande der Lebenden, und seines Namens werde nicht mehr gedacht!» 20 Aber der Herr der Heerscharen richtet gerecht, er prüft Nieren und Herz. Noch werde ich deine Rache an ihnen schauen; denn dir habe ich meine Sache anheimgestellt. 21 Ueber die Männer von Anathoth, die mir nach dem Leben trachten und sprachen: «Du darfst nicht mehr weissagen im Namen des Herrn, sonst stirbst du durch unsre Hand!» spricht darum der Herr also: 22 Siehe, ich suche es heim an ihnen: die jungen Männer sollen durchs Schwert sterben, ihre Söhne und Töchter vor Hunger; [23 kein Ueberrest soll ihnen verbleiben. Denn ich bringe Unheil über die Männer von Anathoth im Jahr ihrer Heimsuchung.]

12,1-6

12 1 O Herr, du bleibst ja im Recht, wenn ich wider dich hadre, und doch muss ich mit dir rechten: warum geht es den Gottlosen so gut und leben so sicher alle, die treulos handeln? 2 Du hast sie gepflanzt, sie haben auch Wurzel geschlagen; sie wachsen und bringen auch Frucht. Du bist wohl nahe in ihrem Munde, doch fern ihrem Herzen. 3 Du aber, o Herr, kennst mich, du prüfst, wie mein Herz zu dir steht. Reisse sie heraus wie Schafe zur Schlachtbank und weihe sie für den Tag des Würgens. 4 Wie lange noch soll trauern das Land und das Grün auf dem ganzen Felde verdorren? Um der Bosheit seiner Bewohner willen ist Vieh und Vogel dahingerafft; denn sie denken: Er sieht unsre Pfade nicht. 5 «Wenn du mit Fussgängern gelaufen bist, und sie haben dich müde gemacht, wie willst du mit Rossen wettlaufen? Und fühlst du dich in friedlichem Lande nicht sicher, wie willst du es machen im Hochwuchs des Jordan? 6 Selbst deine Brüder, das Haus deines Vaters, auch sie sind falsch gegen dich; auch sie rufen dir laut nach. Traue ihnen nicht, auch wenn sie schon freundlich mit dir reden.»

15,10-11 (12-14) .15-20 (21)

10 Wehe mir, Mutter, dass du mich geboren! einen Mann des Haders und Streites für alle Welt! Ich bin nicht Gläubiger und nicht Schuldner, und doch verfluchen mich alle. 11 Der Herr sprach: Wahrlich, ich erlöse dich, dass es dir wohl ergehe. Wahrlich, ich stehe dir bei zur Zeit des Unheils und zur Zeit der Not; du bist mein Freund. [12 Kann man Eisen zerbrechen, Eisen vom Norden und Erz?

13 «Deine Reichtümer und deine Schätze will ich zum Raube geben ohne Entgelt, um all deiner Sünden willen in all deinen Grenzen. 14 Und ich mache dich deinen Feinden dienstbar in einem Lande, das du nicht kennst. Denn ein Feuer lodert auf in meinem Zorn, wider euch wird es entzündet.»]

15 Du weisst es, Herr, gedenke meiner und achte auf mich! Räche mich an denen, die mich verfolgen! Uebe nicht Langmut, raffe sie hin! Bedenke: um deinetwillen erdulde ich Schmach. 16 Stellte dein Wort sich ein, so verschlang ich's; dein Wort ward mir zur Wonne und zur Freude meines Herzens. Denn dein Name ward mir genannt, Herr, Gott der Heerscharen. 17 Nie sass ich fröhlich im Kreise der Scherzenden; von deiner Hand gebeugt sass ich einsam; denn mit Grimm hast du mich erfüllt. 18 Warum ward mein Schmerz denn ewig, ward meine Wunde unheilbar und will nicht gesunden? Wie ein Trugbach wardst du mir, wie ein Wasser, auf das kein Verlass ist! 19 Darum sprach der Herr also: Wenn du umkehrst, darfst du wieder vor mir stehen, und redest du Edles, nicht Gemeines, so darfst du mein Mund sein. Sie sollen sich zu dir hinwenden; du aber wende dich ihnen nicht zu. 20 Ich mache dich für dieses Volk zur festen, ehernen Mauer, und sie werden wider dich streiten, dich aber nicht überwältigen; denn ich bin mit dir, dir zu helfen, dich zu retten, spricht der Herr. [21 Ich rette dich aus der Hand der Bösen, erlöse dich aus der Faust der Tyrannen.]

17,(12-13).14-18

[12 Ein Thron der Herrlichkeit, erhaben von Anbeginn, ist unsres Heiligtums Stätte! 13 Du Hoffnung Israels, Herr! die dich verlassen, werden alle zuschanden, die Abtrünnigen im Lande werden beschämt; denn sie haben den Quell des Lebens verlassen.] 14 O Herr, heile mich, so werde ich heil, hilf mir, so ist mir geholfen; denn du bist meine Hoffnung, o Herr! 15 Siehe, sie sprechen zu mir: Wo bleibt denn das Wort des Herrn? Es möge doch kommen! 16 Ich aber habe dich nie gedrängt wegen des Unheils, nie herbeigesehnt den Unglückstag, du weisst es; was von meinen Lippen gekommen, offen liegt es vor deinen Augen. 17 Werde mir nicht zum Entsetzen, du meine Zuflucht am Tage des Unheils! 18 Meine Verfolger sollen zuschanden werden, ich aber nicht; sie sollen sich entsetzen, ich aber nicht! Bringe über sie den Tag des Unheils, zwiefach zerschmettere sie!

18,18-22 (23)

18 Da sprachen sie: «Auf, lasset uns Pläne schmieden wider Jeremia! denn nie wird die Weisung dem Priester ausgehen, noch der Rat dem Weisen, noch das Wort dem Propheten. Auf, lasset uns ihn mit seinen eignen Worten schlagen und aufpassen auf alle seine Rede!» 19 Habe du auf mich acht, o Herr, und höre die Rede meiner Widersacher! 20 Soll denn Gutes mit Bösem vergolten werden? Haben sie doch meinem Leben eine Grube gegraben. Sei eingedenk, wie ich vor dir gestanden habe, zum besten zu reden, um deinen Zorn von ihnen zu wenden. 21 So gib nun ihre Kinder dem Hunger preis und überliefere sie in des Schwertes Gewalt! Ihre Frauen sollen der Kinder beraubt, sollen Witwen werden! ihre Männer töte die Pest, ihre Jünglinge würge das Schwert in der Schlacht! 22 Wehruf erschalle aus ihren Häusern, wenn du plötzlich die Raubschar über sie kommen lässt! Denn sie haben eine Grube gegraben, mich zu fangen, und Schlingen gelegt für meine Füsse. [23 Du aber, Herr, du weisst, was sie planen, um mich zu töten. Verzeihe ihnen ihre Missetat nicht, und ihre Sünde lösche nicht aus vor deinen Augen! Sie sollen ein Anstoss bleiben vor dir; zur Zeit deines Zornes tue es ihnen an!]

20,7-11 (12) .13

7 Du hast mich betört, o Herr, und ich habe mich betören lassen; du bist mir Gewalt über mich gekommen und hast obgesiegt. Ich bin zum Gelächter geworden den ganzen Tag, jeder spottet meiner. 8 Sooft ich rede, muss ich aufschreien; «Unrecht! Gewalttat!» muss ich rufen. Denn das Wort des Herrn ist mir zur Schmach und zum Hohn geworden den ganzen Tag. 9 Sage ich mir aber: «Ich will seiner nicht mehr gedenken, will nicht mehr reden in seinem Namen», dann wird es in meinem Herzen wie brennendes Feuer, verhalten in meinem Gebein. Ich mühe mich ab, es zu tragen, und vermag es nicht. 10 Viele schon höre ich zischeln - welch ein Grauen ringsum! -: «Zeiget ihn an!» - «So wollen wir ihn anzeigen! Ihr seiner Vertrauten alle, belauert ihn! Vielleicht lässt er sich betören, dass wir seiner Herr werden und uns an ihm rächen.» 11 Aber der Herr ist mit mir wie ein furchtbarer Held; darum werden meine Verfolger zu Falle kommen und nichts vermögen. Sie werden sehr zuschanden, weil es ihnen nicht glückt, in ewiger, unvergesslicher Schmach. [12 Der Herr der Heerscharen prüft den Gerechten, er sieht Nieren und Herz. Noch werde ich deine Rache an ihnen sehen; denn dir habe ich meine Sache anheimgestellt.] 13 Singet dem Herrn, lobpreist den Herrn! denn er hat das Leben des Armen aus der Hand der Uebeltäter errettet.

---

unsicher, ob zu den Konfessionen gehörig:

20,14-18

14 Verflucht der Tag, an dem ich geboren! der Tag, da mich meine Mutter gebar, er sei nicht gesegnet! 15 Verflucht der Mann, der meinem Vater die Botschaft brachte: «Dir ist ein Knabe geboren!» und ihn hoch erfreute! 16 Jenem Tage ergehe es wie den Städten, die der Herr zerstört hat ohne Erbarmen! Er höre Wehegeschrei am Morgen und Kriegslärm zur Mittagszeit! 17 weil er mich nicht gemordet im Mutterleibe, sodass die Mutter mir zum Grabe geworden und ihr Schoss ewig schwanger geblieben wäre. 18 Warum nur kam ich aus Mutterschoss, dass ich Mühsal und Herzeleid schaute, dass meine Tage in Schande vergingen?

[] Zusätze

EZECHIEL
Anlage

1   *Hauptteile des Buches* s.Arbeitsblätter 22a

2   *Detailaufriß* s.Einf§20; TT L10.3; Bk§31

3   *Der Aufbau* des Buches (im Anschluß an W.Zimmerli,Ezechiel,BkXIII,Neukirchen-Vluyn [2]1979):

         ☐ Vorgriffe auf III in I sowie Einschübe

I.Ez1-24   *Gerichtsworte gegen das eigene Volk*

5. 4.V	1,1-3,15	ThronwagenVISION mit Berufg.Ez' z.Gerichtspr. 3,16-21 z.Wächter
	3,22-5,17	*Symbolhandlungen* zu Belagerung Jerus. u.Exil
	6	Gericht über Berge Israels
	7	Das nahe Ende
5. 6.VI	8-11	VISION v.Jerus. u.Auszug Gottes(Kabod) aus Tempel 11,14-21 Heil
	12	*Symbolhandlungen* zu Exilierung u.Landverödung
	13f ·	gegen falsche Propheten
	15	Bildrede: Jerusalem als unnützes Rebholz
	16	Bildrede: Jerusalem als untreue Frau 16,53-63 Heil
	17	Bildrede: letzte Könige als Zedernwipfel und 17,22-24 Heil
		Weinstock
	18	individuelle Verantwortung, Freiheit zur Umkehr
	19	Bildrede: Löwin [Weinstock] - letzte Könige [Zedekia]
10. 5.VII	20	Geschichtsrückblick auf Sünde Israels 20,32-44 Heil
	21	Jahwes Schwert (V.23ff: *Symbolhandlung*)
	22	Gerichtsankündigungen
	23	Bildrede: Samaria u.Jerus. als untreue Schwestern
(10.10.IX)	24	Belagerung Jerus. begonnen, Fall nahe; Bildrede: Kessel
	24,15-27	Gerichtseintritt soll nach Bab. gemeldet werden (Forts.33,21!)

Kern:Ez'Wirken als Gerichtsprophet 593-587v.

II.Ez25-32   *Fremdvölkerorakel*

	25	gegen Ammon, Moab, Edom, Philister
1. ? XI	26-28	gegen Tyrus u.Sidon 27 Bildrede: Prachtsschiff
12.10.X	29,1ff	Bildrede: Krokodil
1. 1.XXVII	29,17ff	
7. 1.XI	30,1ff.20ff	gegen Ägypten
1. 3.XI	31,1ff	Bildrede: Weltenbaum
1.12.XI	32,1-16	Bildrede: Krokodil
15. ? XII	32,17-32	

III.Ez33-48   *Heilsworte für das eigene Volk*

5.10.XI	33,1-20	Beauftragung Ez' zum Wächter
	33,21f	Eintreffen der Meldung *WENDE!*
	33,23-33	gegen falsche Sicherheit
	34-37	Heilsankündigungen
	34	Jahwe als Hirt
	35	gegen Bergland Seir
	36	Heil über Berge Israels
	37	VISION vom neuen Leben für Volk
	37,15ff	*Symbolhandlung* z.Vereinigung der Reiche
	38-39	Sieg über endzeitl. Feindansturm
10. 1.XXV	40-48	VISION vom Heilszustand mit Rückkehr Gottes in Tempel

Kern:Ez'Wirken als Heilsprophet seit 587v.

Innerhalb I,II,III: VISIONEN,*Symbolhandlungen*,Bildreden

EZECHIEL
Prophetische Symbolhandlungen in Ezechiel und Paralleltexte

1Kön11,29-40

29 Es begab sich aber zu jener Zeit, als Jerobeam einst aus Jerusalem wegging, da begegnete ihm unterwegs der Prophet Ahia von Silo, mit einem neuen Mantel angetan; und die beiden waren allein auf dem Felde. 30 Und Ahia fasste den neuen Mantel, den er anhatte, zerriss ihn in zwölf Stücke 31 und sprach zu Jerobeam: Nimm dir zehn Stücke; denn so spricht der Herr, der Gott Israels: Siehe, ich will das Reich aus der Hand Salomos reissen und will dir die zehn Stämme geben – 32 aber den einen Stamm soll er behalten, um meines Knechtes David und um Jerusalems willen, der Stadt, die ich aus allen Stämmen Israels erwählt habe – 33 darum, weil er mich verlassen und Astarte, die Göttin der Sidonier, Kamos, den Gott der Moabiter, und Milkom, den Gott der Ammoniter, angebetet hat, weil er nicht wie sein Vater David in meinen Wegen gewandelt ist, noch getan hat nach meinem Wohlgefallen, nach meinen Satzungen und Rechten. 34 Doch nicht ihm will ich das Reich wegnehmen, sondern ich will ihn als Fürsten belassen, solange er lebt, um meines Knechtes David willen, den ich erwählt habe, der meine Gebote und Satzungen gehalten hat. 35 Seinem Sohne aber will ich das Reich nehmen und es dir geben, die zehn Stämme. 36 Und seinem Sohne will ich einen einzigen Stamm geben, dass meinem Knechte David immerdar eine Leuchte vor mir bleibe in Jerusalem, der Stadt, die ich mir erwählt habe, dass ich daselbst meinen Namen wohnen lasse. 37 Dich aber will ich nehmen, dass du herrschest über alles, was dein Herz begehrt, und König werdest über Israel. 38 Wirst du nun auf alles hören, was ich dir gebiete, und in meinen Wegen wandeln und tun, was recht ist in meinen Augen, indem du meine Satzungen und Gebote hältst, wie mein Knecht David es getan, so will ich mit dir sein und dir ein dauerndes Haus bauen, wie ich es David gebaut habe, und will dir Israel geben; 39 das Geschlecht Davids aber will ich demütigen um deswillen, doch nicht für immer. 40 Und Salomo trachtete darnach, Jerobeam zu töten; da machte sich Jerobeam auf und floh nach Aegypten zu Sisak, dem König von Aegypten, und er blieb in Aegypten, bis Salomo starb.

Jes20,1-6

20 1 Im Jahre, als der Tharthan im Auftrag Sargons, des Königs von Assyrien, nach Asdod kam und die Stadt belagerte und einnahm – 2 zu jener Zeit hatte der Herr durch Jesaja, den Sohn des Amoz, also geredet: Geh und löse das härene Gewand von deinen Hüften und ziehe die Schuhe aus von deinen Füssen! Und er tat es, ging nackt und barfuss –, 3 da sprach der Herr: Gleichwie mein Knecht Jesaja nackt und barfuss gegangen ist drei Jahre lang, als Zeichen und Vorbedeutung wider Aegypten und Aethiopien, 4 so wird der König von Assyrien die gefangenen Aethiopier forttreiben, Junge und Alte, nackt und barfuss und mit entblösstem Gesäss. 5 Da werden sie erschrecken und beschämt sein wegen Aethiopiens, nach dem sie ausschauen, und wegen Aegyptens, mit dem sie prahlten. 6 Und die Bewohner dieser Wüste werden an jenem Tage sprechen: Siehe, so steht es um die, nach denen wir ausschauten, zu denen wir geflohen sind um Hilfe, uns vor dem König von Assyrien zu retten. Wie sollten wir da entrinnen?

Hos1,2-9

2 Im Anfang, da der Herr zu Hosea redete, sprach er zu ihm: Geh, nimm dir ein Dirnenweib und [erzeuge] Dirnenkinder. Denn zur Dirne ist das Land geworden, hat den Herrn verlassen. 3 Da ging er hin und heiratete Gomer, die Tochter Diblaims. Und sie ward schwanger und gebar ihm einen Sohn. 4 Da sprach der Herr zu ihm: Gib ihm den Namen Jesreel; denn in kurzem suche ich die Bluttat von Jesreel heim am Hause Jehus und mache dem Königreiche Israel ein Ende. 5 An jenem Tage zerbreche ich Israels Bogen in der Ebene Jesreel. 6 Und sie ward abermals schwanger und gebar eine Tochter. Da sprach er zu ihm: Gib ihr den Namen «Nichtbegnadet»; denn ich will dem Hause Israel forthin nicht mehr gnädig sein, sodass ich ihnen verzeihe. 7 Dem Hause Juda aber will ich gnädig sein und ihnen helfen durch den Herrn, ihren Gott. Doch nicht durch Bogen, Schwert und Krieg und nicht durch Rosse und durch Reiter will ich ihnen helfen. 8 Als sie nun die «Nichtbegnadet» entwöhnt hatte, ward sie wieder schwanger und gebar einen Sohn. 9 Da sprach er: Gib ihm den Namen «Nicht-mein-Volk», denn ihr seid nicht mein Volk, und ich bin nicht euer Gott.

Hos3,1-4(5)

3 1 Und der Herr sprach zu mir: Geh abermals hin, liebe ein Weib, das einen andern liebt und eine Ehebrecherin ist, gleich wie der Herr die Kinder Israel liebt, wiewohl sie sich zu fremden Göttern wenden und Traubenkuchen [des Götzendienstes] lieben. 2 Da kaufte ich sie um fünfzehn Lot Silber und um anderthalb Homer Gerste 3 und sprach zu ihr: Eine lange Zeit sollst du mir bleiben, ohne zu buhlen und ohne einem Manne anzugehören, und auch ich komme nicht zu dir. 4 Denn lange Zeit werden die Kinder Israels sitzen ohne König und ohne Fürst, ohne Opfer und ohne Malstein, ohne Ephod und Theraphim. [5 Hernach werden die Kinder Israels umkehren und werden den Herrn, ihren Gott, und David, ihren König, suchen, und sie werden bebend hineilen zu dem Herrn und zu seinem Segen am Ende der Tage.]

Jer13,1-11

13 1 So sprach der Herr zu mir: Geh, kaufe dir einen linnenen Gürtel und lege ihn dir um die Hüften, bringe ihn aber nicht ins Wasser. 2 Und ich kaufte den Gürtel nach dem Befehle des Herrn und legte ihn mir um die Hüften. 3 Darnach erging das Wort des Herrn zum zweiten Male an mich; er sprach: 4 Nimm den Gürtel, den du gekauft und dir um die Hüften gelegt hast, und mache dich auf: geh zum Euphrat und verbirg ihn daselbst in einer Felsspalte. 5 Ich ging hin und verbarg ihn am Euphrat, wie der Herr mir befohlen hatte. 6 Nach geraumer Zeit aber sprach der Herr zu mir: Mache dich auf und geh zum Euphrat und hole daselbst den Gürtel, den ich dir dort zu verbergen befohlen habe. 7 Ich ging zum Euphrat und grub nach und nahm den Gürtel von der Stelle, wo ich ihn verborgen hatte. Und siehe, der Gürtel war verdorben, zu nichts mehr nütze. 8 Da erging das Wort des Herrn an mich folgendermassen: 9 So spricht der Herr: Ebenso will ich den Hochmut Judas verderben und den Hochmut Jerusalems, den grossen. 10 Dieses böse Volk, das sich weigert, auf meine Worte zu hören, das da wandelt in der Verstocktheit seines Herzens und fremden Göttern nachläuft, ihnen zu dienen und sie anzubeten – es soll werden wie dieser Gürtel, der zu nichts nütze ist. 11 Denn gleichwie der Gürtel sich anschmiegt an die Hüften des Mannes, so wollte ich, dass das ganze Haus Israel und das ganze Haus Juda sich an mich schmiegen, spricht der Herr, damit sie mein Volk würden, mir zum Ruhm und zum Preis und zur Zierde; aber sie haben nicht gewollt.

Ez4,1-5,4

4 1 Du, Menschensohn, nimm dir einen Ziegelstein und lege ihn vor dich hin, dann ritze darauf eine Stadt ein, Jerusalem. 2 Erstelle wider sie einen Belagerungswall und baue ein Bollwerk wider sie, schütte einen Damm wider sie auf, errichte Heerlager wider sie und stelle Sturmböcke auf rings um sie her. 3 Dann hole dir eine eiserne Platte und stelle sie als eiserne Mauer zwischen dich und die Stadt und richte dein Angesicht wider sie: sie soll belagert sein, und du sollst sie belagern. Ein Zeichen ist dies für das Haus Israel.

4 Du, lege dich auf deine linke Seite, und ich will die Schuld des Hauses Israel auf dich legen. So viele Tage du sie liegen wirst, so lange sollst du ihre Schuld tragen. 5 Ich lege dir die Jahre ihrer Schuld in einer [entsprechenden] Zahl von Tagen auf – 190 Tage –, so lange sollst du die Schuld des Hauses Israel tragen. 6 Und wenn du diese Tage vollendet hast, so lege dich auf deine rechte Seite und trage die Schuld des Hauses Juda vierzig Tage lang; je einen Tag für jedes Jahr lege ich dir auf. 7 Nun richte dein Angesicht und deinen entblössten Arm auf die Belagerung Jerusalems hin und weissage wider die Stadt. 8 Und siehe, ich lege dir Stricke an, dass du dich nicht von einer Seite auf die andre wenden kannst, bis du die Tage deiner Bedrängnis vollendet hast.

9 Du, nimm dir Weizen und Gerste, Bohnen und Linsen, Hirse und Spelt und tue das alles zusammen in ein Geschirr und mache dir Brot daraus; so viele Tage, als du auf der Seite liegen musst, 190 Tage, 10 sollst du deine Speise sollst du abgewogen essen, jeden Tag zwanzig Lot; zu mehreren Malen sollst du es essen. 11 Auch das Wasser sollst du abgemessen trinken, ein sechstel Hin; zu mehreren Malen sollst du es trinken. 12 In Form von Gerstenfladen sollst du es essen, auf Menschenkot sollst du es backen vor ihren Augen. 13 Und der Herr sprach: So sollen die Israeliten ihr Brot unrein essen unter den Heiden, unter die ich sie verstossen will. 14 Da sprach ich: Ach Herr, mein Gott, siehe, ich bin noch nie verunreinigt gewesen; von meiner Jugend an bis heute habe ich niemals von einem verendeten oder zerrissenen Tier gegessen, und es ist niemals Greuelfleisch in meinen Mund gekommen. 15 Da sprach er zu mir: Nun, so gestatte ich dir Kuhmist anstatt Menschenkot; bereite dein Brot darauf. 16 Dann sprach er zu mir: Menschensohn, siehe, ich will in Jerusalem die Stütze des Brotes zerbrechen – sie sollen ihr Brot abgewogen essen und mit Bekümmernis, und ihr Wasser abgemessen trinken und mit Entsetzen, 17 damit sie an Brot und Wasser Mangel leiden und sich entsetzen, einer wie der andre, und um ihrer Schuld willen dahinschwinden.

5 1 Du, Menschensohn, nimm dir ein scharfes Schwert! Als Schermesser sollst du es dir nehmen und deinen Haupthaar und deinen Bart abscheren; danach nimm dir eine Waage und teile die Haare ab: 2 ein Drittel verbrenne inmitten der Stadt, wenn die Tage der Belagerung vollendet sind, ein Drittel zerhaue mit dem Schwert rings um sie her, und ein Drittel streue in den Wind, und ich will das Schwert zücken hinter ihnen her. 3 Von dort nimm einige wenige [der Haare] und binde sie in den Zipfel deines Gewandes. 4 Und von diesen sollst du abermals einige nehmen und sie ins Feuer werfen und verbrennen.

Ez24,15-27

15 Und es erging an mich das Wort des Herrn: 16 Menschensohn, siehe, ich will dir die Lust deiner Augen wegnehmen durch jähen Tod; aber du sollst nicht klagen und weinen und keine Tränen darüber vergiessen. 17 Seufze still, halte nicht Totentrauer! Binde den Kopfbund um und lege die Schuhe an deine Füsse; verhülle den Bart nicht und iss kein Trauerbrot, 18 und am andern Morgen rede zum Volke! – Und am Abend starb mein Weib. Am andern Morgen tat ich, wie mir befohlen war. 19 Da sprachen die Leute zu mir: Willst du uns nicht sagen, was das für uns bedeutet, was du da tust? 20 Ich antwortete ihnen: Das Wort des Herrn ist an mich also ergangen: 21 Sprich zum Hause Israel: So spricht Gott der Herr: Siehe, ich entweihe mein Heiligtum, den Hort, auf den ihr stolz seid, die Lust eurer Augen und die Sehnsucht eures Herzens; und eure Söhne und Töchter, die ihr zurückgelassen habt, werden durch das Schwert fallen. 22 Da werdet ihr tun, was ich getan habe: ihr werdet den Bart nicht verhüllen und werdet kein Trauerbrot essen, 23 ihr werdet den Kopfbund auf dem Haupte behalten und die Schuhe an den Füssen; ihr werdet nicht klagen und weinen. Und ihr werdet um eurer Schuld willen verschmachten und einer den andern anstarren. 24 So wird Ezechiel euch zum Zeichen. Ganz wie er getan hat, werdet ihr tun, wenn es eintrifft; und ihr werdet erkennen, dass ich Gott der Herr bin. 25 Du aber, Menschensohn, fürwahr, an dem Tage, da ich ihnen ihren Hort, ihre herrliche Freude, die Lust ihrer Augen, die Sehnsucht ihres Herzens, ihre Söhne und Töchter wegnehme, 26 an jenem Tage wird ein Entronnener zu dir kommen, es dir zu melden. 27 An jenem Tage, wird dir der Mund aufgetan werden, und du wirst reden und nicht mehr stumm sein; und du wirst ihnen zum Zeichen werden, und sie werden erkennen, dass ich der Herr bin.

EZECHIEL
Der Tempelentwurf in Ez40–48

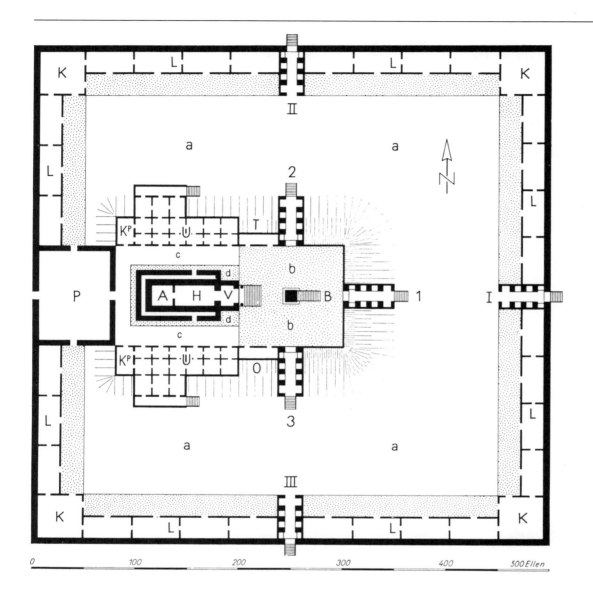

Der Tempelentwurf Hesekiels (Ez40,1–42,20;43,13–17;46,19–24), Versuch einer Rekonstruktion

I.II.III.Tore des Äußeren Vorhofs, 1.2.3.Tore des Inneren Vorhofs, a.Äußerer Vorhof, b.Innerer Vorhof, c.Sperrplatz, d.Tempelterrasse, AHV. Tempelhaus (A.Allerheiligstes, H.Heiliges, V.Vorhalle), B.Brandopferaltar, O.Aufenthaltsraum der Opferpriester, T.Aufenthaltsraum der Tempelpriester, U.Umkleide- und Speiseräume der Priester, KP.Opferküchen der Priester, K.Opferküchen der Laien, L.Laienhallen, P. Parbar

Die Darstellung ist in vielen Einzelheiten hypothetisch. Gesichert sind nur die Maße des eigentlichen Tempelgebäudes, des Altars, der Tore, der Vorhöfe, der Umfassungsmauer, des Parbar, und die Stufenzahl der Treppen, die Aufschluß über die Höhenunterschiede gibt; die Treppen selbst sind übertrieben eingezeichnet.

aus: BHH III(Göttingen 1966),1943f.

DANIEL
Das Werden des Buches
Vgl.Wahrnehmungen,262-290

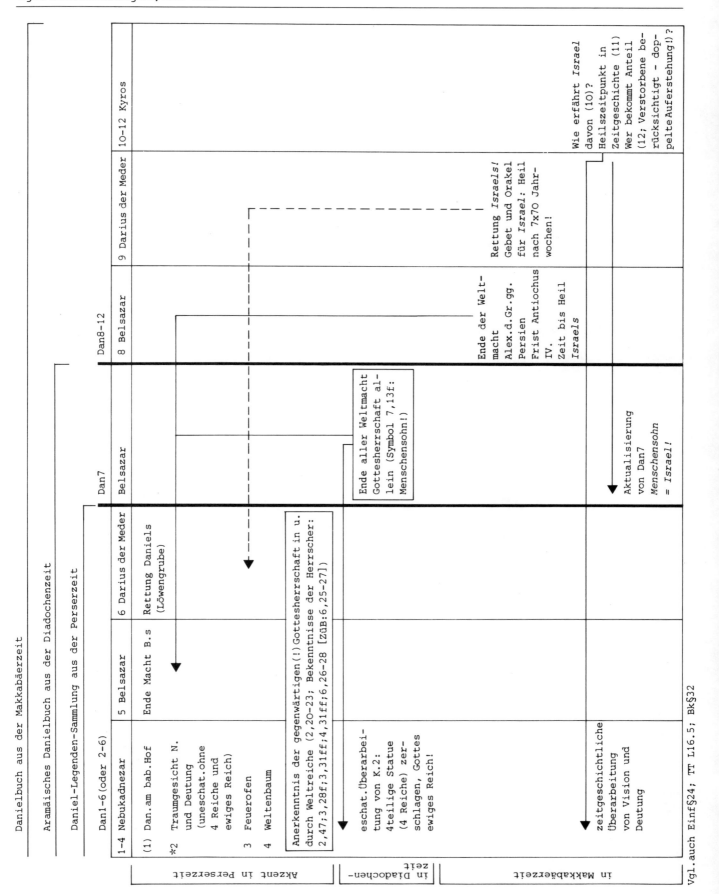

Vgl.auch Einf§24; TT L16.5; BK§32

DANIEL
Vision und Deutung in der Endgestalt von Dan 2 und 7

2,26–35

26 Der König antwortete und sprach zu Daniel, der den Namen Beltsazzar führte: Bist du imstande, mir den Traum, den ich gehabt habe, und seine Deutung kundzutun? 27 Daniel antwortete dem König und sprach: Das Geheimnis, nach dem der König fragt, können weder Weise noch Beschwörer, weder Gelehrte noch Sterndeuter dem König kundtun. 28 Aber es ist ein Gott im Himmel, der Geheimnisse enthüllt; der hat dem König Nebukadnezar zu wissen getan, was am Ende der Tage geschehen wird. Dein Traum, das, was du auf deinem Lager vor Augen geschaut hast, ist dieses: 29 Dir, o König, sind auf deinem Lager Gedanken aufgestiegen, was wohl künftig geschehen werde. Da hat er, der die Geheimnisse enthüllt, dir zu wissen getan, was geschehen wird. 30 Mir aber ist dieses Geheimnis enthüllt worden nicht durch eine Weisheit, die ich vor allen Lebenden voraus hätte, sondern damit dem König die Deutung kundwürde und du die Dinge erführest, mit denen deine Gedanken beschäftigt waren.

31 Du hattest ein Gesicht, o König, und schautest ein Standbild. Dieses Bild war überaus gross und sein Glanz ausserordentlich; es stand vor dir, und sein Anblick war furchtbar. 32 Das Haupt dieses Bildes war von gediegenem Golde, seine Brust und seine Arme von Silber, sein Bauch und seine Lenden von Erz, 33 seine Schenkel von Eisen, seine Füsse aber teils von Eisen, teils von Ton.

34 Du schautest hin, bis ein Stein ohne Zutun von Menschenhand vom Berge losbrach, auf die eisernen und tönernen Füsse des Bildes aufschlug und sie zermalmte. 35 Da waren im Nu Eisen, Ton, Erz, Silber und Gold zermalmt und zerstoben wie im Sommer die Spreu von den Tennen, und der Wind trug sie fort, sodass keine Spur mehr von ihnen zu finden war. Der Stein aber, der das Bild zerschlug, ward zu einem grossen Berge und erfüllte die ganze Erde.

vgl. aber 2,(19f.) 21!(22f)
19 Da ward dem Daniel das Geheimnis in einem Nachtgesicht geoffenbart. Und Daniel pries den Gott des Himmels, 20 hob an und sprach: Der Name Gottes sei gepriesen von Ewigkeit zu Ewigkeit! denn Weisheit und Macht, sie sind sein. 21 Er ist's, der wechseln lässt Zeiten und Stunden; er setzt Könige ab und setzt Könige ein. Er gibt den Weisen die Weisheit und den Verständigen den Verstand. 22 Er ist's, der das Tiefste und Geheimste enthüllt; er weiss, was in der Finsternis ist, und das Licht wohnt bei ihm. 23 Ich danke dir, Gott meiner Väter, und lobpreise dich, dass du mir Weisheit und Kraft gegeben und mich nun hast wissen lassen, was wir von dir erbeten haben; du hast uns kundgetan, was der König verlangt.

2,36–45 (46–49)

36 Das ist der Traum, und nun wollen wir dem König sagen, was er bedeutet. 37 Du, o König, du König der Könige, dem der Gott des Himmels Königsherrschaft, Macht, Stärke und Ehre verliehen, 38 in dessen Hand er Menschen, Tiere des Feldes und Vögel des Himmels gegeben, wo immer sie auch wohnen, und den er über sie alle zum Herrscher gemacht hat – du bist das goldene Haupt. 39 Und nach dir wird ein anderes Reich erstehen, geringer als das deine, und dann noch ein drittes Reich, ein ehernes, das über die ganze Erde herrschen wird. 40 Und endlich wird ein viertes Reich sein, stark wie Eisen, wie denn das Eisen alles zermalmt und zerschlägt; wie zerschmetterndes Eisen wird es sie alle zermalmen und zerschmettern. 41 Dass du aber die Füsse und Zehen, wie du gesehen hast, teils Töpferton, teils Eisen waren, das bedeutet: es wird ein Reich sein, das zerteilt wird. Wohl wird es etwas von der Festigkeit des Eisens an sich haben, da ja, wie du gesehen, mit Tonerde vermengt war; 42 dass aber die Zehen teils von Eisen, teils von Ton waren, das bedeutet: das Reich wird zum Teil stark und zum Teil zerbrechlich sein. 43 Dass du das Eisen mit Tonerde vermengt gesehen hast, bedeutet: sie werden sich zwar durch Heiraten miteinander verbinden, und doch werden sie nicht fest aneinander halten, wie sich denn Eisen nicht mit Ton vermischen lässt.

44 Und in den Tagen jener Könige wird der Gott des Himmels ein Reich erstehen lassen, das ewig unzerstörbar bleibt, und die Herrschaft wird keinem andern Volke überlassen werden. Alle diese Reiche wird es zermalmen und vernichten, selbst aber in alle Ewigkeit bestehen, 45 wie du denn gesehen, dass ein Stein ohne Zutun von Menschenhand vom Berge losbrach und Ton, Eisen, Erz, Silber und Gold zermalmte. Ein grosser Gott hat dem König kundgetan, was künftig geschehen wird. Der Traum ist wahr, und zuverlässig seine Deutung.

(46 Da fiel der König Nebukadnezar nieder auf sein Angesicht, betete an vor Daniel und befahl, ihm Opfergaben und Räucherwerk darzubringen. 47 Dann hob der König an und sprach zu Daniel: Es ist wahr, euer Gott ist der Gott der Götter und der Herr der Könige und der Offenbarer der Geheimnisse; denn du hast ja dieses Geheimnis zu offenbaren vermocht. 48 Und der König erhöhte Daniel: er gab ihm viele grosse Geschenke und machte ihn zum Herrn über die ganze Provinz Babel und zum obersten Vorsteher über alle Weisen Babels. 49 Sadrach, Mesach und Abed-Nego aber betraute der König auf Daniels Bitte mit der Verwaltung der Provinz Babel, während Daniel am Hofe des Königs blieb.)

7,1–14

7 1 Im ersten Jahre Belsazzars, des Königs von Babel, hatte Daniel einen Traum, und was er auf seinem Lager vor Augen schaute, ängstigte ihn. Da schrieb er den Traum nieder: 2 Ich, Daniel, schaute bei Nacht ein Gesicht, und siehe, die vier Winde des Himmels erregten das grosse Meer, 3 und es stiegen vier grosse Tiere aus dem Meere herauf, ein jedes verschieden vom andern. 4 Das erste sah aus wie ein Löwe und hatte Adlersflügel. Ich schaute hin, und auf einmal wurden ihm die Flügel ausgerissen, und es wurde von der Erde aufgehoben und wie ein Mensch auf zwei Füsse gestellt, und Menschenverstand ward ihm gegeben. 5 Und siehe, ein anderes Tier erschien, ein zweites, das glich einem Bären; es war nur auf einer Seite aufgerichtet und hatte drei Rippen im Maul zwischen den Zähnen, und es ward ihm geboten: Auf, friss viel Fleisch! 6 Darnach schaute ich, und siehe, ein weiteres Tier erschien, das glich einem Panther und hatte vier Vogelflügel an seinen Seiten; auch vier Köpfe hatte das Tier, und Macht ward ihm gegeben. 7 Darnach schaute ich in den Nachtgesichten, und siehe, ein viertes Tier erschien, furchtbar und schrecklich und überaus stark. Es hatte grosse eiserne Zähne, es frass und zermalmte, und was übrigblieb, zerstampfte es mit den Füssen; es war anders als alle die Tiere vor ihm und hatte zehn Hörner. 8 Und ich gab acht auf die Hörner: siehe, da wuchs zwischen ihnen noch ein kleineres Horn empor, und drei von den ersten Hörnern wurden vor ihm ausgerissen; und siehe, an diesem Horn waren Augen wie Menschenaugen und ein Maul, das redete grosse Dinge.

9 Ich schaute: da wurden Throne aufgestellt, und ein Hochbetagter setzte sich nieder. Sein Gewand war weiss wie Schnee, und das Haar seines Hauptes rein wie Wolle; sein Thron war lodernde Flamme und die Räder daran brennendes Feuer. 10 Ein Feuerstrom ergoss sich und ging von ihm aus. Tausendmal Tausende dienten ihm, zehntausendmal Zehntausende standen vor ihm. Das Gericht setzte sich nieder, und die Bücher wurden aufgetan. 11 Darnach schaute ich hin ob des Lärms der grossen Worte, die das Horn redete. Ich schaute: da wurde das Tier getötet, sein Leib vernichtet und dem Feuerbrand übergeben. 12 Und den andern Tieren ward ihre Macht genommen und ihre Lebensdauer auf Zeit und Stunde bestimmt. 13 Ich schaute in den Nachtgesichten, und siehe, mit den Wolken des Himmels kam einer, der einem Menschensohn glich, und gelangte bis zu dem Hochbetagten, und er wurde vor ihn geführt. 14 Ihm wurde Macht verliehen und Ehre und Reich, dass die Völker aller Nationen und Zungen ihm dienten. Seine Macht ist eine ewige Macht, die niemals vergeht, und nimmer wird sein Reich zerstört.

7,15–28

15 Darob wurde ich, Daniel, im Geiste bekümmert, und mich ängstigte, was ich vor Augen schaute. 16 Da trat ich zu einem von denen, die dastanden, und erbat mir von ihm über all dies sichere Kunde. Und er antwortete mir und liess mich wissen, was die Dinge bedeuteten: 17 «Diese grossen Tiere, die vier, bedeuten: vier Könige werden erstehen auf Erden, 18 und die Heiligen des Höchsten werden das Reich empfangen, und sie werden das Reich behalten auf immer und ewig.» 19 Darauf begehrte ich sichere Kunde über das vierte Tier zu erfahren, das von allen andern verschieden war, überaus furchtbar, das eiserne Zähne und eherne Klauen hatte, das frass und zermalmte und, was übrigblieb, mit den Füssen zerstampfte, 20 und über die zehn Hörner auf seinem Kopf und über das andere, das emporwuchs und vor dem drei Hörner ausfielen, das Horn, das Augen hatte und ein grossprecherisches Maul und grösser anzusehen war als die andern. 21 Ich schaute: und jenes Horn führte Krieg mit den Heiligen und überwältigte sie, 22 bis dass der Hochbetagte kam und das Gericht zusammentrat und die Macht den Heiligen des Höchsten verliehen ward und die Zeit da war und die Heiligen das Reich in Besitz nahmen. 23 Er antwortete also: «Das vierte Tier bedeutet: ein viertes Reich wird auf Erden sein, verschieden von allen andern Reichen; das wird die ganze Erde verschlingen, wird sie zerstampfen, zermalmen. 24 Die zehn Hörner bedeuten: aus diesem Reiche werden zehn Könige aufstehen, und ein andrer wird aufstehen nach ihnen; der wird verschieden sein von den frühern, und er wird drei Könige stürzen. 25 Er wird Reden wider den Höchsten führen, und die Heiligen des Höchsten wird er quälen und wird trachten, Zeiten und Gesetz zu verändern; und sie werden in seine Gewalt gegeben sein bis auf eine Zeit und [zwei] Zeiten und eine halbe Zeit.

26 Dann aber wird das Gericht zusammentreten, und jenem König wird die Macht genommen werden, endgültig zerstört und vernichtet. 27 Und das Reich und die Herrschaft und die Macht über alle Reiche unter dem ganzen Himmel wird dem Volk der Heiligen des Höchsten gegeben werden. Ihr Reich ist ein ewiges Reich, und alle Mächte müssen ihnen dienen und untertan sein.» 28 Hier endet der Bericht. Mich, Daniel, ängstigten meine Gedanken gar sehr, und mein Antlitz verfärbte sich, und ich behielt die Sache in meinem Sinn.

HOSEA
Aufbau und Werden

1   *Detaillierter Inhaltsaufriß* s.Einf§15

2   *Aufbau und Werden* (redigierende Verschriftung der mündl.Verkündigung sowie judä-
       ische Redaktion): im Anschluß an J.Jeremias,FS Würthwein,1979,47-58

> *1,1 Überschrift*

	I. Hos1-3	*Zeichen der Botschaft im Leben Hoseas*
Unheil	1) 1,2-9	Auftrag zur Heirat einer "Hure", 3 Dirnenkinder: Symbol-Unheilsnamen (Fremdbericht)
Heil	2,1-3	Unheilsnamen zu Heilsnamen [ZüB:1,10-2,1]
Unheil	2) 2,4-15	Gerichtswort gegen Israel (Ehegleichnis) [ZüB:2,2-13]
Heil	2,16-25	Heilvolle Rückkehr aus der Wüste [ZüB:2,14-23]
Unheil	3) 3,1-4	Kauf einer Ehebrecherin (Ich-Bericht)
Heil	3,5	Heilsumkehr

	II.Hos4-14	*Redekompositionen der Botschaft Hoseas*
	1) Hos4-11	*Erste Teilsammlung*
Unheil	a)4,1-3	*Überschrift*
	b)4,4-5,7	gegen Volksführer und mitschuldiges Volk 4,4-19 Priester (3teilig: 4-10.11-14.16-19) 5,1-7 Volksführer (3teilig: 1f.3f.5-7)
	c)5,8-7,16	Schuld Israels und Gericht im syrisch-ephraimit.Krieg (Notklage - Königtum - Kalb - Außenpolitik - Gottesdienst)
	d)8,1-13	Gericht und Anklagen - parallel zu c): Notklage - Königtum - Kalb - Außenpolitik - Gottesdienst
	e)9	Anklage und Gericht (Heilserweise revoziert), gschtl. Rückblick (V.10ff)
	f)10	Anklage und Gericht im Rahmen von Geschichtsrückblick
	g)11,1-7	ebenso
Heil	h)11,8-11	Heilswende, Heimführung (Liebe Gottes!)
	2) Hos12-14	*Zweite Teilsammlung*
Unheil	a)12	Israel gleicht seinem betrügerischen Stammvater Jakob
	b)13,1-14,1	Gerichtsworte [ZüB:13,1-16]
Heil	c)14,2-9	Heilsverheißung und Umkehrruf [ZüB:14,1-8]

> *14,10 weisheitliche Interpretation des Buches* [ZüB:14,9]

Vgl.auch Einf§15; TT L7.3; Bk§34

JOEL
Buchgliederung

1   *Detaillierter Inhaltsaufriß* s.Einf§23

2   *Buchgliederung* im Anschluß an Einf§23

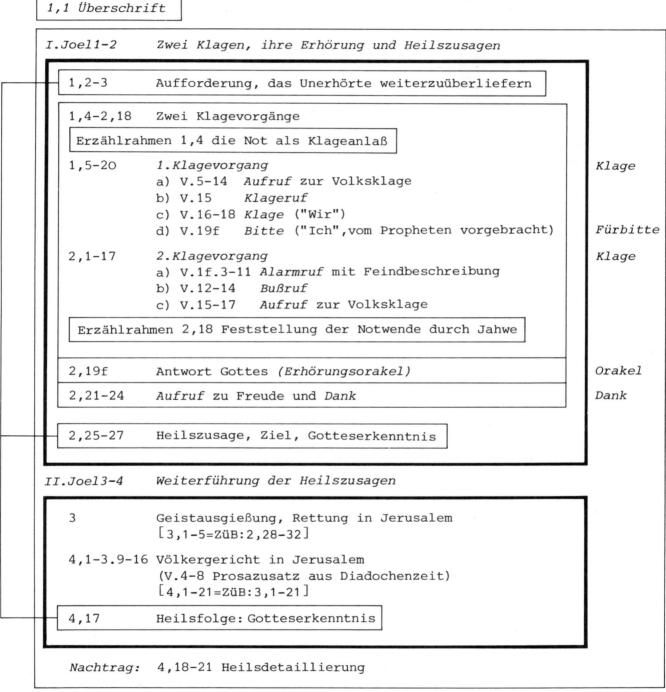

> **1,1 Überschrift**

> I.Joel1-2   *Zwei Klagen, ihre Erhörung und Heilszusagen*
>
> > 1,2-3   Aufforderung, das Unerhörte weiterzuüberliefern
> >
> > 1,4-2,18   Zwei Klagevorgänge
> > > Erzählrahmen 1,4 die Not als Klageanlaß
> >
> > 1,5-20   *1.Klagevorgang*   *Klage*
> >   a) V.5-14   *Aufruf* zur Volksklage
> >   b) V.15   *Klageruf*
> >   c) V.16-18 *Klage* ("Wir")
> >   d) V.19f   *Bitte* ("Ich",vom Propheten vorgebracht)   *Fürbitte*
> >
> > 2,1-17   *2.Klagevorgang*   *Klage*
> >   a) V.1f.3-11 *Alarmruf* mit Feindbeschreibung
> >   b) V.12-14 *Bußruf*
> >   c) V.15-17 *Aufruf* zur Volksklage
> > > Erzählrahmen 2,18 Feststellung der Notwende durch Jahwe
> >
> > 2,19f   Antwort Gottes *(Erhörungsorakel)*   *Orakel*
> > 2,21-24   *Aufruf* zu Freude und *Dank*   *Dank*
> >
> > 2,25-27   Heilszusage, Ziel, Gotteserkenntnis

> II.Joel3-4   *Weiterführung der Heilszusagen*
>
> > 3   Geistausgießung, Rettung in Jerusalem
> >   [3,1-5=ZüB:2,28-32]
> >
> > 4,1-3.9-16 Völkergericht in Jerusalem
> >   (V.4-8 Prosazusatz aus Diadochenzeit)
> >   [4,1-21=ZüB:3,1-21]
> >
> > 4,17   Heilsfolge: Gotteserkenntnis
>
> *Nachtrag:* 4,18-21 Heilsdetaillierung

Vgl.auch Einf§23; Bk§35

AMOS
Buchgliederung

1 *Detaillierter Inhaltsaufriß* s.Einf§14

2 *Buchgliederung* im Anschluß an Einf§14

Doxologien

Grundstock-Sammlungen   **Erweiterungen und Redaktionelles**

1,1 *Überschrift Amosbuch*

1,2 *Motto für 1-2 oder 1-9*

*1,3-2,16 *Fremdvölkerzyklus* mit Refrain
           Damaskus - Gaza - Ammon - Moab -
           Israel   + Tyros, Edom, Juda
           Sozialkritik   (2,10-12 gegen Israel)

*3-6+(?)8,4-14 *Spruchsammlung gegen Israel*
1) 3,1-15 Hört dies Wort!
           (Unaufhaltsam totales Gericht)
2) 4,1-12 Hört dies Wort!
           (Luxus, keine Umkehr)   4,13
3)*5,1-6,14+8,4-14 Hört dies Wort!
   5,1-3   Leichenklage über Israel, vgl.5,16f
   4 *Wehe*-Texte:
   a)?5,7.10-12 Bedrückung des Armen   Mahnungen(5,4f.6.14f)   5,13
   b) 5,18ff   Tag Jahwes, Kultkritik   (von Amos?)   5,8
   c) 6,1ff   gegen Reiche
   d) 6,13   gegen Sorglose

      *7-9   *Visionenzyklus*   (5=2+2+1)
      1) 7,1-3   Heuschrecken ⎫
      2) 7,4-6   Feuer gegen Acker⎰ Fürbitte
      3) 7,7-9   Senkblei (gegen Heiligtümer
                 Jerobeams)
                                          — 7,10-17 Fremdbericht: Ausweisung
      4) 8,1-3   reifes Obst, reif z.Gericht   des Amos aus Bethel
   e) 8,4-14   (Wehe?) Bedrückung, Hunger
                 nach Wort
      5) 9,1-4   Zerstörung des Altars
                                                                        9,5f

                    9,7 gegen Israel   *Heilsanhang:*
                                        9,8-10 (Läuterungsgericht)
                                        9,11f   Aufrichtung Davids-
                                                dynastie
                                        9,13-25 Heimkehr aus Exil ins
                                                fruchtbare Land

Vgl.auch Einf§14; TT L7.2; Bk§36

AMOS
Der Zyklus von fünf Visionen im Am 7–9

(1) 7,1–3

7 1 Solches liess Gott der Herr mich schauen: siehe, Heuschrecken zogen aus, als das Sommergras anfing zu wachsen. (Das Sommergras aber kommt nach der Mahd des Königs.) 2 Doch als sie schon daran waren, das Grün des Landes kahlzufressen, sprach ich: «O Gott, mein Herr, verzeihe doch! Wie kann Jakob bestehen? Er ist ja schon gering.» 3 Da reute es den Herrn. «Es soll nicht geschehen!» sprach der Herr.

(2) 7,4–6

4 Solches liess Gott der Herr mich schauen: siehe, Gott der Herr rief dem Feuer, damit zu strafen; dass es frasse die grosse Flut, dass es frasse das Ackerfeld. 5 Da sprach ich: «O Gott, mein Herr, lass doch ab! Wie kann Jakob bestehen? Er ist ja schon gering.» 6 Da reute es den Herrn. «Auch dieses soll nicht geschehen!» sprach Gott der Herr.

(3) 7,7–9

7 Solches liess der Herr mich schauen: siehe, der Herr stand auf einer Mauer mit einem Senkblei in der Hand. 8 Und der Herr sprach zu mir: «Was siehst du, Amos?» Ich antwortete: «Ein Senkblei.» Da sprach der Herr: «Siehe, ich lege das Senkblei an inmitten meines Volkes Israel; ich will ihm nicht länger vergeben. 9 Die Höhen Isaaks werden verwüstet, und die Heiligtümer Israels werden zerstört; und wider das Haus Jerobeams erhebe ich mich mit dem Schwerte.»

(4) 8,1–3

8 1 Solches liess Gott der Herr mich schauen: siehe, da war ein Korb mit reifem Obst. 2 Und er sprach: «Was siehst du, Amos?» Ich antwortete: «Einen Korb mit reifem Obst.» Da sprach der Herr zu mir: «Reif zum Ende ist mein Volk Israel; ich will ihm nicht länger vergeben.» 3 An jenem Tage werden die Sängerinnen in den Palästen wehklagen, spricht Gott der Herr; viel sind der Leichen an allen Orten.

(5) 9,1–4

9 1 Ich sah den Herrn am Altare stehen, und er sprach: Schlage auf den Knauf, dass die Schwellen erbeben! Ich will ihrer aller Haupt zerschlagen und ihren Rest mit dem Schwerte töten; keiner von ihnen soll entrinnen, kein Flüchtiger unter ihnen sich retten. 2 Brächen sie durch in die Unterwelt – meine Hand fasst sie auch dort, und stiegen sie hinauf in den Himmel – ich hole sie auch von dort herab. 3 Versteckten sie sich auf dem Gipfel des Karmel, so spüre ich sie dort auf und fasse sie, und verbärgen sie sich vor mir auf dem Grunde des Meeres, so gebiete ich dort der Schlange, sie zu beissen. 4 Wandern sie gefangen vor ihren Feinden her, so gebiete ich dort dem Schwert, sie zu töten. Ich richte mein Auge auf sie zum Bösen und nicht zum Guten.

7,10–17

10 Da sandte Amazja, der Priester von Bethel, zu Jerobeam, dem König von Israel, und liess ihm sagen: «Amos stiftet Aufruhr wider dich inmitten des Hauses Israel; das Land vermag all seine Worte nicht zu ertragen. 11 Denn so spricht Amos: Durch das Schwert soll Jerobeam umkommen, und Israel muss in die Verbannung, hinweg aus seinem Lande.» 12 Dann sprach Amazja zu Amos: «Seher, geh, fliehe ins Land Juda; dort iss dein Brot und dort prophezeie! 13 In Bethel aber darfst du nicht mehr prophezeien; denn das ist ein Königsheiligtum und ein Reichstempel.» 14 Amos antwortete und sprach zu Amazja: «Ich bin kein Prophet und kein Prophetenjünger, sondern ein Viehhirt bin ich und ziehe Maulbeerfeigen. 15 Aber der Herr hat mich hinter der Herde weggenommen, und der Herr hat zu mir gesprochen: «Gehe hin und weissage wider mein Volk Israel.» 16 Und nun, höre das Wort des Herrn! Du verbietest mir, wider Israel zu weissagen und zu reden wider das Haus Isaak. 17 Darum spricht der Herr also: «Dein Weib wird zur Dirne in der Stadt, deine Söhne und Töchter fallen durch das Schwert, dein Land wird mit der Messschnur verteilt; du aber wirst in unreinem Lande sterben, und Israel muss in die Verbannung, hinweg aus seinem Lande.»

8,4–14

4 Höret dies, die ihr den Armen zertretet und die Elenden im Lande bedrückt, 5 die ihr denkt: «Wann geht der Neumond vorüber, dass wir Getreide verkaufen? wann der Sabbat, dass wir Korn feilbieten? dass wir das Mass kleiner und den Preis grösser machen und betrügerisch die Waage fälschen? 6 dass wir um Geld die Bedürftigen kaufen und den Armen um ein Paar Schuhe und den Abfall des Kornes verhandeln?» 7 Der Herr hat geschworen beim Stolz Jakobs: Nie werde ich all ihre Taten vergessen! 8 Soll darob nicht die Erde erbeben und all ihre Bewohner trauern? Soll sie nicht allenthalben sich heben wie der Nil, sich senken wie der Strom Ägyptens?

9 An jenem Tage wird es geschehen, spricht Gott der Herr, da lasse ich die Sonne untergehen am Mittag und bringe Finsternis über die Erde am hellichten Tage. 10 Da verwandle ich eure Feste in Trauer und all eure Lieder in Klagegesang; da lege ich an alle Hüften das Trauergewand, und ein jeglicher schert sich eine Glatze. Ich schaffe Trauer wie um den einzigen Sohn und ein Ende gleich einem Unglückstag. 11 Siehe, es kommen Tage, spricht Gott der Herr, da sende ich einen Hunger ins Land, nicht Hunger nach Brot und nicht Durst nach Wasser, sondern das Wort des Herrn zu hören. 12 Da schwanken sie von Meer zu Meer und schweifen von Nord nach Ost, das Wort des Herrn zu suchen, und finden es nicht. 13 An jenem Tage fallen in Ohnmacht die schönen Jungfrauen und die jungen Männer vor Durst. 14 Die bei der Aschere von Samaria schwören und die sprechen: «So wahr dein Gott lebt, Dan!» und «So wahr dein Schutzgott lebt, Beerseba!» sie werden fallen und nicht wieder aufstehen.

MICHA
Aufbau und Werden

1 *Detaillierter Inhaltsaufriß s.Einf§17*

2 *Aufbau und Werden* (nach Einf§17;Erweiterungen nach J.Jeremias,ZAW 1971,330-354)

Schwerpunkt-schema	Grundstock	Erweiterungen		
		liturgisch	Gerichtsdeutung	Heil
	1,1 *Überschrift*			
Unheil (Unheil 1,2-2,11)	I. *Mi1-2* Sammlung I (1,2 Höret!)		in 1,5.7.13	
	1 Gericht Jahwes über Samaria/Israel und Jerusalem/Juda (Theophanie,Völkerauditorium)		in 2,3f.10	
	2 Wehe über Großgrundbesitzer, wahre und falsche Predigt im Volk			
Heil (Heil 2,12-13)				2,12f Sammlung des zerstreuten Israel
Unheil (Unheil 3,1-12)	II. *Mi3-5* Sammlung II (3,1 Höret!)		in 3,4	
	3,1-3.5-11 Anklage gegen Volks(ver)führer (Häupter/Führer, Propheten/Richter,Priester,Propheten)			
	3,12 darum: Gericht (Zerstörung Jerusalems samt Tempel!)			
Heil (Heil 4,1-5.14 [ZüB:15])		4,5		4,1-4 Völkerwallf.(=Jes2,2-4)
		4,7b		6-8 Sammlung Israels
				9-10 Exil und Rettung
				11-13 Zion siegt über Völker
	5,*1-5 [ZüB:5,2-6] Künftiger Heilskönig aus Bethlehem	5,8[ZüB:5,9]	5,9-13 Jahwe vernichtet Schuld-herde Israels [ZüB:5,10-14]	5,6-8 Rest Jakobs siegt über Völker [ZüB:5,7-9]
Unheil (Unheil 6,1-7,7)	III.*Mi6-7* Sammlung III (6,1 Höret!)		6,14.16	
	6,1-8 Jahwes Rechtsstreit mit Israel	6,12b		
	6,9-16 Betrug in Jerusalem			
	7,1-6 Kein Rechtschaffener			
Heil (Heil 7,8-20)				7,7 Bekenntnisse der Zuversicht
				7,8-20 proph.Liturgie (V.11f Heilsorakel) Erbarmen Gottes mit Israel, Wiederaufbau Jerusalems, Völkervernichtung

Vgl.auch Einf§17; TT L8.1; Bk§39

ZEPHANJA
Aufbau und Werden

1   *Detaillierter Inhaltsaufriß* s.Einf§18

2   *Aufbau und Werden* im Anschluß an Einf§18

1.1 *Überschrift*

Grundstock			universalistische Erweiterungen
I.	1,2-2,3	*Gerichtsworte gegen Juda und Jerusalem*	
	1,4-16	Gerichtsworte	1,2f ⎱ Gericht über alles Leben auf 1,17f ⎰ Erden
	2,1-3	Ermahnung zu Recht und Demut, dann vielleicht Verschonung	
II.	2,4-3,8	*Gerichtsworte gegen fremde Völker*	
	2,4-10.12-14	gegen Philister,Moab/Ammon, Kusch,Assyrien	2,11 Vernichtung aller Götter Jahweverehrung aller Gestade der Völker
	15	Klagelied über Sturz Ninives	
	[3,1-8	ursprüngl.Gerichtswort gegen Jerusalemer] lt.3,8 jetzt verstanden gegen Völker	3,8b Gericht über ganze Erde (wie 1,18)
III.	3,9-20	*Heilsweissagungen für das eigene Volk*	3,9f Völker werden zu Jahweverehrern (vgl.2,11) als Aspekt des Heils Israels
	3,11-15	Heil für Zion mit eschatolog.Freudenaufruf (V.14f)	3,16f Jahwe schafft Sieg
			3,18f Jahwe reinigt Jerusalem, vernichtet Bedrücker,sammelt
			3,20 Jahwe bringt heim → Ruhm Israels bei allen Völkern

Aufbau I-III wie bei Jes,Jer LXX und Ez
s.Arbeitsblätter 22a

Vgl.auch Einf§18; Bk§42

HAGGAI
Aufbau

Prophetenworte und ihre Rahmungen

I. *Erster Teil: 1,1-1,15a*

    1,1   Anfangsrahmen   29.8.520

    1,2-11   2 Diskussionsworte
              a)V.2-8 an Altjudäer | Aufforderung zum Wiederaufbau des Tempels;
              b)V.9-11 an Heimkehrer ∫ gegenwärtige Mangellage wegen unterlassenem
                                Tempelbau

    1,12-15a Schlußrahmen (daraufhin mit Arbeit begonnen; 21.9.520)

II. *Zweiter Teil: 1,15b-2,9*

    1,15b-2,1 Anfangsrahmen 18.10.520

    2,2-9   Aufruf zur Weiterarbeit! Tempel wird kostbar werden: Völker bringen
              Schätze (vgl.Jes2;60;66,20)

III. *Dritter Teil: 2,10-2,19*

    2,10   Anfangsrahmen 18.12.520

    2,11-19   Unreinheit des Volkes, weil Tempelkult nicht existiert (Priester-
             tora, vgl.Lev10,10f;Jes1,10-17)
             von Grundsteinlegung an Segen!

IV. *Vierter Teil: 2,20-2,23*

    2,20   Anfangsrahmen   auf den selben Tag

    2,21-23   messian.Weissagung auf den Davididen (Enkel Jojachins) - und Repa-
             triierungskommissar? - Serubbabel: Ende der Weltreiche, Serubbabel
             als Knecht Jahwes und "erwählter" "Siegelring" an der Hand Gottes

Vgl.auch Einf§22; TT L12.2; Bk§43

PROTOSACHARJA
Buchgliederung

1 *Detaillierter Inhaltsaufriß* s.Einf§22

2 *Buchgliederung* im Anschluß an Einf§22

A | 1,1 Überschrift | Datierung mit Wortereignisformel (Okt.-Nov.520)

1,2-6 Umkehrruf (redaktionell?)

I.Sach1,7-6,15 *Komposition aus Visionen und Worten Sacharjas*

	*1-6	*Überlieferungskern der 7 Nachtgesichte*			*Ergänzungen dazu*
	1,7	Datierung mit Wortereignisformel (Febr.519)			
1)	1,8-13.14f	4 Reiter	Erde ruhig, Andauer Zorn Jahwes, Ankündigung Heilswende, Zorn über Völker	1,16f	Wiedererwählung Jerusalems
2)	2,1-4 [ZüB:1,18-21]	4 Hörner von 4 Schmieden umgeworfen	Kraft der Weltvölker, die gegen Juda waren, gebrochen		
3)	2,5-9 [ZüB:2,1-5]	Mann mit Meßschnur	Sicherheit und Größe Jerusalems über alles Maß durch Jahwe		
				2,10-17 [ZüB:2,6-13]	Aufruf zur Flucht aus Babel, Volkszunahme (2,13.15 Erkenntnisformel [ZüB:2,9.11])
				3,1-7	*Zwischenvision:* Hoherpriester Josua entsühnt und eingesetzt
				8-10	Heilswort für (?) Josua
4)	4,1-6a.10b-14	Leuchter samt 2 Ölbäumen	Königlicher und priesterlicher Gesalbter (Serubbabel und Josua)	4,6b-10a	Verheißungen an Serubbabel (4,9 Erkenntnisformel)
5)	5,1-4	große fliegende Fluchschriftrolle	soziale Übeltäter beseitigt		
6)	5,5-11	Frau in Tonne (Epha-Maß, 25-40 l, das Tragbare)	alle Schuld des Landes beseitigt		
7)	6,1-8	4 Wagen in 4 Himmelsrichtungen	Gottes Geist in die Welt – für Exilierte, Völkeranschluß an Israel		
				6,9-15	Krönung Josuas (Serubbabels?) (6,15 Erkenntnisformel)

B

mittlere Vision!

II.Sach7,1-7 *Jahwe beantwortet durch S. Fastenanfrage*

C   7,1   Datierung mit Wortereignisformel (Dez.518)

Anfügungen:

7,8-14   Mahnung mit Geschichtsrückblick

8,1-13   Heilsverheißung Jahwes für Zion und die Segensfolgen seines Tempels

8,14-17   Heilsverheißung und Mahnung

8,18-23   statt Fasten Feste, Anschluß der Völker an Jahwe und Zion

Vgl.auch Einf§22; TT L12.2; Bk§44

PROTOSACHARJA
Die sieben Nachtgesichte · 1

1 ₇ Am 24. Tage des elften Monats – das ist der Monat Sebat –, im zweiten Jahre des Darius, erging an den Propheten Sacharja, den Sohn Berechjas, des Sohnes Iddos, das Wort des Herrn:

I 1,8–13.14f

₈ Diese Nacht schaute ich ein Gesicht: ein Mann, der auf rotbraunem Rosse sass, hielt zwischen den Myrtenbäumen, die in der Tiefe stehen, und hinter ihm hielten rotbraune, fuchsrote und weisse Rosse. ₉ Da sprach ich: Mein Herr, was bedeuten diese? Und der Engel, der mit mir redete, sagte zu mir: Ich will dich schauen lassen, was sie bedeuten. ₁₀ Darauf antwortete der Mann, der zwischen den Myrtenbäumen hielt, und sprach: Das sind die, welche der Herr gesandt hat, die Erde zu durchziehen. ₁₁ Und sie hoben an und sprachen zu dem Engel des Herrn, der zwischen den Myrtenbäumen hielt: Wir haben die Erde durchzogen, und siehe, die ganze Erde ist ruhig und stille. ₁₂ Da erwiderte der Engel des Herrn und sprach: O Herr der Heerscharen, wie lange noch willst du Jerusalem und den Städten Judas dein Erbarmen entziehen, denen du nun schon siebzig Jahre lang zürnst? ₁₃ Da gab der Herr dem Engel, der mit mir redete, freundliche, tröstliche Antwort. ₁₄ Und der Engel, der mit mir redete, sprach zu mir: Verkündige dieses: So spricht der Herr der Heerscharen: Ich bin voll glühenden Eifers für Jerusalem und für Zion, ₁₅ doch voll gewaltigen Zorns wider die trotzigsicheren Heiden, dass sie, da ich ein wenig erzürnt war, zum Unglück halfen.

₁₆ Darum spricht der Herr also: Ich wende mich in Erbarmen Jerusalem wiederum zu: mein Haus soll darin wieder gebaut und die Meßschnur über Jerusalem ausgespannt werden, spricht der Herr der Heerscharen. ₁₇ Weiter verkündige dieses: So spricht der Herr der Heerscharen: Meine Städte werden noch von Segen überfliessen, und der Herr wird Zion noch trösten und Jerusalem wieder erwählen.

II 2,1–4

₁₈ Und ich erhob meine Augen und schaute: siehe, da waren vier Hörner. ₁₉ Da sprach ich zu dem Engel, der mit mir redete: Was bedeuten diese? Er antwortete mir: Das sind die Hörner, die Juda, Israel und Jerusalem zerstreut haben. ₂₀ Dann liess mich der Herr vier Schmiede sehen. ₂₁ Da sprach ich: Was kommen diese zu tun? Er antwortete und sprach: Jenes also sind die Hörner, die Juda zerstreut haben, sodass es sein Haupt nicht mehr erhob. Und diese sind gekommen, sie zu schrecken, niederzuwerfen die Hörner der Völker, die das Horn wider das Land Juda erhoben haben, es zu zerstreuen.

Zählung ZüB:1,18–21

III 2,5–9

2 ₁ Und ich erhob meine Augen und schaute: siehe, da war ein Mann, der hatte eine Meßschnur in der Hand. ₂ Da sprach ich: Wohin willst du gehen? Er antwortete mir: Jerusalem auszumessen, um zu sehen, wie breit und wie lang es werden soll. ₃ Und sowie der Engel, der mit mir redete, auftrat, kam zugleich auch ein andrer Engel heraus ihm entgegen. ₄ Und er sprach zu diesem: Lauf und sage dem Jüngling dort: Offenes Gelände soll Jerusalem bleiben ob der Menge der Menschen und Tiere darin, ₅ und ich selbst, spricht der Herr, will ihm eine feurige Mauer sein ringsum und es mit meiner Herrlichkeit erfüllen.

Zählung ZüB:2,1–5

2,10–17 (Zählung ZüB:2,6–13)

₆ Auf, auf, flieht aus dem Lande des Nordens! spricht der Herr; denn von den vier Winden des Himmels sammle ich euch, spricht der Herr. ₇ Auf, nach Zion rettet euch, die ihr in Babel wohnt! ₈ Denn so spricht der Herr der Heerscharen über die Völker, die euch ausgeraubt haben – denn wer euch antastet, tastet seinen Augapfel an –: ₉ Siehe, ich hole aus zum Schlage wider sie, dass sie denen, die ihnen dienen, zum Raub werden sollen; und ihr werdet erkennen, dass der Herr der Heerscharen mich gesandt hat. ₁₀ Frohlocke und freue dich, Tochter Zion! Denn siehe, ich komme und nehme Wohnung in deiner Mitte, spricht der Herr. ₁₁ Und viele Völker werden dem Herrn anhangen an jenem Tage und werden sein Volk werden; und er wird Wohnung nehmen in deiner Mitte, und du wirst erkennen, dass der Herr der Heerscharen mich zu dir gesandt hat. ₁₂ Und der Herr wird Juda als sein Erbteil zu seinem Eigentum machen im heiligen Lande und Jerusalem wieder erwählen. ₁₃ Stille, alle Welt, vor dem Herrn! Denn schon erhebt er sich von seiner heiligen Stätte.

3,1–7

3 ₁ Dann liess er mich schauen, wie Josua, der Hohepriester, vor dem Engel des Herrn stand, während der Satan [d. i. Widersacher] zu seiner Rechten stand, ihn zu verklagen. ₂ Aber der Engel des Herrn sprach zum Satan: Der Herr schelte dich, Satan! Ja, dich schelte der Herr, der Jerusalem erwählt hat! Ist dieser nicht ein aus dem Feuer gerissenes Scheit? ₃ Josua aber hatte schmutzige Kleider an, als er vor dem Engel stand. ₄ Der nun hob an und sprach zu den Dienern vor ihm: Tut die schmutzigen Kleider von ihm – und zu ihm sprach er: Siehe, ich habe deine Schuld von dir genommen – und ziehet ihm Feierkleider an ₅ und setzt ihm einen reinen Kopfbund aufs Haupt! Und sie setzten ihm den reinen Kopfbund aufs Haupt und zogen ihm Kleider an. Der Engel des Herrn aber trat herzu ₆ und gab Josua die Versicherung: ₇ So spricht der Herr der Heerscharen: Wenn du in meinen Wegen wandeln und meines Dienstes warten willst, so sollst du mein Haus regieren und meine Vorhöfe verwalten, und ich will dir Zutritt geben unter denen, die hier stehen.

3,8–10

₈ Höre, Hoherpriester Josua! Du und deine Genossen, die vor dir sitzen, ihr seid Männer der Vorbedeutung. Denn siehe, nun will ich meinen Knecht, den «Spross», bringen. ₉ Denn siehe, auf dem Steine, den ich vor Josua hingelegt habe – auf *einem* Steine ruhen sieben Augen –, siehe, auf diesem will ich nun die Schrift eingraben, spricht der Herr der Heerscharen, und ich will die Schuld jenes Landes an *einem* Tage austilgen. ₁₀ An jenem Tage werdet ihr einander einladen unter den Weinstock und den Feigenbaum, spricht der Herr der Heerscharen.

PROTOSACHARJA
Die sieben Nachtgesichte · 2

IV 4,1–6a.10b–14

4 1 Abermals kam der Engel, der mit mir redete, und weckte mich wie einen, der aus dem Schlafe aufgeweckt wird. 2 Und er sprach zu mir: Was siehst du? Ich antwortete: Ich sehe einen Leuchter, ganz von Gold, und ein Oelgefäss oben darauf nebst sieben Lampen daran und sieben Röhren für die Lampen, die oben darauf sind; 3 und zwei Oelbäume stehen daneben, einer zu seiner Rechten und einer zu seiner Linken. 4 Und ich hob an und sprach zu dem Engel, der mit mir redete: Mein Herr, was bedeuten diese Dinge? 5 Und der Engel, der mit mir redete, gab Antwort und sprach zu mir: Weisst du nicht, was diese Dinge bedeuten? Ich sprach: Nein, mein Herr. 6 Da hob er an und sprach zu mir:

V 5,1–4

5 1 Und abermals erhob ich meine Augen und schaute: da sah ich eine fliegende Schriftrolle. 2 Und er [d. i. der Engel, der mit mir redete] sprach zu mir: Was siehst du? Ich antwortete: Ich sehe eine fliegende Schriftrolle, zwanzig Ellen lang und zehn Ellen breit. 3 Und er sprach zu mir: Das ist der Fluch, der über das ganze Land ausgeht; denn alle Diebe sind – wie lange nun schon! – straflos geblieben, und alle, die bei meinem Namen falsch schwören, sind – wie lange nun schon! – straflos geblieben. 4 Ich habe ihn ausgehen lassen, spricht der Herr der Heerscharen, dass er eindringe in das Haus des Diebes und in das Haus dessen, der bei meinem Namen falsch schwört, und in seinem Hause sich festsetze und es verzehre samt seinem Holz und seinen Steinen.

VI 5,5–11

5 Und der Engel, der mit mir redete, trat hervor und sprach zu mir: Erhebe doch deine Augen und sieh den Scheffel, der da hervorkommt. 6 Ich sprach: Was bedeutet er? Er antwortete: Das ist ihr Frevel im ganzen Lande. 7 Und siehe, ein Bleideckel hob sich, und siehe, ein Weib sass mitten im Scheffel. 8 Und er sprach: Das ist die Bosheit. Und er warf das Weib in den Scheffel zurück und warf den Bleideckel auf seine Oeffnung. 9 Und als ich meine Augen erhob und hinschaute, sah ich zwei Weiber hervorkommen, die hatten Wind in ihren Flügeln, und ihre Flügel waren wie Storchenflügel. Und sie hoben den Scheffel empor und trugen ihn fort zwischen Himmel und Erde. 10 Da fragte ich den Engel, der mit mir redete: Wohin bringen sie den Scheffel? 11 Er antwortete mir: Sie wollen ihr [d. h. dem Weibe im Scheffel] ein Haus bauen im Lande Sinear, und wenn es hergerichtet ist, sie dort niedersetzen, wohin sie gehört.

VII 6,1–8

6 1 Und abermals erhob ich meine Augen und schaute: da sah ich vier Wagen zwischen den zwei Bergen hervorkommen; die Berge aber waren von Erz. 2 Am ersten Wagen waren rote Rosse, am zweiten Wagen schwarze Rosse, 3 am dritten Wagen weisse Rosse und am vierten Wagen gescheckte Rosse. 4 Da hob ich an und sprach zu dem Engel, der mit mir redete: Mein Herr, was bedeuten diese? 5 Und der Engel antwortete und sprach zu mir: Diese gehen aus nach den vier Winden des Himmels, nachdem sie sich vor dem Herrn der ganzen Erde gestellt haben. 6 Die schwarzen Rosse ziehen aus ins Land des Nordens, und die weissen ziehen aus ins Land des Ostens; die gescheckten ziehen aus ins Land des Südens, 7 und die roten ziehen aus ins Land des Westens. Und sie sind fortstrebten, die Erde zu durchziehen, sprach er: Geht, durchzieht die Erde! Und sie durchzogen die Erde. 8 Da rief er mich an und sprach zu mir: Siehe, die ins Land des Nordens ziehen, die stillen meinen Zorn am Lande des Nordens.

Diese sieben sind die Augen des Herrn, die über die ganze Erde schweifen. 11 Und ich hob an und sprach zu ihm: Was bedeuten denn diese zwei Oelbäume zur Rechten und zur Linken des Leuchters? 12 Und ich hob zum zweitenmal an und sprach zu ihm: Was bedeuten an den Oelbäumen die beiden Büschel neben den zwei goldenen Röhren, die das Oel von oben herableiten? 13 Er sprach zu mir: Weisst du nicht, was diese bedeuten? Ich sprach: Nein, mein Herr. 14 Da sprach er: Das sind die beiden Gesalbten, die vor dem Herrn der ganzen Erde stehen.

4,6b–10a

Dies ist das Wort des Herrn über Serubbabel: Nicht durch Heeresmacht und nicht durch Gewalt, sondern durch meinen Geist! spricht der Herr der Heerscharen. 7 Wer bist du, grosser Berg? Vor Serubbabel [wirst du] zur Ebene. Er wird den Schlußstein hervorholen unter dem Jubelruf: Wie schön, wie lieblich ist er! 8 Und es erging an mich das Wort des Herrn: 9 Die Hände Serubbabels haben zu diesem Hause den Grund gelegt, seine Hände werden es auch vollenden; und ihr werdet erkennen, dass der Herr der Heerscharen mich zu euch gesandt hat. 10 Ja, die den Tag kleiner Anfänge verachtet haben, sie alle werden mit Freuden den Schlußstein in der Hand Serubbabels sehen.

6,9–15

9 Und es erging an mich das Wort des Herrn: 10 Nimm von [dem Geschenke] der Verbannten, von Heldai, von Tobia, von Jedaja und von Josia, dem Sohne Zephanjas, die von Babel gekommen sind, 11 nimm davon Silber und Gold und lass eine Krone daraus machen und setze sie Josua[1]), dem Sohne Jozadaks, dem Hohenpriester, aufs Haupt. 12 Dann sprich zu ihnen: So spricht der Herr der Heerscharen: Siehe da ein Mann, dessen Name «Spross» ist; denn unter seinen Füssen wird es sprossen, und er wird den Tempel des Herrn bauen. 13 Er wird den Tempel des Herrn bauen, und er wird Königshoheit gewinnen und wird auf seinem Throne sitzen und herrschen. Und es wird ein Priester sein zu seiner Rechten, und friedliche Gesinnung wird zwischen ihnen beiden sein. 14 Die Krone aber soll zum Andenken an Heldai, Tobia, Jedaja und Josia, den Sohn Zephanjas, im Tempel des Herrn bleiben. 15 Und die in der Ferne wohnen, werden kommen und am Tempel des Herrn bauen, damit ihr erkennet, dass der Herr der Heerscharen mich zu euch gesandt hat. Das wird geschehen, wenn ihr auf die Stimme des Herrn, eures Gottes, hört.

MALEACHI
Aufbau

1   *Detaillierter Inhaltsaufriß s.Einf§22*

2   *Buchgliederung*

Maleachi-Buch 1,1-3,21 [ZüB:4,3]

1,1 Überschrift

1,2-3,21	*Sammlung von 6 prophetischen Diskussionsworten* [ZüB:1,2-4,3]
1) 1,2-5	Jahwes Vernichtungsmacht gegenüber Edom (Esau)
2) 1,6-2,9	gegen Priester (fehlerhafte Opferdarbringung)
3) 2,10-16	gegen das Volk (Ehescheidung, Mischehen)
4) 2,17-3,5	gegen Unterdrückung von Armen und Rechtlosen 3,1: מלאכי!
5) 3,6-12	Umkehr! Ackersegen bei korrekter Zehntdarbringung
6) 3,13-21	gegen "Es ist umsonst, daß man Gott dient (V.14)" - das kommende Gericht scheidet Fromme und Gottlose [ZüB:3,13-4,3] [V.19-21=ZüB:4,1-3]

Abschluß der 12-Prophetenbuchsammlung oder des MT Propheten(נביאים)-Kanons

Mal 3,22	[=ZüB:4,4] Mahnung zu Moses Gesetz (Tora-Kanon vor Propheten)
3,23f	[ZüB:4,5f] Wiederkunft Elias vor Gerichtstag, um Einigkeit der Generationen zu schaffen

Vgl.auch Einf§22; TT L12; Bk§45

Entstehungszeit der zwischentestamentlichen Schriften
Apokryphen, Pseudepigraphen, Qumrantexte

Zeit	Spätisraelitische Schriften (aus Palästina)		Schriften aus dem hellenistischen Diasporajudentum
um 200v.	oder älter: Teile äthHen (astronom.,angelolog.); Jubiläen (Grundbestand)?	oder	Ptolem.: Anfänge LXX; Brief Jer (um 300v.?)
198-169v.	Sirach hebr. Tobit, TestXII (Grundbestand) oder älter: aram.Daniel (*1-7)		
169-164v.	Jubiläen, Baruch; Gebet Asarjas; MartJes; Tierapk äthHen, Daniel 1-12		
164-ca.60v.	zwischen 164 und 150: 10Wochenapk und Paränesen äthHen; [Bilderreden äthHen]; Schriften der Qumran-Gemeinschaft	Judith; 1Makk	älteste Oracula Sibyllina; Zusätze Esth; Zusätze Dan (?,paläst.zT); 3.Esra; Gebet Manasses(?); Sirach griech.
60v.-70n.	Psalmen Salomos; Assumptio Mosis; Vita Adae et Evae; VitProph	Test.Moses? Apk.Abrahams?	2Makk, 3Makk; 4Makk; Philo v.Alexandrien (ca.15v.-45n.); WeishSal; Aristeas-Brief; [slavHen]
70n.-135n.	PsPhilo - Liber Antiquitatum; 4.Esra; syr.Baruch; [Rest der Worte Baruchs]; [Kopt.Elias-Apk]	Test.Abrahams? Adam-Apokalypse? Test.Adams?	Flavius Josephus; griech.Baruch-Apk; Test.Hiobs; [OdenSal.]
	Schatzhöhle; Hebr.(3.)Henoch; Test.Isaaks?; [5.Esra, 6.Esra]		

pro-hasmon.

frühe Qumran-Überlieferungen: zB Tempelrolle,Pss(syr) Hss von Bibeltexten Hss von Apokryphen u.Pseudepigraphen

im gesamten Zeitraum: hellenist.-jüd.Missionsliteratur, u.a.hellenist.-jüd.Historiker

Hss = Handschriften
in [] womöglich erst christlichen Ursprungs

Alttestamentliche Texte zu Stichworten

Aufreihung der Bibelstellen nach der Bücherfolge, zT. aber auch in historischer Reihenfolge

Aaronitischer Segen: Num6,24-26
Abraham: Gen11-25;Ps47,10;Jes51,2;63,16
Abrahamgeschichten: Gen12-25(12,1-3!;15;17;18;22)
Absalom: 2Sam13-14.15-19(Aufstand)
Abschiedsreden: Gen49;Dtn(besonders 28-30;32;33);Jos23;24;1Sam12
Ätiologien: zB Gen2,24;3,14-19;5,29;19,37f;Jos2+6,25;5,9;7,26;8,28f;9,27;10,27
Ahab von Israel: 1Kön16-22
Ahas von Juda: 2Kön16;Jes7
"Apokalyptische Texte": Jes24-27;33-35;65-66;Ez37-39;Sach1-8;9-11;12-14;Joel(4[ZüB: 3])
Auferstehung: Dan12,1ff;vgl.Ps16;22,29f;73,25f;Jes25-27;53,10-12(?)
Auferweckungsgeschichten: 1Kön17,17-24;2Kön4,18-37;13,20f

Baal: 1Kön17-18;19;2Kön1;Hosea;Jeremia
Baal berit von Sichem: Ri8f
Bann: Dtn7,1-5;u.ö.;Jos6;10,38ff;11,11ff;1Sam15
Beistandsformel: "Ich bin mit dir"
Berg Gottes: Ex3,18; - Ps2,6;48;Jes2,2f;11,9;14,13
Berufungen: Ex3f(Mose);Ri6(Gideon);1Sam1-3(Samuel);9-10(Saul);1Kön19,19-21(Elisa); Jes6(Jesaja);40,1-11(Deuterojesaja);Jer1(Jeremia);Ez1-3(Ezechiel);vgl.auch Jes42,1-4;49,1-6;61,1-3
Beschneidung: Gen17(Abraham);Ex4,24-26(Blutbräutigam);Jos5; - des Herzens: Lev26,41;Dtn10,16;30,6;Jer4,3f;9,26;Ez44,7.9
Bethel: Gen28,10ff;35,7ff;Ri1,22ff;1Kön12;13(vgl.2Kön23,15);Hos13,1f;u.ö.; Am7,10-17;u.ö.
Bileam: Num22-24(Orakel in Num23 und 24)
Botenformel: "So spricht NN/Jahwe"
Briefe: zB Jer29(an die Exilierten);Dtn24,1;Jes50,1(Scheidebrief);Jer32,10(Kauf-brief);im politischen Verkehr:1Kön21,8;2Kön10,1;19,14;in Esr4-7
Bücher(himmlische): Ex32,32;Aufzeichnung menschlicher Taten Jes65,6;Mal3,16; Dan7,10;der Lebenden Ex32,32f;Ps69,29;87,4ff;u.ö.; der Menschen ewigen Lebens Dan12,1
Bundesbuch: Ex20,22-23,19+Anhang 23,20-33
Bundschlüsse: Gen9;15;17;Ex24;34;Dtn5,2;Jos24;2Sam23,5;2Kön23;Neh8;Ps89,29.35; Jer31,31(neuer Bund);Hos2,20[ZüB:2,18]

Chaoskampf: Ps74,13f;89,10;93,3f;104,5-9(.26!);vgl.Ps46;77,17ff;Jes51,9ff
Credo: Dtn6,21-24;26,5-10;vgl.Jos24

Daniel: Ez14,14;Dan1-12
Davids Aufstieg-Geschichte: 1Sam16-2Sam5
David-Geschichten: 1Sam16-1Kön2;1Chr11-29
Debora-Lied: Ri5
Dekaloge: Ex20,2-17;Dtn5,6-21;vgl.Ex34;Lev19
Dodekalog: Dtn27
Dtn-Hauptgebot: Dtn6,4

Edom: Gen25,23;27,39ff;Jes34;Jer49;Ez25;35;Am1,11f;Ob;Ps137;u.ö.
El: Gen14,18-20(eljon);16,13(roi);17,1;35,11(schaddaj);21,33(olam);31,13;35,7(Be-thel);33,18-20(der Gott Israels);Ri9,46(berit)

Elia-Erzählungen: 1Kön17-19;21;2Kön1;vgl.2Kön2

Elihu-Reden(Hiob): Hi32-37

Elisa-Erzählungen: 1Kön19,19-21;2Kön2-8(;9-10;)13

Engel/Bote Gottes: Gen16;21,14ff;22,10ff;31,11ff;48,15f;Ex3,1ff;23,20;33,1ff;
  Num22,26ff;Ri2,1ff;6,11ff;13,3ff;2Kön1;u.ö.

Entrückung: Gen5(Henoch);2Kön2(Elia)

Erweiswort/Erkenntnisaussage: "Ihr werdet erkennen, daß ich Jahwe bin"

Erzväter(außerhalb der Genesis):
  Abraham: Neh9,7f;Ps47,10;105,6ff;Jes41,8;51,2;63,16;vgl.Jes29,22;Mi7,20
  Jakob/Isaak: Num23,7ff;24,5ff;Jer9,3;Hos12;Am7,9ff;Ps105,9;1Chr1,34;16,17;u.ö.
  Gott/Bund der Erzväter: Ex3,6.15f;2,24;4,5;6,3.8;32,13;33,1;Lev26,42;u.ö.

Esau: Gen25-27;32-36

Exodus-Tradition: Ex1-15;vgl.Dtn6;7;8;u.ö.;Jos24;2Sam7,6.23;1Kön12,28;Neh9,9ff;
  Dan9,15;Ps105-106;114;136;in der Prophetie besonders Hosea,Amos
  Gericht als Auszug: zB Hos11,5;12,13f
  neuer Exodus als Heil: Ez20,32-44;Jes40,3f;41,17ff;43,16ff;48,20f;49,9ff;51,9f;
  52,7ff;55,12f(vgl.43,16f;50,2;51,10;52,11f);Lev26,40-45

Festkalender: Ex23;34;Lev23;Num28f;Dtn16

Fluchabschnitte: Lev26;Dtn27;28;vgl.Jos6,26;Urgeschichte J: Gen3,14.16-19;4,11f;
  9,25;vgl.27,29

Fremdvölkerorakel: Jes13-23;Jer25;46-51;Ez25-32;Joel4[ZüB:3];Obadja;Nahum;
  Habakuk;Zeph2,4-3,8

Fürbitte: Abraham: Gen18,22ff;20,3ff;Mose: Ex32,31ff;33,13;34,9;Num11-14;21,7ff;
  Dtn9,12ff;Josua: Jos7,6ff;Samuel: 1Sam7,6ff;12,19ff;Amos: Am7,2.5;Jeremia:
  14,11;15,1;18,20ff;27,18;29,7;Ezechiel: 9,8;11,13
  Aufforderung zur F.: 1Kön13,6;2Kön19,4;Abweisung: Jer7,16;11,14;14,11;15,2

Gebete(außerhalb der Psalmen): zB Gen32,10ff;2Sam7,18ff;1Kön8;2Kön19,15ff;
  2Chr14,10;20,6ff;Esr9;Neh1;Neh9;Dan9

Geist Gottes: Num11;Ri11;14;1Sam10;16;1Kön18;22;eschatologisch: Jes11,2;44,3;
  Ez11,19;18,31;36,26f;Joel3,1f[ZüB:2,28f];heiliger G.: Ps51,13;Jes63,10f

Genealogien: Gen4,18ff(Kain).25f(Seth);5(Adam bis Noah);9,18f(Noah-Söhne);10(Völ-
  kertafel);11,10ff(Sem bis Abraham);Nachkommen 22,20ff Nahors, 25,1ff Abrahams/
  Ketura, 25,12ff Ismaels, 36 Esaus;u.ö.;Ruth4,18ff;1Chr1-9("genealogische Vor-
  halle");Esr2,59ff;7,1ff

Gerechtigkeit: Gen15,6;Ps72,1f;85,11f;98,2;Jes1,21;11,4f

Gerichtsdoxologie: Jos7,19f;vgl.Esr9;Neh9;Hi33;Dan9;Doxologie im Amosbuch(4,13;5,8;
  9,5f)

Gesetz: zB Dtn4,7f;29,28[ZüB:29,29];30,11-14;Ps1;119;ungut: Ez20,25f;eschatolo-
  gisch: Jes2,2f;42,1-4

Gesetzescorpora: Bundesbuch Ex20-23;Priestergesetze Ex25-Num10;Heiligkeitsgesetz
  Lev17-26;Dtn-Gesetz Dtn12-26

Glaube: Gen15,6;Ex14,31;Jes7,9;28,16;30,15;Hab2,4

"Gottesknechtslieder": Jes42,1-4;49,1-6;50,4-9;52,13-53,12

Heilig/Heiligkeit: Jes6,3(Gott);Ex19,6(Israel);Lev19,2;u.ö.

Heiligkeitsgesetz: Lev17-26

Heiligtumsgeschichten: Gen18,1-16(Mamre);28,10-22(Bethel);32,23-33[ZüB:32,22-32]
  (Pnuel/Pniel);35,2-5(Sichem);Jos3-5(Gilgal);8,30-35;24(Sichem);Ri6(Ophra);
  2Sam24(Jerusalem)

Herrlichkeit/Kabod Jahwes: Ps19;29;Jes6,3;40,5;u.ö.;in P: Ex24;29;33;40;Num14,21f;
  bei Ezechiel: Ez1-3;11;43

Hiob-Rahmenerzählung: Hi1,1-2,13;42,7-17

Hofstaat(himmlischer): 1Kön22,19ff;Hi1,6ff;2,1ff;Ps82;Jes6,1ff;40,1ff;42,1-4

Hoherpriester: Lev21,10(titular);Num35,25;Hag1;Sach3;6,9-15

Immanuel-Weissagung: Jes7,14
Isaakgeschichten: Gen(18-35);26;Opferung:Gen22
Isebel: 1Kön18f;21;2Kön9-10
Ismael: Gen16;21;25

Jahwe(Bedeutung): Ex3,14
Jakob = Israel: Gen32,29[ZüB:32,28];35,10
Jakobgeschichten: Gen25;27-36
Jakobsegen: Gen49
Jehu-Aufstand-Erzählung: 2Kön9-10
Josephgeschichte: Gen37;39-48;50
Josia-Reform: 2Kön22-23;2Chr34-35

"Kanon"-Formel: Dtn4,2;13,1[ZüB:12,32]
Königtum in Israel: Dtn17;Ri8f;Sam;Kön;Chr;Königspsalmen;Prov16;25;29;Jes7;9;11;
    Jer21-23;Ez17;34;44-46;Hos10,3f;13,10f;vgl.Messias
König Jahwe: Ps48;Jahwe-König-Psalmen;Jes6;52,7-9;Ez20,33-35;Sach14;Jes24-27;u.ö.
Königskritik: Dtn17;Ri8;9(!Jothamfabel);1Sam8-12;dtr.Kritik in Sam und Kön;Jes7;
    Jes40-55(kein Messias!);Jer21-23;Ez17;34;Hos10;13;vgl.kritische Positionen in-
    nerhalb der Geschichten von Davids Aufstieg und Thronnachfolge
Konfessionen Jeremias: Jer11,18-22;12,1-6;15,10f.15-20;17,14-18;18,18-22;20,7-11.
    13;(20,14-18)
Krieg Jahwes: Ex14;15,3(!);17;Dtn20;Jos2;6;7f;10;Richtererzählungen;1Sam11;15
    (Saul);2Chr20(Josaphat)
Kyros-Edikt: Esr6,3-5;vgl.1,1-4(chronistisch)

Lade: Ex25,10ff;37,1ff;Dtn10;Jos3-6;1Sam4-6;2Sam6;1Kön6;8;Jer3,16f;vgl.Ps24;47
Ladegeschichte: 1Sam4-6;2Sam6
Ladesprüche: Num10,35f
Landnahme: Gen34;Num32-36;Jos1-12;Ri1;17f;Jerusalem:2Sam5
"Landtag zu Sichem": Jos24
Liebesgebot: Lev19,18
Liturgien(proph.): Jes12;33;Jer14;Mi7,8-20;Habakuk

Melchisedek: Gen14,18-20;Ps110
Mensch: Gen1,26-28;2-3;6,3.5-8;8,20-22;Ps8;90;139;Weisheit(Hi,Prov,Pred);Jes31;u.ö.
Menschensohn: Dan7
Messias: Gen49,10(?);Num24,17(?);Jes7,14(?);9,1-6;11,1-10;Mi5,1-5[ZüB:5,2-6];
    Jer23,5-8;Ez17,22f;34,23ff;37,24f;Am9,11ff;Hag2,20-23;Sach4;9,9f; - Jes45,1
    (Kyros);vgl.auch Hos2,2[ZüB:1,11];3,5;Jer30,9;33,14ff;Dan7(?);Königsbild des
    Chr(?)
Mirjamlied: Ex15,21;großes Meerlied:Ex15,1-18
Mose: in Ex-Num als charismatischer Führer,Prophet im Auszugsgeschehen,Mittler;im
    Dtn Übermittler und Ausleger des Gesetzes,leidender Mittler(3,23ff;9,25ff);in
    den übrigen Geschichtsbüchern im Zusammenhang von Gesetz und Auszug häufig er-
    wähnt,in den Psalmen vgl.besonders Ps90 als Mosepsalm;in der Prophetie selten
    genannt(Jes63,11f;Jer15,1;Mi6,4;Mal3,22; - Hos12,14)
Moselied: Dtn32
Mosesegen: Dtn33
Mosepsalm: Ps90
Murrgeschichten: Ex15-17;32;Num11;12;13f(Kundschafter);16;20;21

Naboth: 1Kön21
Nathan-Weissagung: 2Sam7;vgl.Ps89;132

Nebukadnezar: 2Kön24f;Jer25;27;Dan2-4
Negatives Besitzverzeichnis: Ri1,21.27-36
Neuer Bund: Jer31,31-34;vgl.32,37-41
Neuer Geist: vgl.unter "Geist Gottes"
Neues Herz: Ez18,31
Neuer Himmel/Erde: Jes65,17;66,22
Noah: Gen5,29-9,29;Jes54,9;Ez14,14

Omri von Israel: 1Kön16
Opfergesetze: Lev1-7.17.21-22

Paradies: Gen2;Ez28,11ff;vgl.Tierfriede
Passa: Ex12f;Dtn16;2Kön23;ferner:Num9;Jos5;2Chr30;Esr6;vgl.unter Feste
Plagen in Ägypten: Ex7-12
Priester: Ex25-Num10;Ez40-48;Priestertora:Jes1,10-17;Jer18,18;Hag2,11-13
Prophetenerzählungen(vorklassisch): 1Kön11;13;14;vgl.Elia-Erzählungen;1Kön20;22;
    vgl.Elisa-Erzählungen
Prophetenerzählungen(Schriftpropheten): 2Kön18-20=Jes36-39;Jes7(?);20;Jer26-29;34;
    36-45;Hos1;Am7,10-17
Propheten(außerhalb der Prophetenbücher): Abraham(Gen20,7);Mose(Dtn18,15;Hos12,14;
    vgl.aber Num12,6ff);Bileam(Num22-24);Samuel(1Sam1-25;vgl.9,9);Gad(2Sam24);
    Nathan(2Sam7;12;1Kön1);Ahia von Silo(1Kön11f);Schemaja(1Kön12,22;2Chr11);Jehu
    (1Kön16);Micha ben Jimla(1Kön22);Jona ben Amittai(2Kön14,25;vgl.Jonabuch);Elia;
    Elisa;Propheten in Chr;oft anonyme Propheten(zB 1Kön13)
    Prophetinnen: Ex15,20(Mirjam);Ri4,4(Debora);2Kön22,14(Hulda);Jes8,3(Frau Je-
        sajas);Neh6,14(Noadja);Ez13,17ff(falsche)
    Prophetengruppen: Num11;12;1Sam10;19;1Kön22;2Kön2;4;6
Propheten(wahre/falsche): Num12;Dtn13;18;1Kön13;22;Jes28;Jer23;28;Ez13f;Mi3;Neh6
Propheten(Heil): zB 1Kön22;Jer28
Propheten(Kultkritik): Am4f;Hos6,6f;Jes1,10-17;Mi6,6-8;Jer7
Propheten(Sozialkritik): zB 1Kön21;Am3-6;8;Hos4;Jes1-5;Mi2-3;6;Hab2
Propheten(Symbolhandlungen): 1Kön11,29-40;2Kön13,15-19;Jes8;20;Jer13;16;19;27;32;
    Ez3-5;12;21;24;33;37
Propheten(Visionen): Num23-24;1Kön22;Jes6;Jer1,11-19;24;Ez1-3;8-11;37;40-48;Am7-9;
    Sach1-8;Dan7-8;10-12
Protevangelium: Gen3,15 in christologischer/mariologischer Deutung
Psalm-Gattungen: s.Arbeitsblätter 19c
Psalm-Gruppen: s.Arbeitsblätter 19c

"Rache-Psalmen": Ps69;109;137
Rest-Vorstellung: 1Kön19,18;2Kön19,30f;Jes1,8f;7,3;30,17;Am3,12;5,3.15
    Heilsrest: Jes1,9;6,13;7,3(?);10,20ff;11,11.16;28,5;Jer23f;Ez14,21ff;20,37f;
        Sach8,6.11f;Esr9(?);Sach13,9;14,2
Richter("kleine"): Ri3,31(?);10,1-5;12,8-15
Reue Gottes: Gen6-8;Num23,19;1Sam15;Am7;Jer4;15;20;u.ö.

Sabbat: (Gen2,2-3);s.Dekaloge;Ex16;23,12;31,12ff;Jes1,13;56,2ff;66,23;Ez20;Neh13
Salomo: 2Sam12;1Kön1-2;3-11;2Chr1-9;vgl.Ps72,1;Prov;Pred1,1;Hohes Lied
Samarier/Samaritaner: 1Kön12,26ff;2Kön17,33; - 2Chr30,1;34,9;35,18;Jer41,5;
    Esr4,2.10
Satan: 1Chr21,1;Hi1f;Sach3,1f
Saul-Überlieferung: 1Sam9-15;vgl.Davids Aufstieg-Geschichte(1Sam31:Tod Sauls)
Segen: Gen1,22.28;9;12,1-3;27;28,14;Lev26;Num22-24;Dtn28+30;Ps128,5;Jes19,24f;
    65,16;Hag2,19;Sach8,13
Seher(spruch)formel: Spruch/Raunung Jahwes
Serubbabel: Esr2f;Hag2;Sach4;6(?)

Sinai-Tradition: Ex19-Num10(P);Ex19+24;34;vgl.Dtn33,2;Ri5,4
Sintflut: Gen6-9
Sünde: Gen3(-11);6,5-8;8,20-22;1Kön8,46;Prov20,9;Pred7,20[ZüB:7,21];Hi4,17-21;
    25,4-6
Syrisch-ephraimitischer Krieg: 2Kön16;Jes7f;Hos5
Schöpfung: Gen1-3;Schöpfungspsalmen;Prov8;Hi38ff;Jes40-55;56-66
"Stiftshütte": Ex25-31;35-40

Tag Jahwes: Am5,18-20;Jes2,12-17;Zeph1-2;Obadja;Ez7;Jes13;Joel1-4;[ZüB:1-3];
    Mal3;Sach14
Talion(Auge um Auge ...): Ex21,23-25;Lev24,18-20;Dtn19,21
Tempelbau: 1Kön5-8;(1Chr22-29);2Chr2-7;Esr1-6;Hag1-2
Tempelrede Jeremias: Jer7;26
Theophanie: Sinai:Ex19f;24;vgl.Dtn4,11f;5,23f;Ri5,4f;1Kön19; - Ps18;50;77;97;114;
    144;Hi38;Am1,2;Mi1;Nah1;Hab3
Thronnachfolge Davids-Geschichte: 2Sam(6-)9-20+1Kön1-2
Tierfriede: Jes11,6-8;32,14-20;vgl.35,9;Lev26,6;Ez34,25;Hos2,20[ZüB:2,18]
Traumoffenbarung Gottes: Gen28,10ff;37;40f;1Kön3,5ff;Hi4,12-17;Dan2+4;u.ö.
    kritisch: Dtn13,2;Lev19,26;Dtn18,10;Jer23,28

Urgeschichte: Gen1-11

Väterverheißungen: s.Arbeitsblätter 8f
Vaticinia ex eventu: Gen49;Num23f;Dtn33;Dan2;7-11;u.ö.
Verfassungsentwurf im Ezechielbuch: Ez40-48
Versöhnungstag: Lev16
Visionsberichte(proph.): s.Propheten(Visionen)
Völkerwallfahrt: (Ps72,9-11);Jes2,2-4;49,22f;60;Mi4;Hag2

Weherufe: Jes5;10,1-4;28-31;Am5,18;6,1;Hab2
"Weinberglied" Jesajas: Jes5,1-7
Weltfrieden: Gen12,1-3;28,13ff;Ps2;72;Jes2,2-4;9,1-6;11;49;60;Ez34,25;37,26;Mi4;
    Sach9,9f
Weltreiche(vier): Dan2;7
Wortereignisformel: "Es geschah das Wort Jahwes zu NN"
Wunder-Erzählungen(proph.): 1Kön17;Elisa-Erzählungen;2Kön18-20

Zwölf-Stämme-Listen: Gen29,31-30,24;49;Num1;2;26;Dtn27,14f;33;vgl.Jos13-19;Ri5;u.ö.

Ausführliche Angaben und weitere Stichworte einzusehen in:

    Lexika (RGG,BHH,Haag BL,TRE,Reclam BL)
    Schmidt/Delling, Wörterbuch zur Bibel
    Odelain/Séguineau, Wörterbuch der Biblischen Eigennamen
    Konkordanzen
    Jenni, Theologisches Handwörterbuch zum Alten Testament
    Botterweck/Ringgren, Theologisches Wörterbuch zum Alten Testament
    Theologien des Alten Testaments